Der Autor

Prof. Dr. Friedrich Baethgen, geb. 1890 in Greifswald, war ab 1920 Dozent, dann a.o. Professor für mittlere und neuere Geschichte an der Universität Heidelberg, arbeitete zwei Jahre lang am Preußischen Historischen Institut in Rom und war seit 1929 in Königsberg, seit 1939 in Berlin Ordinarius für deutsche Geschichte; von 1948 bis 1958 war er Präsident der Monumenta Germaniae Historica und Honorarprofessor für mittelalterliche Geschichte an der Münchner Universität; Mitglied mehrerer wissenschaftlichen Akademien und Herausgeber des ›Deutschen Archivs für Erforschung des Mittelalters‹; er starb 1972. Buchveröffentlichungen u.a.: ›Der Engelpapst‹ (1943); ›Europa im Spätmittelalter‹ (1951); ›Mediaevalia‹ (2 Bde. 1960).

Gebhardt
Handbuch der deutschen Geschichte

Neunte, neu bearbeitete Auflage,
herausgegeben von
Herbert Grundmann

Band 6

Friedrich Baethgen:
Schisma und Konzilszeit
Reichsreform und Habsburgs Aufstieg

Deutscher
Taschenbuch
Verlag

Band 6 der Taschenbuchausgabe enthält den ungekürzten Text des HANDBUCHS DER DEUTSCHEN GESCHICHTE, Band 1: Frühzeit und Mittelalter, Teil VI.
Unsere Zählung Kapitel 1–25 entspricht den §§ 191–215 im Band 1 des Originalwerkes.

Juni 1973
Deutscher Taschenbuch Verlag GmbH & Co. KG, München
© 1970 Union Verlag, Stuttgart
Umschlaggestaltung: Celestino Piatti
Gesamtherstellung: C. H. Beck'sche Buchdruckerei, Nördlingen
Printed in Germany . ISBN 3-423-04206-0

Inhalt

Abkürzungsverzeichnis 7
Allgemeine Bibliographie 11

A. Wenzel und Ruprecht von der Pfalz

Kapitel 1: Die Anfänge Wenzels und das kirchliche
Schisma (bis 1383) 12

Kapitel 2: Deutschland beim Regierungsantritt
Wenzels. Ritter- und Städtebünde . . . 17

Kapitel 3: Wenzels innerdeutsche Politik bis zum
Egerer Landfrieden 21

Kapitel 4: Wenzels Hausmachtpolitik 26

Kapitel 5: Der Fortgang des Schismas 32

Kapitel 6: Die Absetzung Wenzels 38

Kapitel 7: Anfänge und Romzug König Ruprechts 41

Kapitel 8: Innere und äußere Kämpfe. Das Konzil
von Pisa 45

B. Sigmund und das Zeitalter der Konzilien

Kapitel 9: Die Wahl König Sigmunds 51

Kapitel 10: Sigmunds politische Ziele 53

Kapitel 11: Sigmunds erste Regierungsjahre bis zur
Eröffnung des Konstanzer Konzils . . . 57

Kapitel 12: Konziliare Bewegung und Kirchenreform 60

Kapitel 13: Hus und die Anfänge der hussitischen
Bewegung 64

Kapitel 14: Das Konstanzer Konzil 68

Kapitel 15: Deutschland bis zu Sigmunds Romzug . 75

Kapitel 16: Der Kampf um Böhmen 79

Kapitel 17: Romzug Sigmunds und Ende der Hussitenkriege 85

Kapitel 18: Die ersten Jahre des Baseler Konzils . . 88

Kapitel 19: Die Anfänge der Reichsreformbestrebungen bis zu Sigmunds Tod 92

C. Das Ende der Konzilsperiode und die Begründung der Habsburger Monarchie

Kapitel 20: Albrecht II. 101

Katipel 21: Das Baseler Konzil und sein Ausgang . . 105

Kapitel 22: Friedrich III. und das Reich 117
Kapitel 23: Die östlichen Erbländer Habsburgs . . . 125
Kapitel 24: Der Westen: Die Schweiz und Burgund 132
Kapitel 25: Die Reichsreform bis zum Jahre 1495 . . 141

Hilfsmittel, Quellensammlungen und allgemeine Dar-
  stellungen zur Geschichte des deutschen Mittelalters . 149
Übersicht der Taschenbuchausgabe des GEBHARDT . . . 156
Namen- und Sachregister 157

Abkürzungsverzeichnis

Abh. Ak.	Abhandlung(en) der Akademie der Wissenschaften ..., phil.-hist. Klasse (wenn nicht anders angegeben)
ADB	Allgemeine Deutsche Biographie (56 Bde. München 1875–1912)
AHR	The American Historical Review (New York 1895 ff.)
AKG	Archiv für Kulturgeschichte (1903 ff.)
Anal. Boll.	Analecta Bollandiana (Zeitschr. der Acta Sanctorum, 1882 ff.)
AnnHVNiederrh.	Annalen des Historischen Vereins für den Niederrhein (Köln 1855 ff.)
AÖG	Archiv für österreichische Geschichte (Wien 1848 ff.)
AUF	Archiv für Urkundenforschung (18 Bde. 1908–1939), fortgesetzt im Archiv für Diplomatik (1955 ff. = Arch. f. Dipl.)
B.	Bischof; Bt. = Bistum
BECh	Bibliothèque de l'Ecole des Chartes (Paris 1839 ff.)
BFW	J. Fr. Böhmer, Regesta Imperii, 5. Aufl., neu bearbeitet von J. Ficker u. E. Winkelmann (4 Bde. 1881–1901)
BIStIAM	Bulletino dell'Istituto Storico Italiano per il medio avo e archivio Muratoriano
Bll.	Blätter
Const.	Constitutiones (Abteilung der MGH)
DA	Deutsches Archiv für Geschichte des Mittelalters (1937 ff., seit Bd. 8: für Erforschung des Mittelalters; Zeitschrift der MGH, Fortsetzung des NA)
DALVF	Deutsches Archiv für Landes- und Volksforschung (8 Bde. 1937 bis 1944)
DD	Diplomata (Hauptabteilung der MGH); DD H. I. = Urkunde Heinrichs I. usw.
Diss.	Dissertation; Diss. Ms. = ungedruckte Dissertation in Maschinenschrift
DLZ	Deutsche Literaturzeitung (1880 ff.)
Dt., dt.	deutsch; Dtld. = Deutschland
Dt. O.	Deutscher Orden
DVLG	Deutsche Vierteljahrsschrift für Literaturwissenschaft und Geistesgeschichte (1923 ff.)
DW[9]	Dahlmann-Waitz, Quellenkunde der deutschen Geschichte, 9. Aufl., hg. v. H. Haering (1931, Registerband 1932)
DW[10]	dasselbe, 10. Aufl., hg. v. H. Heimpel u. H. Geuss (seit 1965 im Erscheinen)
DZG	Deutsche Zeitschrift für Geschichtswissenschaft (14 Bde. 1890 bis 1898), fortgesetzt in HV
Eb.	Erzbischof; Ebt. = Erzbistum
EHR	The English Historical Review (London 1886 ff.)
ELJb.	Elsaß-Lothringisches Jahrbuch (21 Bde. 1922–1943)
Epp.	Epistolae (Hauptabteilung der MGH)
FBPG	Forschungen zur brandenburgischen und preußischen Geschichte (55 Bde. 1888–1944)
FDG	Forschungen zur deutschen Geschichte (26 Bde. 1862–1886)
FRA	Fontes rerum Austriacarum
GBll.	Geschichtsblätter

Abkürzungsverzeichnis

GdV	Geschichtschreiber der deutschen Vorzeit
Gf.	Graf; Gfsch. = Grafschaft
GGA	Göttingische Gelehrte Anzeigen (1739 ff.)
GV	Geschichtsverein
GWU	Geschichte in Wissenschaft und Unterricht, Zeitschrift des Verbandes der Geschichtslehrer Deutschlands (1950 ff.)
Hdb.	Handbuch
Hdwb.	Handwörterbuch
hg. v.	herausgegeben von; (Hg.) = Herausgeber
Hg.	Herzog; Hgt. = Herzogtum
HJb	Historisches Jahrbuch der Görresgesellschaft (1880 ff.)
HM	Hochmeister
HV	Historische Vierteljahrschrift (Fortsetzung der DZG, 31 Bde. 1898–1938). – In anderen Zeitschriften-Titeln HV = Historischer Verein
HZ	Historische Zeitschrift (1859 ff.)
Jb.	Jahrbuch; Jbb. = Jahrbücher
JE, JK, JL	Ph. Jaffé, Regesta pontificum Romanorum, 2. Aufl. bearb. von P. Ewald, F. Kaltenbrunner, S. Löwenfeld (2 Bde. 1885/88)
K.	Kaiser
Kf.	Kurfürst; Kft. = Kurfürstentum
Kg.	König; Kgr. = Königreich
KiG	Kirchengeschichte
KiR	Kirchenrecht
LG	Landesgeschichte
Lgf.	Landgraf
LL	Leges (Hauptabteilung der MGH)
LThK	Lexikon für Theologie und Kirche, hg. v. M. Buchberger (10 Bde. 1930 bis 1938); 2. Aufl. hg. v. J. Höfer u. K. Rahner (11 Bde. 1957–1967)
MA	Mittelalter; mal. = mittelalterlich
MG, MGH	Monumenta Germaniae Historica (s. im Anhang unter Quellensammlungen
Mgf.	Markgraf; Mgfsch. = Marktgrafschaft
Migne, PL	Abbé J. P. Migne, Patrologiae cursus latinus (221 Bde. 1844–64)
MIÖG	Mitteilungen des Instituts für österreichische Geschichtsforschung (Wien 1880 ff.); Bd. 39–55 (1923–1944): MÖIG = Mitteilungen des österreich. Inst. f. Geschichtsforschung
N	Neu, News
NA	Neues Archiv der Gesellschaft für ältere deutsche Geschichtskunde (50 Bde. 1876–1935; Zeitschrift der MGH, fortgesetzt im DA)
NDB	Neue Deutsche Biographie (1953 ff.)
Ndr.	Neudruck, Nachdruck
NF	Neue Folge
NS, n. s.	Nova series
NZ	Neuzeit
PBB	Beiträge zur Gesch. der deutschen Sprache und Literatur, begründet von H. Paul und W. Braune (1874 ff.)
Pfgf.	Pfalzgraf
PRE	Realenzyklopädie für protestantische Theologie und Kirche, begr. v. J. J. Herzog, 3. Aufl. hg. v. A. Hauck (24 Bde. 1896 bis 1913)

Abkürzungsverzeichnis

QFItA	Quellen und Forschungen aus italienischen Archiven und Bibliotheken (1897 ff., Zeitschrift des Preußischen bzw. Deutschen Historischen Instituts in Rom)
RG	Rechtsgeschichte
RGG	Die Religion in Geschichte und Gegenwart, 3. Aufl. hg. v. K. Galling (6 Bde. 1957–1962)
RGK	Römisch-German. Kommission
RH	Revue historique (Paris 1876 ff.)
RHE	Revue d'histoire ecclésiastique (Louvain 1900 ff.)
Rhein.Vjbll.	Rheinische Vierteljahrsblätter, Mitteilungen des Instituts für geschichtl. Landeskunde der Rheinlande an der Universität Bonn (1931 ff.)
RI	Regesta Imperii, begründet von J. Fr. Böhmer
RNI	Regestum super negotio Romani imperii
RQH	Revue des questions historiques (134 Bde. Paris 1866–1939)
RQs	Römische Quartalschrift für christliche Altertumskunde und für Kirchengeschichte (1887 ff.)
RT	Reichstag
RTA	Dt. Reichstagsakten
Sa(chsen) u. Anh.	Sachsen und Anhalt, Jahrbuch der landesgeschichtlichen Forschungsstelle für die Provinz Sachsen und Anhalt (17 Bde. 1925 bis 1943)
SB	Sitzungsberichte der Akad. d. Wiss. . . ., phil.-hist. Klasse
SS	Scriptores (Hauptabteilung der MGH)
SSCI	Settimane di Studio del Centro Italiano di Studi sull'Alto Medioevo (Spoleto 1954 ff.)
Tb.	Taschenbuch
UB	Urkundenbuch
V	Verein
Vfg.	Verfassung
VG	Verfassungsgeschichte
Vjh.	Vierteljahrshefte
VSWG	Vierteljahrsschrift für Sozial- und Wirtschaftsgeschichte (1903 ff.)
VuG	Vergangenheit und Gegenwart, Zeitschrift für den Geschichtsunterricht und für staatsbürgerliche Erziehung (34 Bde. Leipzig 1911–1944)
WaG	Die Welt als Geschichte, Zeitschrift für universalgeschichtliche Forschung (23 Bde. 1935–1963)
WB	Wörterbuch
WG	Wirtschaftsgeschichte
ZA	Zeitalter
ZdA	Zeitschrift für deutsches Altertum und deutsche Literatur (1841 ff.)
ZGORh	Zeitschrift für die Geschichte des Oberrheins (1850 ff., NF seit 1886)
ZKiG	Zeitschrift für Kirchengeschichte (1876 ff.)
ZRG	Zeitschrift für Rechtsgeschichte (13 Bde. 1861–1878)
ZRG GA	Zeitschrift der Savigny-Stiftung für Rechtsgeschichte, Germanistische Abteilung (1880 ff.)
ZRG KA	dasselbe, Kanonistische Abteilung; bei Sonderzählung ihrer Bände entspricht Bd. 1 (1911) dem Jahrgang 32 der gesamten Zeitschrift

Abkürzungsverzeichnis

| ZRG RA | dasselbe, Romanistische Abteilung |
| Zs. | Zeitschrift |

Quellen- und Literaturverweise innerhalb des Handbuchs wurden auf die neue Einteilung in Taschenbücher umgestellt. So entspricht z. B. Bd. 6, Kap. 4 dem § 194 im Band 1 der Originalausgabe.
Bei Verweisen innerhalb eines Bandes wurde auf die Angabe des Bandes verzichtet und nur das Kapitel angegeben.

Allgemeine Bibliographie

Eine Übersicht über die Hilfsmittel, Quellensammlungen und allgemeinen Darstellungen zur Geschichte des deutschen Mittelalters findet sich am Schluß dieses Bandes.

Quellen: Deutsche Reichstagsakten (RTA), hg. durch die Hist. Komm. b. d. Bayer. Akad. d. Wiss. Ältere Reihe Bd. 1–17, umfassend die Jahre 1376–1445 (1867–1963) u. 19, 1 für 1453–1455 (1969); dazu H. HEIMPEL, HZ 168 (1943) u. in: Die Hist. Komm. b. d. Bayer. Akad. d. Wiss. 1858–1958 (1958), sowie zu Bd. 17 W. KAEMMERER in: Aus Reichstagen d. 15. u. 16. Jh. (Schriftenreihe d. Hist. Komm. 5, 1958). – *Repertorium Germanicum*, Regesten aus d. päpstl. Archiven zur Gesch. des dt. Reiches u. seiner Territorien im 14. u. 15. Jh. (1897 ff.); die einzelnen Bde. sind unten verzeichnet. – Die *Chroniken der deutschen Städte* vom 14.–16. Jh., hg. v. d. Hist. Komm. b. d. Bayer. Akad. d. Wiss.; dazu HEINRICH SCHMIDT, Die dt. Städtechroniken als Spiegel des bürgerl. Selbstverständnisses im SpätMA (1958), u. J. B. MENKE, Geschichtsschreibung u. Politik in dt. Städten des SpätMA, Jb. d. Köln. Geschichtsvereins 33–34/5 (1958–1960). Die Chronik des Jacob Unrest, hg. v. K. GROSSMANN, MGH SS n. s. 11 (1957); ebd. 13: Chronica Austriae des Thomas Ebendorfer, hg. v. A. LHOTSKY (1967); dazu ders., J. Italia occidentale, DA 6 (1943), MIÖG 57 (1949), u. zusammenfassend: Th. Ebendorfer (Schr. d. MGH 15, 1957). Vgl. auch H. ZIMMERMANN, Th. Ebendorfers Schismentraktat, AÖG 120 (1954); ders., Ebendorfers Antichristtraktat, MIÖG 71 (1963). Weiteres DW⁹ 7794 ff.

Literatur: Außer den im Band 5, S. 13 u S. 14 genannten, das ganze SpätMA umfassenden Werken s. The Cambridge Medieval History 8: The Close of the Middle Ages (1936); J. CALMETTE-E. DÉPREZ, L'Europe occidentale de la fin du XIVe siècle aux guerres d'Italie (Hist. gén., hg. v. G. GLOTZ 7, 1937–1939); W. T. WAUGH, A History of Europe from 1378 to 1494 (Methuens Hist. of Medieval and Modern Europe 4, ²1948); N. VALERI, L'Italia nell'età dei principati 1343–1516 (1949); F. SEIBT, Die Zeit der Luxemburger und der hussitischen Revolution, in: Hdb. d. Gesch. d. böhmischen Länder, hg. v. K. BOSL 1 (1966/67), § 92 ff.; E. DELARUELLE-E.-R. LABANDE-P. OURLIAC, L'Eglise au temps du Grand Schisme et de la crise conciliaire 1378–1516 (H. FLICHE u. V. MARTIN, Hist. de l'Eglise 14, 1962/4); L. v. PASTOR, Gesch. d. Päpste seit d. Ausgang d. MA 1 (⁵⁻⁷1925) u. 2 (³⁻⁴1924), danach viele unveränderte Nachdrucke; F. X. SEPPELT-G. SCHWAIGER, Gesch. d. Päpste 4 (²1957); K. BIHLMEYER-H. TÜCHLE, KiG 2 (¹⁷1962); A. HAUCK, KiG Deutschlands 5, 2 (ab 1374, 1920, Ndr. 1952 u. ö.); CH. J. HEFELE u. H. LECLERCQ, Hist. des Conciles 6, 2–8, 1 (1915/17). Zur allgemeinen Charakteristik des Zeitalters: H. HEIMPEL, Das deutsche 15. Jh. in Krise u. Beharrung, in: Die Welt z. Z. des Konstanzer Konzils (1965, s. u. S. 51).

A. Wenzel und Ruprecht von der Pfalz

Quellen: RTA 1–6, dazu Ergänzungen von E. STHAMER, NA 31 (1906) u. 35 (1910); Regesten der Pfalzgrafen am Rhein. 1214–1508, hg. v. A. KOCH-J. WILLE (2 Bde. 1894 ff.), bes. 2, 1400 ff., bearb. v. L. GF. OBERNDORFF-M. KREBS (1912/39).

Literatur: TH. LINDNER, Gesch. d. dt. Reiches unter Kg. Wenzel (2 Bde. 1875/80); ders., Dt. Gesch. unter den Habsburgern u. Luxemburgern 2 (1895); J. LECHNER, Zur Gesch. Kg. Wenzels (bis 1387), MIÖG Erg.Bd. 6 (1901); H. WEIGEL, Männer um Kg. Wenzel, DA 5 (1942); ders., Kg. Wenzels persönliche Politik, ebd. 7 (1944); I. HLAVÁČEK, Die Gesch. der Kanzlei Kg. Wenzels IV. u. ihre Beamten, Historica 5 (1963), dazu F. SEIBT, Zeit. d. Luxemb. (s. o.), S. 480, Anm. 7; A. GERLICH, Habsburg – Luxemburg – Wittelsbach im Kampf um die dt. Königskrone. Studien zur Vorgesch. des Königtums Ruprechts v. d. Pfalz (1960); ders., Die Westpolitik des Hauses Luxemburg am Ausgang d. 14. Jh., ZGORh 107 (1959); C. HÖFLER, Ruprecht v. d. Pf. (1861); E. RECK, Reichs- u. Territorialpolitik Ruprechts v. d. Pfalz (Diss.Ms. Heidelberg 1950). Weiteres DW⁹ 7941 ff.

Kapitel 1
Die Anfänge Wenzels und das kirchliche Schisma (bis 1383)

Als Wenzel (geb. 26. II. 1361 in Nürnberg) seinem Vater auf dem Throne nachfolgte, schienen für eine gradlinige Fortsetzung von dessen Politik zunächst die besten Voraussetzungen gegeben zu sein. Denn Karl IV. hatte seinen Sohn noch selber in die Elemente der Staatskunst eingeführt und in den großen, die Welt bewegenden Fragen der damaligen Zeit die Bahnen für ihn vorgezeichnet. Trotz der Teilung des luxemburgischen Besitzes verfügte der junge König noch immer über eine Hausmacht, die groß genug war, um ihm als sichere Grundlage für die Regierung des Reiches zu dienen. Zudem war er kein durchaus unbedeutender Mensch. Die Reste seiner Bibliothek, die noch zahlreiche, z. T. mit wertvollen Miniaturen geschmückte Handschriften aus den verschiedensten Wissensgebieten aufweisen, lassen ebenso wie die Tatsache, daß er die Bauten seines Vaters weiterführte, sein Interesse für geistige Dinge, für Kunst und Literatur erkennen. Er besaß auch staatsmännische Begabung, und in seinen ersten Regierungsjahren zeigte er ein reges Bestreben, den Pflichten seiner Ämter gerecht zu werden. Nur fehlte ihm die eigentliche politische Leidenschaft, die seinen Vater erfüllt hatte, und deshalb auch dessen Stetigkeit und zäher Wille. Zudem war es sein Unglück, daß die Aufgaben, deren Bewältigung von dem jungen Herrscher ver-

1. Die Anfänge Wenzels und das kirchliche Schisma (bis 1383)

langt wurde, ein ganz ungewöhnliches Maß von Schwierigkeiten in sich schlossen und deshalb eben doch seine Kräfte überschritten. Das galt nicht nur für die Regierung seiner Erblande und die Fortführung der von Karl IV. in die Wege geleiteten Hausmachtpolitik, sondern vor allem für die großen Probleme, die den eigentlichen Inhalt von Wenzels Reichspolitik ausmachen sollten: das *kirchliche Schisma* und der *Kampf der deutschen Stände um eine neue innere Ordnung*. Je mehr er sich aber diesen großen Fragen gegenüber seines Ungenügens bewußt wurde, desto mehr ließen Eifer und Spannkraft bei ihm nach und traten die dunkleren Seiten seiner Veranlagung stärker zutage, Egoismus und Jähzorn, vor allem Trägheit und Genußsucht, die ihn Zeit und Kraft auf der Jagd, im Trunk und wohl auch in sinnlichen Abenteuern vergeuden ließen. So bewegte sich der Verlauf seiner Regierung auf einer absteigenden Linie, um schließlich in die Katastrophe seiner Absetzung zu münden.

Seinen ersten Reichstag berief Wenzel für Mitte Januar 1379 den Vorschriften der Goldenen Bulle entsprechend nach Nürnberg, verlegte ihn aber bereits wenige Tage, nachdem er dort eingetroffen war, nach Frankfurt (Februar/März 1379). Während es in Nürnberg die Absicht des Königs gewesen war, sich vor allem der inneren Ordnung Deutschlands anzunehmen, trat jetzt die Frage des kirchlichen Schismas ganz in den Vordergrund. Das Ergebnis der Verhandlungen war die Gründung eines Bundes zwischen dem König und den vier rheinischen Kurfürsten, auf Grund dessen sich Wenzel am 27. II. 1379 als römischer König und Vogt der römischen Kirche gemeinsam mit den genannten Kurfürsten für Urban VI. erklärte (RTA 1 n. 129). Dabei war von vornherein in Aussicht genommen, daß der »*Urbansbund*« sich auf das ganze Reich erstrecken und dementsprechend auch die übrigen Stände dazu herangezogen werden sollten. Bedeutete das dem äußeren Anschein nach nichts anderes als eine konsequente Fortsetzung der von Karl IV. eingeschlagenen Politik, so bestand ein wesentlicher Unterschied doch darin, daß die eigentliche Initiative und Führung schon nicht mehr bei dem jungen König lag. Vielmehr scheint der Plan des Urbansbundes von Pfalzgraf Ruprecht I. ausgegangen zu sein, dem sich dann die übrigen rheinischen Kurfürsten anschlossen. Die allgemeine Absicht war dabei offenbar die, das kurfürstliche Schwergewicht im Reich wieder stärker als in den letzten Jahren Karls IV. zur Geltung zu bringen. Den Pfälzer aber wird daneben auch der Gedanke an die besonderen Interessen seines Hauses bestimmt haben. Wenn auch sein Bestreben vorerst nur dahin ging, einen maßgebenden Einfluß auf den jungen König zu gewinnen, so stand im Hintergrunde dabei doch der unausgetragene *Gegensatz zwischen den Häusern Luxemburg und Wittelsbach;* da Ruprecht sämtliche Abmachungen auch auf seine Agnaten, seinen Neffen Ruprecht II. und dessen Sohn Ruprecht III., ausdehnte, mag er schon damals daran gedacht haben, die Krone für ein jüngeres Mitglied seines Hauses zurückzugewinnen. Jedenfalls aber bildeten die Kurfürsten auch weiterhin die eigentlich treibende Kraft. Als Wenzel einer neuen Aufforderung, daß »er umbe det richs not uf den Rine kommen wolt«, nicht entsprach, bekräftigten sie auf einer Tagung in Oberwesel am 11. I. 1380 (RTA 1 n. 152) ohne den König den Urbansbund von neuem und verpflichteten sich, gegen alle Widersacher des Papstes in Deutschland nötigenfalls mit Waffengewalt vorzugehen. Damit hatte der Urbansbund, dem sich inzwischen weitere Reichsstände angeschlossen oder doch ihren Anschluß in Aussicht gestellt hatten, den Charakter eines Offensivbündnisses gegen die Anhänger des avignonesischen Papsttums angenommen. Seine Spitze richtete er vor allem gegen zwei der bedeutendsten Fürsten Süddeutschlands[1]. Der Mainzer Elekt Adolf von Nassau hatte seine Hoffnungen zunächst auf Papst Clemens VII. gesetzt, und tatsächlich hatte ihn dieser von Speyer nach Mainz transferiert und ihm das Pallium verliehen. Nun aber mußte er einsehen, daß er auf diesem Wege nicht zum Ziel gelangen würde. Indem er Anfang 1381 zu Urban übertrat, gewann er die Anerkennung Wenzels, während Ludwig von Meißen, der noch in der Erklärung vom 27. II. 1379 als Erzbischof von Mainz fungiert hatte, mit dem Erzbistum Magdeburg abgefunden wurde. Die Entscheidung des langjährigen *Mainzer Bistumsstreites*[2] war somit in einem Sinne gefallen, der den Absichten Karls IV. durchaus zuwiderlief.

Verwickelter gestalteten sich die *Beziehungen zu Herzog Leopold von Österreich,* der schon Ende 1378 mit Clemens VII. in Verbindung getreten war und Mitte 1380 ein förmliches Schutz- und Trutzbündnis mit ihm abschloß[3]. Auf Grund seiner starken Stellung in Süddeutschland[4] konnte er dem avignonesischen Papsttum bei den Bemühungen um Ausdehnung seiner deutschen Obödienz[5] als wichtige Stütze dienen. Zwar machte sich dieser Einfluß in den Alpenländern nur wenig geltend; nur Erzbischof Pilgrim II. von Salzburg vollzog 1385 im geheimen seinen Übertritt zu Clemens. Dagegen war es zum guten Teil

1. Die Anfänge Wenzels und das kirchliche Schisma (bis 1383)

Leopolds Hilfe zu danken, wenn es Avignon gelang, von den westlichen Grenzgebieten des Reiches aus, in denen es kraft des französischen Einflusses von Anfang an hatte Fuß fassen können, weiter nach Süddeutschland vorzustoßen. So wurden die Bistümer Straßburg und Basel für Clemens gewonnen; Konstanz bildete eine Zeitlang einen Brennpunkt des Schismas. Da aber Leopold, durch Rücksichten seiner Territorialpolitik gehemmt, ein entschiedenes Eintreten für Clemens, das zu einer bewaffneten Auseinandersetzung mit dem Urbansbund hätte führen können, doch immer vermied, ließen sich diese Gewinne auf die Dauer nicht halten, und vollends der Tod Leopolds in der Schlacht bei Sempach (1386)[6] führte eine entscheidende Veränderung der Lage herbei. Gewiß hatte das avignonesische Papsttum auch weiterhin da und dort seine Anhänger, und Clemens versuchte nach wie vor mit geistlichen Gnaden wie mit Strafmitteln ihren Kreis zu erweitern. Aber ein wirklich entscheidender Einbruch gelang ihm an keiner Stelle[7].

Zu diesem Ergebnis hatte in nicht unerheblichem Maße auch die Haltung Wenzels beigetragen, der besonders in den Kampf um die west- und süddeutschen Bistümer mit Nachdruck eingriff. Auch sonst suchte er für Urban zu wirken. Im Dezember 1380 hatte er in Alt-Sohl eine Zusammenkunft mit König Ludwig von Polen und Ungarn, bei der sich beide Fürsten zum Schutz und zur diplomatischen Unterstützung des römischen Papstes verpflichteten; auch seinen Bruder Sigmund, den künftigen ungarischen Thronfolger, bestimmte er, sich für Urban zu erklären. Französische Versuche, Wenzel für Clemens zu gewinnen, blieben trotz der alten, von Karl IV. bis zu seinem Ende gepflegten Beziehungen zum Hause Valois ohne Erfolg, wenn auch ein vollkommener Bruch vermieden wurde. Dies war um so wichtiger, als Wenzel sich von dem Kardinal Pileus de Prata, den Urban Anfang 1379 als Legaten für Deutschland, Böhmen und Ungarn nach Prag entsandt hatte[8], dazu bestimmen ließ, mit König *Richard II. von England in Verbindung* zu treten. Die Verhandlungen gipfelten in einem Vertrag zur gemeinsamen Unterstützung Urbans, den Wenzel am 1. IX. 1381 ratifizierte. Zugleich wurde ein dynastisches Band zwischen den beiden Herrscherhäusern geknüpft, indem Richard II. sich am 20. I. 1382 mit Wenzels Schwester Anna vermählte[9].

Damit aber hatte Wenzel die politische Linie seines Vaters vollends verlassen. Denn dieser hatte offenbar die Überwindung des Schismas durch ein gemeinsames Vorgehen der führenden europäischen Staaten in die Wege leiten wollen, während Wenzel nun in dem englisch-französischen Gegensatz, der entscheidenden Frage der damaligen europäischen Politik, einseitig Partei ergriff. Allerdings war er keineswegs bereit, dem englischen König, wie dieser es erwarten mochte, mit Waffengewalt zu Hilfe zu kommen; ja, er versuchte sogar, in Paris als Vermittler zwischen den beiden feindlichen Mächten aufzutreten. Die Bindung an England blieb aber deshalb doch bestehen; sie wurde noch dadurch verstärkt, daß Richard sich zu einem bedeutenden Darlehen an Wenzel verpflichtete, das die Finanzierung eines Romzuges ermöglichen sollte.

Denn dies war das wichtigste Ziel, das der Kardinal Pileus verfolgte: Wenzel sollte nach Rom ziehen, um dort von Urban VI. zum Kaiser gekrönt zu werden. Indem der König schon im April 1379 vor dem Legaten den Sicherheitseid ablegte, den einst Clemens V. von seinem Urgroßvater Heinrich VII. gefordert hatte, gab er sein grundsätzliches Einverständnis mit dem Plan zu erkennen. Über seine praktische Durchführung wurde in den folgenden Jahren mehrfach verhandelt, so noch auf einem Nürnberger Reichstag von Februar–März 1383. Dann aber trat der Gedanke ganz in den Hintergrund. Denn nun war es die Entwicklung der innerdeutschen Verhältnisse, die neben den Fragen der luxemburgischen Hauspolitik den Herrscher so völlig in Anspruch nahmen, daß von einer Fahrt über Berg auf lange hinaus nicht mehr die Rede sein konnte.

[1] Über die aus dem Mangel einer einheitlichen Haltung der Reichsstände resultierende Schwäche der Reichskirchenpolitik und zu ihrer grundsätzlichen Beurteilung auch in der Folgezeit vgl. H. ANGERMEIER, HZ 192 (1961).

[2] Vgl. Bd. 5, Kap. 57; dazu A. GERLICH, Die Anfänge des großen abendl. Schismas u. der Mainzer Bistumsstreit, Hess. Jb. f. Landesgesch. 6 (1956).

[3] A. SCHATZ, Die Stellung Hg. Leopolds III. v. Ö. zum großen abendl. Schisma, Stud. u. Mitt. z. Gesch. d. Bened.-Ordens 13 (1892); F. P. BLIEMETZRIEDER, Hg. Leopold v. Ö. u. d. gr. abendl. Schisma, MIÖG 29 (1908).

[4] Vgl. Kap. 2 u. Kap. 20.

[5] Vgl. N. VALOIS, Le grand schisme en Allemagne de 1378 à 1380, RQs 7 (1893), u. K. EUBEL, Die Provisiones

Praelatorum während d. gr. Schismas, ebd.

[6] Vgl. Kap. 3.

[7] Überblick über die avignones. Oböedienz: Repertorium Germanicum (s. o. S. 11) 1: Clemens VII., bearb. v. E. GÖLLER (1916); ein Nachtrag AnnHV-Niederrh. 122 (1933).

[8] K. GUGGENBERGER, Die Legation des Kard. Pileus in Dtld. 1378–1382 (1907); vgl. auch J. KAUFMANN, Urk. zu einer Legation des Kard. Pileus in Dtld. 1934, QFItA 7 (1899).

[9] C. HÖFLER, Anna v. Böhmen, Denkschr. Wiener Akad. 20 (1871), dazu die Hallenser Dissertationen von CH. G. CHAMBERLAIN (1907) u. J. J. HEEREN (1910); E. PERROY, L'Angleterre et le grand schisme d'Occident (1933), S. 129 ff.; A. B. STEELE, Richard II. (1941).

Kapitel 2
Deutschland beim Regierungsantritt Wenzels
Ritter- und Städtebünde

Die innerdeutschen Verhältnisse der letzten Jahrzehnte des
14. Jh. sind charakterisiert durch einen Zustand ständiger sozia-
ler und politischer Unruhe, deren Ursachen tief eingebettet
lagen in die allgemeinen Entwicklungstendenzen des Zeitalters.
Der in vollem Gang befindliche Prozeß der Territorienbildung,
den die Zentralgewalt nicht mehr aufzuhalten in der Lage war
und den sie den Kurfürsten gegenüber sogar ausdrücklich anerkannt hatte, mußte immer wieder Reibungen mit denjenigen
Elementen hervorrufen, die sich der Eingliederung in die neuen
Staatsbildungen widersetzten. An erster Stelle stand hier der
Gegensatz zwischen Fürsten und Städten. Dabei kreuzten sich die
Ausdehnungsbestrebungen von beiden Seiten her. Die Städte
wollten nicht nur ihre reichsunmittelbare Stellung behaupten,
sondern auch selber ihre Autorität über den Umkreis ihrer
Mauern hinaus ausdehnen und eigene Territorien begründen.
Hatten sie dabei, im Gegensatz zu den großen italienischen
Stadtstaaten, auch nur in vereinzelten Fällen Erfolg[1], so übten
die städtischen Freiheiten doch eine für die Landesherren höchst
gefährliche Anziehungskraft auf deren ländliche Untertanen
aus, sei es, daß diese unmittelbar in die Stadt abwanderten oder
daß sie, in ihren ländlichen Wohnsitzen verbleibend, doch das
Bürgerrecht erwarben und sich unter den städtischen Schutz
stellten. Neben dieser Pfahlbürgerfrage, die einen dauernden
Streitgegenstand darstellte, ergaben sich weitere Gegensätze
vor allem aus dem Bestreben der Städte, das umliegende Land
ihrer wirtschaftlichen Herrschaft zu unterwerfen, indem sie
mittels des sog. Bannmeilenrechtes in einem bestimmten Umkreis ihren Bürgern ein Monopol für Handel und Gewerbe zu
sichern suchten. Auf der andern Seite arbeiteten die Fürsten und
Herren mit der gleichen Zielstrebigkeit und Rücksichtslosigkeit daran, ihre stadtherrlichen Rechte, soweit sie solche besaßen, immer weiter zu verstärken oder aber die ihnen unabhängig gegenüberstehenden Reichsstädte in ihre werdenden
Territorien einzubeziehen. In dieser Hinsicht bedeutete es die
größte Gefahr für die Städte, wenn sie zur Deckung des ständigen Finanzbedarfs der Zentralgewalt vom Herrscher pfand-
weise an Fürsten oder Territorialherren übertragen wurden. Vor
allem diese Bedrohung ihrer Selbständigkeit war es, die sie an

17

ihren vom Reich nicht anerkannten *Einungen*[2] festhalten ließ.
Der *Schwäbische Städtebund* (s. Bd. 5, Kap. 58) bestand nicht
nur fort, sondern er vermochte die Zahl seiner Mitglieder
noch erheblich zu vermehren; bis zum Jahre 1388 stieg sie
auf 40 an. Ebenfalls zum Schutze ihrer Reichsfreiheit schlossen sich im August 1379 eine Anzahl elsässischer Städte zusammen.

Gleichzeitig aber zog die *föderative Bewegung* noch weitere
Kreise, indem sie nun auch die *adlige Ritterschaft* erfaßte[3]. An
die Stelle der früheren lockeren Zusammenschlüsse, deren
Zielsetzung sich lediglich auf gegenseitige Hilfe bei Fehden und
Raubzügen oder auch auf friedliche Schlichtung von Streitig-
keiten im eigenen Bereich erstreckt hatte, traten nun eine
Anzahl größerer, fester gefügter Bünde, die das politische
Schwergewicht des ganzen Standes wesentlich verstärkten, so
der Bund der »Hörner« oder »vom Horne« in Hessen, sodann
in Süddeutschland die Gesellschaften »von St. Georg« und
»St. Wilhelm« und vor allem die Gesellschaft »vom Löwen«.
Die letztere, ursprünglich in der Wetterau entstanden, verbrei-
tete sich mit großer Schnelligkeit den Rhein aufwärts bis zu den
Alpen und abwärts bis zu den Niederlanden hin, aber auch in
östlicher Richtung nach Bayern und Thüringen; auch einige
Fürsten und selbst die Stadt Basel traten ihr bei. Ihr vornehmstes Ziel erblickten die *Ritterbünde* ebenso wie die städtischen
Einungen in der Wahrung ihrer überkommenen Freiheiten und
Privilegien und in der Sicherung ihrer reichsunmittelbaren
Stellung gegenüber der vordringenden Landesherrschaft. Jedoch blieb der ritterliche Adel mit dem Fürstentum bis zu
einem gewissen Grade durch die Gemeinsamkeit der Lebens-
formen verbunden, während er seinen eigentlichen Gegner im
städtischen Bürgertum erblickte. Denn schon die Gegenläufig-
keit der wirtschaftlichen und sozialen Entwicklung, der materielle Aufschwung auf Seiten der Städte und das fortschreitende
Absinken des Lebensniveaus bei dem überwiegenden Teil des
Adels mußte eine erbitterte Feindschaft auslösen, die in zahl-
losen Fehden, Raubüberfällen auf reisende Kaufleute und
scharfen Vergeltungsmaßnahmen der Städte ihren Ausdruck
fand. Aber auch dieser Gegensatz war kein unbedingter; zahlreiche Ritter standen in städtischen Solddiensten, und manche
adlige Familien gingen im städtischen Patriziat auf. Überhaupt
war die ganze Entwicklung noch stark im Fluß. Eine klare
Scheidung zwischen reichsunmittelbaren und landsässigen

2. Deutschland beim Regierungsantritt Wenzels

Rittern hatte sich noch nicht überall durchgesetzt. Verbindungen von Rittern mit Fürsten, Grafen und Herren oder selbst mit Städten waren keineswegs ausgeschlossen. Ebenso lehnten die Städtebünde trotz aller tiefgreifenden Gegensätze die Mitgliedschaft von Fürsten nicht grundsätzlich ab, und diese machten von solchen Möglichkeiten, soweit es den Interessen ihrer Territorialpolitik entsprach, auch des öfteren Gebrauch. Überhaupt war die Haltung der Städte keineswegs einheitlich. Während die schwäbischen Reichsstädte, geführt von dem kriegerischen Ulm, nicht davor zurückschreckten, ihre Reichsunmittelbarkeit gegen die fürstliche Bedrohung auch mit den Waffen zu verteidigen, war den großen Handelsstädten wie Augsburg und Nürnberg[4] in erster Linie an der Aufrechterhaltung des Friedens gelegen, da sie darin die entscheidende Voraussetzung für eine günstige Entwicklung ihrer Geschäfte erblickten. Das gleiche galt von der Mehrzahl der rheinischen Städte, die auch dem Druck des Territorialfürstentums in geringerem Maße ausgesetzt waren als die Städte des Schwäbischen Bundes. Denn im Süden und Südwesten Deutschlands lag damals der Schwerpunkt der fürstlichen Ausdehnungsbestrebungen. Die gefährlichsten Feinde der oberdeutschen Städte waren die Herzöge von Bayern, die Grafen von Württemberg und vor allem die *Habsburger*, die in einem systematischen Ausbau ihrer landesherrlichen Stellung einen Ersatz für die ihnen entgangene Königskrone suchten. Die führende Persönlichkeit des Hauses war damals Herzog Leopold III., dem bei der Teilung des habsburgischen Hausbesitzes, die am 25. IX. 1379 in dem steirischen Kloster Neuberg zwischen ihm und seinem Bruder Albrecht III. vereinbart wurde, mit den österreichischen Alpenländern und den Vorderen Landen[5] der Löwenanteil zugefallen war, während Albrecht III. sich mit Österreich ob und nieder der Enns begnügen mußte. Von den Vorderen Landen aus aber richteten sich die Blicke Leopolds auf den schwäbischen Raum, der seit dem Erlöschen des staufischen Herzogshauses einer einheitlichen Zusammenfassung entbehrte und deshalb allen benachbarten Fürstenhäusern als ein besonders geeignetes Objekt ihrer Expansionspolitik erscheinen mußte. So nahm Leopold den alten Plan König Rudolfs I. wieder auf, hier ein neues, habsburgisches Herzogtum zu errichten, wodurch sich freilich ein notwendiger Gegensatz gegen die bayrischen Herzöge ergab, die als östliche Anrainer Schwabens ein ähnliches Ziel verfolgten. Auch bei den Fürsten konnte

19

somit von einer in sich geschlossenen Front nicht die Rede sein.

Zunächst war es der *Gegensatz zwischen Städten und Rittern*, der die Entwicklung weitertrieb. Als 1380 der besonders städtefeindlich gerichtete Löwenbund der Stadt Frankfurt Fehde ansagte, vereinigte sich diese am 20. III. 1381 mit Mainz, Worms, Speyer, Straßburg und Pfeddersheim sowie mit einem Teil der elsässischen Reichsstädte zum *Rheinischen Städtebund*[6], dem zweiten der großen süddeutschen Bünde. Obwohl er sich somit in seiner unmittelbaren Zielsetzung von der des Schwäbischen Bundes unterschied, lag der Gedanke eines Zusammenschlusses zum gemeinsamen Schutz der beiderseitigen Interessen von vornherein nahe. Dieser erfolgte denn auch am 17. VI. 1381 in Speyer in der Form eines militärischen Bündnisses. Die Sonderexistenz der beiden vertragschließenden Partner blieb dabei allerdings erhalten, und die Verschiedenheit der in ihnen lebendigen Tendenzen sollte sich in der Zukunft als eine Verminderung ihrer Stoßkraft auswirken. Jedoch wurde das nächste Ziel erreicht. Als kurze Zeit nach der Speyerer Einung der *Krieg mit den Rittergesellschaften* wirklich ausbrach, zeigten die Städte sich als überlegen, so daß Herzog Leopold und Graf Eberhard von Württemberg im Frühjahr 1382 zu Ehingen vermittelnd eingreifen und einen Landfrieden zwischen den drei Rittergesellschaften und ihren Gegnern aufrichten konnten. Damit war der erste Anlauf der Ritterschaft gescheitert; ihre Bünde lösten sich in der Folge auf, nur die Georgsgesellschaft bestand in veränderter Form weiter fort. Dagegen verstärkte sich die Stellung der Städte immer mehr. Dem Schwäbischen Bund trat noch 1381 das mächtige, von den bayrischen Herzögen bedrohte Regensburg bei; seinem Beispiel folgten bald danach eine Anzahl fränkischer Städte und schließlich 1384 sogar Nürnberg, das freilich ebenso wie Straßburg seine traditionelle Vermittlungspolitik auch innerhalb des Bundes fortsetzte. Endlich schlossen sich im August 1382 auch eine Reihe von niederdeutschen Städten zum *Sächsischen Städtebund* zusammen, der ihre Interessen vor allem in den Kämpfen um den westfälischen Landfrieden vertreten sollte. Mit alldem waren die Städte zu einem maßgebenden Faktor der Reichspolitik geworden.

[1] Vgl. K. S. BADER, Der dt. Südwesten in seiner territorialstaatl. Entwicklung (1950), S. 153 ff.

[2] Grundsätzlich E. BOCK, HV 24 (1929).

[3] O. EBERBACH, Die dt. Reichsritter-

schaft in ihrer staatsrechtl.-polit. Entwicklung von d. Anfängen bis 1495 (1902).

[4] E. Franz, Nürnberg, Kaiser u. Reich (1930); H. Heimpel, Nürnberg u. d. Reich des MA, Zs. f. bayer. Landesgesch. 16 (1951).

[5] Vgl. H. E. Feine, Die Territorialbildung d. Habsburger im dt. Südwesten, ZRG GA 67 (1950).

[6] W. Messerschmidt, Der rhein. Städtebund 1381–1389 (Diss. Marburg 1907); L. Quidde, Der schwäb.-rhein. Städtebund im Jahr 1384 bis z. Abschluß d. Heidelberger Stallung (1884); D. Hinneschiedt, Wenzel, Ruprecht u. d. Städtekampf in Südwestdtld. 1387 bis 1389, ZGORh NF 13 (1898). Weiteres DW[9] 7945.

Kapitel 3
Wenzels innerdeutsche Politik bis zum Egerer Landfrieden

Die Haltung König Wenzels diesen Verwicklungen gegenüber war zunächst wiederum durch das Vorbild seines Vaters bestimmt. Wie dieser suchte er der inneren Unruhe durch das Mittel einer *königlichen Landfriedensgesetzgebung* Herr zu werden, welche die streitenden Parteien, vor allem Fürsten und Städte, in regional begrenzten Teillandfrieden zusammenfaßte; gleichzeitig sollte die Eingliederung der Städte in verschiedene territoriale Landfrieden den Zusammenhalt ihrer großen Bünde lockern oder sogar zerschlagen. Indem Wenzel diesen Weg weiter verfolgte, ergab sich als notwendige Folge, daß die Städte der königlichen Landfriedenspolitik mit starkem, von ihrem Standpunkt aus nicht unberechtigtem Mißtrauen gegenüberstanden. Aber auch die Fürsten waren nur insoweit dazu bereit, die Bestrebungen des Herrschers zu unterstützen, als es ihren eigenen Interessen entsprach; für eine dauernde Friedensordnung, die eine Verstärkung der Zentralgewalt im Gefolge haben mußte, Opfer zu bringen, lag ihnen ebenso fern wie den Städten. Trotzdem war Wenzel durch die städtefeindliche Grundtendenz seiner Politik dazu gezwungen, bei den Fürsten Anlehnung zu suchen, wurde aber dadurch nun wieder in die Gegensätze ihrer Territorialpolitik hineingezogen. Bezeichnend ist in dieser Hinsicht sein Verhältnis zu Leopold III. von Habsburg, dem er am 25. II. 1379 die Landvogteien Ober- und Niederschwaben verpfändete, ohne Rücksicht darauf, daß Karl IV. sie dem Herzog Friedrich von Bayern übertragen und Wenzel selber die durch den Tod des Kaisers erledigte Verschreibung kurz zuvor auf drei Jahre erneuert hatte. Die Verstimmung des Wittelsbachers nahm er dabei ebenso in Kauf,

wie er über die den Grundsätzen der Reichspolitik zuwiderlaufende kirchliche Haltung des Habsburgers hinwegsah. Dafür
gewann er seinerseits die Anerkennung seines Königtums durch
den mächtigen Nachbarn, auf dessen Hilfe er sowohl in der süddeutschen Reichspolitik wie auch in der Frage der ungarisch-
polnischen Thronfolge rechnete. Im übrigen aber bemühte sich
Wenzel in diesen ersten Jahren seiner Regierung mit lebhaftem
Eifer um eine Überwindung der ständischen Gegensätze, ohne
dabei jedoch wesentliche Ergebnisse erzielen zu können. Zwar
erließ er am 11. III. 1383 mit Zustimmung der Kurfürsten von
Mainz, Köln und Sachsen sowie der bedeutendsten Fürsten
Süddeutschlands einen Landfrieden (RTA 1 n. 205), der sich
auf das gesamte, in vier »Parteien« eingeteilte Reich erstrecken
sollte; dieser zukunftsreiche Gedanke einer *Einteilung des
Reiches in größere Bezirke* tritt hier zum ersten Male in Erscheinung. Jedoch weigerten sich die Städte, dem Landfrieden bei-
zutreten, weil sie damit ihre eignen Bünde hätten preisgeben
müssen. Und da der König daraufhin allen Fürsten, Rittern und
Herren den Beitritt befahl, wurde aus dem beabsichtigten, alle
Stände umfassenden Reichslandfrieden ein einseitiger Zusam-
menschluß der fürstlichen Partei unter Führung des Königs, ein
»*Herrenbund*«, der den Städtebünden als gleichwertiger Gegenspieler gegenübertrat. Immerhin dauerten die Verhandlungen
zwischen Städten und Fürsten noch weiterhin fort und führten
in der »*Heidelberger Stallung*« vom 26. VII. 1384 (RTA 1 n. 246)
auch wirklich zu einem gewissen Erfolg. Dadurch daß die
Fürsten mit den Städten einen Landfriedensvertrag auf vier
Jahre abschlossen, gewannen die letzteren eine tatsächliche
Anerkennung ihrer Bünde, die sie freilich durch ein Entgegenkommen in der vielumstrittenen Pfahl- und Ausbürgerfrage
erkaufen mußten. Auf der anderen Seite blieb auch der Herrenbund bestehen, und an dem reichsrechtlichen Verbot der
Städtebünde änderte sich nichts, zumal der König den Frieden
zwar bestätigte, aber ihm selber nicht beitrat.

An dieser Haltung Wenzels scheiterte daher auch ein in den
Jahren 1384 und 1385 von ihm unternommener *Versuch, einen
näheren Kontakt mit den Städten herzustellen*. Dabei lag Wenzel in
erster Linie daran, für seine Hausmachtpolitik, die eben damals
in ein kritisches Stadium getreten war, neue Geldquellen zu er-
schließen, was nur mit Hilfe der Städte möglich war. So einigte
er sich mit dem Schwäbischen Bunde auf ein erneutes Vorgehen
gegen die Juden, bei dem der König und die Reichsstädte sich

3. Wenzels innerdeutsche Politik bis zum Egerer Landfrieden

in den Raub teilten. Im übrigen aber handelte es sich wohl nicht, wie man gemeint hat, um eine grundsätzliche Abkehr von der bisherigen fürstenfreundlichen Politik, sondern Wenzel dachte offenbar daran, dem Herrenbund eine königliche Einung mit den Städten als Gegengewicht gegenüberzustellen, um dann eine Art von Mittlerstellung einzunehmen und auf diesem Wege doch noch zu einer allgemeinen Befriedung des Reiches zu gelangen. Nur hätte es dazu einer konsequenten Weiterführung der eingeschlagenen Linie bedurft, und von einer solchen konnte gerade in der folgenden Zeit nicht die Rede sein, da der König eben damals durch die ungarischen Interessen seines Hauses vollkommen in Anspruch genommen wurde.

So ging die innerdeutsche Entwicklung der Dinge ihren eigenen Gang und führte zu einer neuen *kriegerischen Entladung.* Das stärkste Moment der Unruhe bildete im Süden des Reiches nach wie vor die ausgreifende Politik Herzog Leopolds, die sich in gleicher Weise auf Schwaben wie auf das Gebiet der Schweizer Eidgenossenschaft erstreckte. In Schwaben hatte ihm Wenzel freilich die beiden Landvogteien, in deren Besitz Leopold im Jahre 1382 gelangt war, drei Jahre später wieder entzogen, um sie von nun an durch den im königlichen Dienste stehenden niederbayrischen Edlen Wilhelm Frauenberger verwalten zu lassen; anscheinend dachte der König daran, im schwäbischen Raum selber Fuß zu fassen. Zudem hatten, um der von dem Habsburger ausgehenden Bedrohung zu begegnen, die schwäbischen und ebenso auch die rheinischen Städte schon einige Monate vorher, am 21. II. 1385, mit den schweizerischen Städten Zürich, Zug, Luzern, Solothurn und Bern in Konstanz ein Kriegsbündnis geschlossen, das ausgesprochen offensiven Charakter trug. Allein als Luzern zu Ende des Jahres den Angriff auf habsburgisches Gebiet eröffnete, versagten die Städte die vereinbarte Hilfsleistung. So wurde der drohende allgemeine Krieg noch einmal vermieden, und die Eidgenossen hatten allein die Last des Kampfes zu tragen. Leopold fand bei zahlreichen Rittern und Herren Süddeutschlands Unterstützung; allein wie schon zu Beginn des Jahrhunderts in der Schlacht am Morgarten (1315) unterlag das Ritterheer auch diesmal bei *Sempach* am 9. VII. 1386 der Tapferkeit und der beweglicheren Taktik der leichter bewaffneten Schweizer. Herzog Leopold fand in der Schlacht den Tod. Zwei Jahre später sah sich Leopolds Nachfolger Albrecht III. durch eine neue *Niederlage bei Näfels* (9. IV. 1388)[1] gezwungen, auf die Fortführung der expansiven Politik gegenüber der Schweiz zu verzichten.

Inzwischen hatte der Sempacher Sieg, der einen starken Widerhall auslöste, im übrigen Deutschland zunächst eine Entspannung der allgemeinen Lage herbeigeführt. Auch Wenzel schaltete sich nun wieder in die Reichspolitik ein und versuchte durch eine weitere *Annäherung an die Städte* für die Aufrechterhaltung des Friedens zu wirken. Ihren Wünschen entsprach es, wenn er am 10. III. 1387 den Westfälischen Landfrieden aufhob, dessen Geltung sich in letzter Zeit auch auf Süddeutschland ausgedehnt hatte und in dem die Städte, vielleicht nicht unbedingt mit Recht, ein bloßes Instrument der fürstlichen Machtpolitik erblickten. Den Höhepunkt dieser Entwicklung stellte das *Bündnis* dar, das Wenzel wenige Tage danach, am 20./21. III., in Nürnberg *mit den schwäbischen Städten* abschloß (RTA 1 n. 301/3) und in dem er sogar ihren Bund, wenn auch nicht urkundlich, so doch durch eine mündliche Erklärung anerkannte. Das eigentliche Ziel der königlichen Politik bildete jedoch nach wie vor der Ausgleich zwischen den feindlichen Heerlagern. Daher förderte er auch die Verhandlungen der Fürsten und Städte über eine *Verlängerung der Heidelberger Stallung*, die am 5. XI. 1387 in Mergentheim zu einem günstigen Abschluß gelangten (RTA 1 n. 324), trat aber selbst den Abmachungen sowenig wie in Heidelberg bei.

Indessen schwelten unter der Decke die Gegensätze fort. In Schwaben hörten die Reibungen mit Graf Eberhard II. von Württemberg[2] nicht auf. Die eifrigsten Vorkämpfer der Fürstenherrschaft aber waren in dieser Zeit die bayrischen Herzöge, die vor allem auch den Handel von Nürnberg und Augsburg dauernd beeinträchtigten und schädigten. Der Konflikt entzündete sich, als Herzog Friedrich von Bayern einen Bundesgenossen des Schwäbischen Städtebundes, den Erzbischof Pilgrim von Salzburg, auf verräterische Weise gefangennehmen ließ. Im Januar 1388 eröffneten die Städte daraufhin die Feindseligkeiten. Obwohl die rheinischen Städte sich zunächst zurückhielten und Wenzel, der freilich auch jetzt durch seine Hauspolitik behindert wurde, sich um eine Vermittlung bemühte, breitete sich der Krieg immer weiter aus. Vor allem trat der ursprünglich ebenfalls zum Ausgleich geneigte Pfalzgraf seinem bayrischen Verwandten bei. Die erste *Entscheidung* fiel in *Schwaben*, wo Graf Eberhard dem Städteheer am 24. VIII. 1388 bei *Döffingen* (sw. Stuttgart) eine vernichtende Niederlage bei-

3. Wenzels innerdeutsche Politik bis zum Egerer Landfrieden

brachte[3]; wenige Monate später, am 6. XI., bereitete Pfalzgraf Ruprecht II. den Aufgeboten der rheinischen Städte bei Worms das gleiche Schicksal. Die *militärische Überlegenheit der Fürsten* war damit deutlich geworden, aber freilich die Kraft der Städte noch keineswegs gebrochen. So zog sich der Kleinkrieg mit seinen Raub- und Verwüstungszügen, deren Lasten vor allem das offene Land zu tragen hatte, noch einige Zeit lang hin, und erst die wachsende Erschöpfung beider Parteien eröffnete den Weg zur Wiederherstellung des Friedens.

Damit war der Augenblick gekommen, wo der König durchzusetzen vermochte, was ihm bisher immer mißlungen war, die *Errichtung eines Reichslandfriedens*, der die einseitigen ständischen Einungen, den Herrenbund und die Städtebünde, ersetzte. Am 5. V. 1389 wurde er *in Eger* auf sechs Jahre verkündet (RTA 2 n. 72/3). Da die Städte auch in der Pfahlbürgerfrage nachgeben mußten, lag der Vorteil überwiegend auf Seiten der Fürsten, denen sich Wenzel in letzter Zeit wieder genähert hatte. Immerhin waren auch die Interessen der Städte soweit gewahrt, daß sie in ihrer großen Mehrzahl dem Landfrieden beitraten. Durch ihn war eine Grundlage geschaffen, die zum Aufbau einer unmittelbar wirksamen königlichen Friedensgewalt hätte dienen können. Aber Wenzel erwies sich nicht als fähig, die ihm so gebotenen Möglichkeiten zielbewußt auszunutzen. Vielmehr ging im weiteren Verlauf seiner Regierung, da er auf eine eigene Friedenspolitik fast ganz verzichtete, die Handhabung der Friedenswahrung mehr und mehr auf die territorialen Gewalten über[4].

Im übrigen hatte durch den Ausgang des Krieges 1388/89 die innerpolitische Schwergewichtsverteilung in Deutschland eine entscheidende Veränderung erfahren. Zwar stellten die *Städte* auch weiterhin einen der maßgebenden Faktoren dar. Sie waren Brennpunkte eines reichen wirtschaftlichen und kulturellen Lebens, das sich vielfach erst jetzt zur vollen Blüte entfaltete. Ihr von jeher eingewurzelter Trieb zur Vereinzelung, der Sondergeist, der sich mehr und mehr in ihren Mauern ausbreitete, hat diese Entwicklung im ganzen eher gefördert als gehemmt. Aber auf dem politischen Felde mußte sich dieser Mangel an Gemeinschaftssinn für die Dauer als schwerwiegender Nachteil erweisen. Zwar bildeten sich, trotz des in Eger verhängten Verbotes, schon bald wieder in Schwaben kleinere Städtebünde, die aber zunächst keine größere Geltung erlangten. Dagegen behauptete freilich in Niederdeutschland die

Hanse auch weiterhin eine Machtstellung von übernationaler Bedeutung[5]. Aber ihre Zielsetzungen waren von denen der übrigen Städtebünde viel zu sehr unterschieden, als daß es, so wenig wie in den vorhergehenden Jahren des Kampfes, zwischen den beiden Teilen jemals zu einem Zusammenwirken auf der Grundlage gemeinsamer ständischer Interessen hätte kommen können. Im Gegensatz zur Hanse fehlte es dem süddeutschen und südwestdeutschen Bürgertum an jeder größeren politischen Konzeption, durch die es sich über die Enge seiner unmittelbaren Interessensphäre erhoben hätte. Deshalb wäre es auch ein Irrtum anzunehmen, das Königtum hätte in einer dauernden Verbindung mit den Städten die sichere Grundlage für eine Stärkung der Zentralgewalt finden können. Für die Einheit des Reiches Opfer zu bringen, dazu waren die Städte so wenig bereit wie die Fürsten; der *Geist des Partikularismus*, der im damaligen Deutschland die beherrschende Zeitströmung darstellte, erfüllte sie in gleichem Maße wie jene. In diesem Wettlauf der Sonderbestrebungen aber hatten sich die Fürsten schon jetzt als die Überlegenen erwiesen, und das Scheitern des städtischen Einungsgedankens trug vollends dazu bei, ihnen den Weg zum weiteren Aufstieg freizumachen.

[1] Zu Sempach und Näfels vgl. die bei W. Erben, Kriegsgesch. d. MA (1929), S. 129, angegebene Lit.

[2] K. Weller, Württ. Gesch. ([3]1933); ders., Die Gfsch. Württemberg u. d. Reich, Zs. f. württ. Landesgesch. 4 (1940). Vgl. auch Bd. 13, Kap. 23.

[3] H. Niethammer, Gf. Eberhard der Greiner u. sein Sohn Gf. Ulrich in den Kämpfen der Jahre 1367–1388, Württ. Vjh. f. Landesgesch. 41 (1935).

[4] Vgl. hierzu und weiterhin H. Angermeier, Königtum und Landfriede im dt. MA (1966); ferner auch ders., Die Funktion der Einung im 14.Jh., Zs. f. bayer. Landesgesch. 20 (1957).

[5] S. Bd. 5, Kap. 63 b.

Kapitel 4
Wenzels Hausmachtpolitik

Durch die Errichtung des Egerer Reichslandfriedens hatte König Wenzel einen Erfolg errungen, der zunächst weitere Aussichten zu eröffnen schien. Noch in Eger kündigte er den Städten an, daß er von ihnen die Rückgabe des Judenregals und der Gerichtsbarkeit verlange. Daneben hatte ihn und seine Ratgeber offenbar schon einige Jahre zuvor der Plan einer Wiederaufnahme der alten *Reichskirchenpolitik* beschäftigt, für

4. Wenzels Hausmachtpolitik

den die Fortdauer des Schismas eine Handhabe zu bieten schien. In geheimen Verhandlungen, die er 1386 oder 1387 unter dem Einfluß des Erzbischofs Pilgrim mit Clemens VII. anknüpfte, obwohl er nach außen hin an der Anerkennung des römischen Papsttums festhielt, tauchte der Gedanke auf, der avignonesische Papst solle als Preis der Anerkennung unter anderem die Zusage geben, daß er die rheinischen Erzbistümer ebenso wie die böhmischen Bistümer und schließlich sogar alle deutschen Bistümer nach dem Willen des Königs besetzen werde; diese päpstliche Verpflichtung sollte dann für drei Generationen des luxemburgischen Hauses in Kraft bleiben[1]. Da Clemens auf eine solche Forderung unmöglich eingehen konnte, war sie von Wenzel wohl kaum ganz ernst gemeint. Aber die Verhandlungen lassen doch erkennen, daß er sich in diesen Jahren seiner Machtstellung wie der Thronfolge seines Hauses durchaus sicher fühlte und bestrebt war, die gewonnenen Vorteile zugunsten des Reiches, vor allem aber im Interesse seiner dynastischen Hauspolitik noch weiter auszubauen.

Dieser *Hauspolitik* hatte Wenzel im ersten Jahrzehnt seiner Regierung eine so weitgehende Aufmerksamkeit geschenkt, daß die Interessen des Reichs darüber nicht selten zu kurz gekommen waren. Aber auf der anderen Seite waren die Voraussetzungen für die Konstellation am Ende der 80er Jahre erst durch die Erfolge geschaffen worden, die er auf diesem Felde erzielte. So hielt er in seinem *böhmischen Stammland* die Zügel der Regierung fest in der Hand, obwohl er wie vor ihm sein Vater bei dem unbotmäßigen Adel auf starke Widerstände stieß; auch die hohe Geistlichkeit, die zum Teil clementistisch gesinnt war, bereitete ihm manche Schwierigkeiten. Trotzdem vermochte er durch strenge Handhabung der Rechtspflege und eine sorgsame Finanzgebarung im ganzen genommen die Ruhe und Ordnung im Lande aufrechtzuerhalten, was ihm das Vertrauen und die Anhänglichkeit der breiteren Schichten der Bevölkerung eintrug. Im *Westen* trat die vorauszusehende Vergrößerung seines unmittelbaren Machtbereichs frühzeitig ein, da sein Oheim, Herzog Wenzel von *Luxemburg*, am 7. XII. 1383 starb. Damit fiel das Stammland des Hauses dem jungen König zu, der im folgenden Jahre dort erschien und die Huldigung seiner Untertanen entgegennahm. Jedoch verstand Wenzel es nicht, die neu gewonnene Position zu nutzen; vor allem versäumte er, dem an vielen Stellen im Vordringen begriffenen französischen Einfluß[2] wirksam entgegenzutreten. Als im gleichen Jahr 1384 der letzte Graf von Flandern, Ludwig von Maële, starb, ging die reiche, blühende Grafschaft an den Gemahl seiner Tochter Margarete über, an Herzog Philipp von Burgund, der dieses bedeutende französische Lehnsfürstentum seit 1363 innehatte[3]. Da zu der flandrischen Erbschaft auch Artois und die Freigrafschaft Burgund gehörten, begannen sich damit schon die künftigen Umrisse der *neuburgundischen Staatsbildung* abzuzeichnen. Noch unmittelbarer wurde Wenzel dadurch betroffen, daß Philipp es verstand, die Witwe Herzog Wenzels, Johanna von Brabant, für sich einzunehmen, indem er sie in ihren Streitigkeiten mit Herzog Wilhelm von Geldern unterstützte; selbst dem Einbruch eines französischen Heeres ins Reichsgebiet, der mit diesen Händeln zusammenhing, sah der König untätig zu[4]. Denn da er kurz zuvor (Anfang 1388) das Herzogtum Luxemburg an seinen Vetter Jobst von Mähren hatte verpfänden müssen, hatte er das Interesse an den Fragen des Westens verloren. Die Folge war, daß Johanna 1390 unter Übergehung der älteren luxemburgischen Ansprüche ihre Nichte Margarete von Flandern und deren Gemahl zu Erben ihrer Lande einsetzte. Nach Johannas Tod im Jahre 1406 ist auf diese Weise das Reichslehen Limburg-Brabant den Luxemburgern tatsächlich entgangen und in neuburgundische Hände gefallen.

Sehr viel erfolgreicher gestalteten sich demgegenüber Wenzels Bemühungen um die *Vermehrung der Macht seines Hauses im Osten*. Hier mußte es vor allem darauf ankommen, die von Karl IV. begründete luxemburgische Anwartschaft auf Polen und Ungarn zu verwirklichen. In dieser Hinsicht brachte zunächst der Tod König Ludwigs I. am 11. IX. 1382 einen vollkommenen Umschwung. Denn seine Witwe Elisabeth durchkreuzte die luxemburgischen Ansprüche, indem sie ihre Tochter Maria, die Verlobte Sigmunds, sogleich zum »König« von Ungarn krönen ließ (17. IX. 1382). Dadurch wurde eine Fortdauer der ungarisch-polnischen Union in der Hand der Luxemburger vereitelt (s. Bd. 5, Kap. 55). Aber auch *Sigmunds Anwartschaft auf Ungarn* war schwer gefährdet, da Elisabeth versuchte, durch eine Verlobung Marias mit dem Prinzen Ludwig von Orléans das Land den Franzosen in die Hände zu spielen, während ein Teil des ungarischen Adels die Krone dem aus einer Nebenlinie des angiovinischen Hauses stammenden König von Neapel, Karl III. von Durazzo, anbot. Jedoch gelang es Sigmund im August 1385, begleitet von seinen Vettern Jobst

4. Wenzels Hausmachtpolitik

und Prokop von Mähren, in Ungarn einzudringen und die Hauptstadt Ofen einzunehmen; indem er hier das Beilager mit Maria vollzog, sicherte er endgültig den Bestand seiner Ehe und zugleich sein Recht auf die ungarische Krone. In den nun folgenden Wirren, in deren Verlauf sowohl Karl von Durazzo wie auch die Königinwitwe Elisabeth ermordet wurden, konnte sich Sigmund nur dadurch behaupten, daß Wenzel zugunsten seines Bruders eingriff, ohne Rücksicht darauf, daß er sich damit den drängenden Aufgaben der Reichspolitik entzog. Am 31. III. 1387 wurde mit Zustimmung der ungarischen Stände die Krönung Sigmunds in Ofen feierlich vollzogen. Die *ungarische Sekundogenitur des luxemburgischen Hauses* war damit gesichert.

Allein der neue Aufstieg, der sich hier anzukündigen schien, wurde nun aufs schwerste gehemmt durch Reibungen und Streitigkeiten im eignen Schoße der Dynastie, die allmählich immer schärfere Formen annahmen. Die verhängnisvollste Rolle spielte dabei der unruhige Ehrgeiz des Markgrafen Jobst von Mähren. Da er als guter Verwalter seines Erblandes und als gewandter, aber auch skrupelloser Geschäftsmann stets über reiche Geldmittel verfügte, konnte er sowohl Wenzel wie auch Sigmund finanziell unterstützen, um dafür politische Vorteile einzuhandeln. Ebenso wie er sich von Wenzel das Herzogtum Luxemburg verpfänden ließ, forderte er von Sigmund als Entgelt für seine ungarischen Hilfeleistungen die *Verpfändung der Mark Brandenburg*[5], und Sigmund gab diesem Verlangen nach. Gleichzeitig mit der Verpfändung (Mai 1388) wurde vereinbart, daß der erbliche Besitz der Mark mit allen kurfürstlichen Rechten an Jobst und seinen Bruder Prokop übergehen solle, wenn Sigmund nach Ablauf von fünf Jahren nicht imstande sein würde, die Pfandschaft wieder einzulösen. Im Besitz einer Kurstimme hoffte Jobst sodann das letzte Ziel seiner Bestrebungen, die deutsche Königskrone, erreichen zu können.

Auch König Wenzel hatte der Verpfändung der Mark zugestimmt und, wie es scheint, sie sogar gefördert. Aber für alle seine Hilfe sollte er nun bei seinen Verwandten den schlimmsten Undank ernten. Denn jetzt, im zweiten Jahrzehnt seiner Regierung, begann sich auch seine Stellung in den *böhmischen Erblanden* wesentlich zu verschlechtern. Seit Ende der 80er Jahre verstärkte sich die *Opposition des Adels*, da dieser sich in seiner historischen Rechtsstellung und seinem überkommenen Einfluß auf die Krone vor allem dadurch mehr und mehr bedroht sah, daß der König zur Führung der Regierungsgeschäfte an Stelle hochadliger Persönlichkeiten Männer niederen Standes heranzog, die seine Untertanen und somit vollkommen von ihm abhängig waren. Auch in seinen *Beziehungen zum hohen Klerus* trat eine neue Verschärfung ein. Nachdem es über die Frage der kirchlichen Jurisdiktionsgewalt schon vorher zu Spannungen gekommen war, führte der Plan des Königs, für einen seiner Günstlinge in Westböhmen ein neues Bistum zu begründen und es mit den Gütern der Benediktinerabtei Kladrau auszustatten, zu einem schweren Konflikt mit dem Prager Erzbischof Johann von Jenzenstein, in dessen Verlauf Wenzel den erzbischöflichen Generalvikar *Johannes von Pomuk* (Nepomuk) nach schweren Mißhandlungen in der Moldau ertränken ließ (20. III. 1393); ob dieser, wie spätere Quellen berichten, den Jähzorn Wenzels auch dadurch gereizt hatte, daß er sich weigerte, ihm Beichtgeheimnisse seiner zweiten Gemahlin Sophie von Bayern preiszugeben, läßt sich nicht mit voller Sicherheit feststellen[6]. Jedenfalls zeichnete sich der *moralische Verfall des Königs* immer deutlicher ab, und die Mißstimmung gegen ihn griff jetzt, von der Geistlichkeit geschürt, auch im Volke Platz. An die Spitze der *aufständischen Bewegung* trat Jobst von Mähren, der sich mit Sigmund und einigen anderen benachbarten Fürsten verständigt hatte; Ziel der Erhebung sollte vor allem die Beseitigung der bisherigen Räte des Königs und die Wiederherstellung des hochadligen Einflusses sein. Am 8. V. 1394 überfiel er Wenzel, der sich auf einer Reise nach Prag befand, und nahm ihn gefangen, mußte ihn aber nach wenigen Monaten wieder freigeben, da der König nicht nur bei seinem Bruder Johann von Görlitz Unterstützung fand, sondern auch die Reichsstände, die Pfalzgraf Ruprecht II. als Reichsvikar zu einem Tage nach Frankfurt (Juli 1394) berufen hatte, in einem drohenden Schreiben die Freilassung forderten. Doch blieb es bei diesem einmaligen Schritt, und so setzten sich die Händel im Schoße des luxemburgischen Hauses auch weiterhin in einem wirren Wechsel der Bündnisse und Konstellationen fort. Zunächst verständigte sich Wenzel mit *Sigmund*, den er am 19. III. 1396 auf Lebenszeit zum *Generalvikar des Reiches* mit königlichen und kaiserlichen Rechten ernannte; von da an wurde auch für ihn der Erwerb der Krone das eigentliche, mit aller Zähigkeit verfolgte Ziel seiner Politik. Ebenso hielt jedoch Jobst an seinen Absichten fest, und da Sigmunds Machtstellung durch die *Niederlage bei Nikopolis* (28. IX. 1396, s. Kap. 10) völlig zusammenbrach,

4. Wenzels Hausmachtpolitik

mußte Wenzel sich dazu verstehen, den Vetter am 3. IV. 1397 mit der Mark Brandenburg zu belehnen. Das Endergebnis war, daß Wenzel seine Stellung in den Erblanden, die allerdings in den dauernden Kämpfen schwer gelitten hatten, zuletzt doch behauptete.

Demgegenüber hatte er freilich in Deutschland die Regierungsgeschäfte während dieser ganzen Zeit in einem solchen Maße vernachlässigt, daß sich daraus die schwerwiegendsten Folgen für ihn ergeben sollten. Schon die Durchführung des Egerer Landfriedens hatte der König einem Kollegium von sechs Bevollmächtigten überlassen müssen, das man geradezu als eine *Art von provisorischer Reichsverweserschaft* bezeichnen kann. Er selbst kam volle zehn Jahre nicht mehr in die deutschen Lande und griff auch aus der Ferne nur selten und ohne Nachdruck in die Regierungsangelegenheiten ein. Als sich in Süddeutschland ein neuer Ritterbund der »Schlegler« bildete, wurde er zwar von Wenzel verboten, im übrigen aber blieben die bedrohten Fürsten und Städte auf sich selber angewiesen; selbst nachdem Graf Eberhard von Württemberg drei »Könige« der Gesellschaft in dem Städtchen Heimsheim (bei Weil der Stadt) gefangengenommen hatte (September 1395), dauerte es noch einige Jahre, bis die Auflösung erzwungen werden konnte. Am schlimmsten aber war es, daß Wenzels Vernachlässigung seiner Herrscherpflichten sich sogar auf die brennendste Frage erstreckte, die das Zeitalter bewegte, die Spaltung der kirchlichen Einheit. Denn zweifellos wäre es die vornehmste Aufgabe des römischen Königs gewesen, hier alle Kräfte an die Herbeiführung einer gerechten Lösung zu setzen.

---

[1] S. STEINHERZ, Dokumente zur Gesch. d. großen abendländ. Schismas, Quell. u. Forsch. aus d. Gebiet d. Gesch. 11 (Prag 1932), bes. n. 9 u. 22; dazu H. KLEIN, MÖIG 48 (1934).

[2] J. SCHOOS, Der Machtkampf zw. Burgund u. Orléans unter d. Hg. Philipp d. K., Johann o. F. u. Ludwig v. O. m. bes. Berücksichtigung d. Auseinandersetzung im dt.-franz. Grenzraum, Publ. de la sect. Hist. de l'Institut de Luxembourg 75 (1956); dazu G. HÖVELMANN, AnnHVNiederrh. 161 (1959) betr. Kleve.

[3] R. VAUGHAN, Philip the Bold (1962); vgl. Kap. 25.

[4] E. ERNSING, Wilhelm III. von Jülich als Hg. v. Geldern (1885); A. SCHULTE, Der Kriegszug Kg. Karls VI. v. Frankreich gegen Jülich u. Geldern i. J. 1388, Rhein. Heimatblätter 3 (1926).

[5] Vgl. Joh. SCHULTZE, Die Mark Brandenburg 2: Die Mark unter der Herrschaft d. Wittelsbacher u. Luxemburger (1961); vgl. Kap. 11.

[6] G. WEISSKOPF, Der hl. Johannes v. Pomuk, Theol.-prakt. Quartalschr. 79 (1926) u. 84 (1941) sowie ders., Joh. v. Pomuk (1941).

Kapitel 5
Der Fortgang des Schismas

Für die Weiterentwicklung des Schismas bestimmend war die Tatsache, daß weder der Tod Urbans VI. (15. X. 1389) noch der seines Gegners Clemens VII. (16. IX. 1394) eine Einigung herbeiführte, sondern für beide sogleich ein Nachfolger gewählt wurde, in Rom Bonifaz IX. (1389–1404), in Avignon Benedikt XIII. (1394–1417, gestorben 1423). Und da auch die Streitschriften, in denen die Vertreter der beiden Parteien ihre unterschiedlichen Standpunkte zu begründen suchten, der nötigen Durchschlagskraft entbehrten, wandten sich die Blicke in steigendem Maße der andern Instanz zu, die neben dem Papsttum die höchste Autorität der Kirche in sich verkörperte, der allgemeinen Kirchenversammlung, dem Generalkonzil.

Neuere Forschungen haben gezeigt, daß die Wurzeln der *konziliaren Bewegung*[1], die nun für mehr als ein halbes Jahrhundert das geistige Antlitz des Zeitalters weitgehend bestimmen sollte, sehr viel tiefer zurückgreifen, als man früher angenommen hatte. In der kanonistischen Wissenschaft lassen sich von Anbeginn an zwei einander widerstreitende Tendenzen beobachten, von denen die eine, zunächst siegreiche, eine uneingeschränkte Suprematie des Papsttums in der Kirche anstrebte, während die andere darauf gerichtet war, *Sicherungen gegen Mißbräuche einer solchen absoluten Gewalt* aufzurichten und in das hierarchische System einzubauen. Schon im Dekret Gratians (Dist. 40 c. 6) fand sich der Satz, daß der Papst, der Richter über alle, selber von niemand gerichtet werden könne, es sei denn, daß er vom rechten Glauben abweiche, also in *Häresie* verfalle. Die Frage aber, welche Instanz dann über ihn zu richten habe, wurde von einem gewichtigen Teil der Glossatoren und Kommentatoren des Dekrets dahin beantwortet, daß diese Aufgabe der allgemeinen Kirche und ihrer Vertretung, dem Generalkonzil, zufalle, da wohl der Papst, niemals aber die Kirche in ihrer Gesamtheit in Glaubensdingen zu irren vermöge. Zugleich begann man, dem Begriff einer möglichen Schuld des Papstes eine weitere Auslegung zu geben, und in diesem Zusammenhang erscheint bereits auch die *Gleichsetzung von Häresie und Schisma*, da dieses bei längerer Dauer notwendig auch Häresie im Gefolge haben müsse. Diese ersten Ansätze einer konziliaren Theorie ergänzte sodann die Kanonistik des 13. und 14.Jh., indem sie die *römischrechtliche Korporationstheorie* auf kirchliche

5. Der Fortgang des Schismas

Institutionen übertrug. Kern dieser Lehre war die Anschauung, daß in einer korporativen Gemeinschaft die Autorität nicht ausschließlich bei dem Haupte beruhe, sondern daß auch ihren Mitgliedern ein Anteil daran zukomme, den sie in allen das allgemeine Interesse berührenden Fragen geltend zu machen berechtigt seien. Aus diesem Grundsatz ließen sich weitgehende Folgerungen ableiten: Der Bischof etwa als Haupt einer kirchlichen Korporation konnte danach als Sachwalter des ihre Glieder darstellenden Domkapitels erscheinen, von ihm berufen und in wichtigeren Fragen an seine Zustimmung gebunden, seiner Kontrolle unterworfen und bei schwerer Vernachlässigung seiner Amtspflichten sogar von Absetzung bedroht. Und da diese Korporationslehre nach der Meinung ihrer Vertreter auf den Klerus aller Grade und Stufen anwendbar sein sollte, konnte ihre Geltung in letzter Instanz auch auf das Papsttum ausgedehnt werden.

Somit waren die einzelnen Elemente einer konziliaren Theorie im kanonistischen Schrifttum der älteren Zeit größtenteils schon vorhanden; was noch fehlte, war lediglich die systematische Zusammenfassung dieses noch uneinheitlichen, in sich vielfach widerspruchsvollen Gedankengutes zu einem tragfähigen Ganzen. Dabei waren jedoch noch erhebliche Schwierigkeiten zu überwinden, und vor allem war es der herrschende *Konzilsbegriff*, der jetzt eine tiefgreifende Umbildung erforderte. Die ältere Lehre hatte, wo sie vom Konzil sprach, immer dessen historisch erwachsene und geprägte Erscheinung[2] im Auge gehabt, die *vom Papst berufene und geleitete Versammlung der christlichen Gemeinschaft*, der Geistlichen und der Laien, auf der in allen Zweifelsfragen das ausschlaggebende Wort der päpstlichen Autorität zustand. Dagegen lag der Gedanke an ein *papstfreies Konzil* diesen älteren Zeiten noch völlig fern, ebenso wie auch das ausschließliche Berufungsrecht des Papstes grundsätzlich unumstritten war. Wer aber sollte jetzt, wo doch gerade die Rechtmäßigkeit des bestehenden Papsttums zur Debatte stand, an seine Stelle treten? Und nicht zuletzt durfte es, wenn man in so schwerwiegenden Fragen zu ganz neuartigen, vom geltenden Recht und aller bisherigen Übung abweichenden Lösungen greifen wollte, doch auch an einer grundsätzlichen Rechtfertigung eines solchen Vorgehens nicht fehlen!

Aus diesem Labyrinth zuerst einen gangbaren Ausweg gezeigt zu haben, ist das Verdienst zweier deutscher, an der

Pariser Universität lehrender Magister, *Konrad von Gelnhausen* und *Heinrich von Langenstein*[3]. Man hat allerdings den Gehalt ihrer um 1380 erschienenen Schriften – der ›Epistola brevis‹ (1379) und der ›Epistola concordiae‹ (1380) Konrads sowie der ›Epistola pacis‹ (1379) und der ›Epistola concilii pacis‹ (1381) Heinrichs[4] – nicht immer richtig beurteilt und die Originalität des darin enthaltenen Ideenguts überschätzt. Weder spiegelte sich in ihnen die früher von Marsilius von Padua und Wilhelm von Ockham vertretene Lehre von der Volkssouveränität, noch waren sie beeinflußt von scheinbar ähnlich gerichteten Bestrebungen im weltlich-politischen Bereich, wie etwa den ständischen Bewegungen. Vielmehr standen die beiden Autoren durchaus in der Tradition der älteren Kanonistik und kirchlichen Publizistik, deren skizzierte Vorstellungen sie übernahmen, auf die gegenwärtige Situation anwandten und in einigen wenigen Punkten auch fortbildeten. Grundlegend ist für sie die von Ockham und den Theologen der nominalistischen Schule entwickelte Unterscheidung der allgemeinen, die Gesamtheit des Kirchenvolkes umfassenden Kirche, deren Haupt Christus ist und die eben deshalb niemals irren oder sich spalten kann, von der hierarchisch organisierten Rechtsanstalt der römischen Kirche, die gegen Ketzerei oder Schisma nicht gefeit ist und im Falle eines solchen Irrtums des helfenden Eingreifens von Seiten der allgemeinen Kirche bedarf. Ein solches Eingreifen aber konnte nur auf dem Wege eines gewissen, zum mindesten zeitweiligen Abweichens von den für den Normalfall geltenden Vorschriften des kanonischen Rechts erfolgen. Und hier war es nun für die Zukunft von richtungweisender Bedeutung, daß Konrad von Gelnhausen in dem aristotelischen, bereits der Doktrin des 13. und 14. Jh. wohlvertrauten Begriff der Epikie gewissermaßen den Schlüssel entdeckte, der den Zugang zu einem solchen Wege eröffnete. Die *Lehre von der Epikie* (aequitas)[5] besagt, daß im äußersten Notfall das positive, geschriebene Recht zu ergänzen sei durch einen Rückgriff auf das darüberstehende natürliche und göttliche Recht. Wenn also ein Zwiespalt der Kardinäle die Besetzung des päpstlichen Stuhls verhindere, könne nach dem Grundsatz: was alle angehe, müsse auch von allen gebilligt oder verworfen werden, ein *Generalkonzil* an ihre Stelle treten, das bei mangelnder Autorisation durch den Papst von weltlichen Fürsten zu berufen sei, in erster Linie vom Kaiser oder vom König von Frankreich. Jedoch war dies Konzil durchaus als einmalige Maßnahme ge-

dacht, um den gesetzmäßigen Zustand der Dinge wiederherzustellen. Die Absicht einer grundsätzlichen Änderung der
Kirchenverfassung lag Konrad von Gelnhausen vollkommen
fern; erst Heinrich von Langenstein, der seine Gedanken aufnahm und fortführte, ist einen Schritt weiter gegangen, indem
er dem auf diese Weise zu berufenden Generalkonzil neben der
Wiederherstellung der kirchlichen Einheit auch die *Reform der
Kirche* als Aufgabenbereich zuwies.

Im ganzen genommen waren also die Ideen und Vorschläge
dieser frühen Verfechter einer konziliaren Theorie durchaus
gemäßigt; es sprach aus ihnen, wie man treffend bemerkt hat,
keine revolutionäre, sondern eher eine restaurative Tendenz. Trotzdem
haben sie sich zunächst nicht durchgesetzt. Konrad von Gelnhausen und Heinrich von Langenstein mußten Paris verlassen;
für ein gutes Jahrzehnt trat der Konzilsgedanke ganz in den
Hintergrund. Und statt dessen faßte die französische Politik
den Plan ins Auge, die Einigung durch einen freiwilligen
Rücktritt der Widersacher herbeizuführen. Eine französische
Nationalsynode (2.–8. II. 1395) machte sich diesen Gedanken
zu eigen und forderte beide Päpste zum Rücktritt auf.

In Deutschland hatte man diesen französischen Konzeptio-
nen zunächst nichts Eigenes entgegenzusetzen. Vielmehr war
hier *Bonifaz IX.* ohne weiteres anerkannt worden, wenn sich
auch mit der Zeit die Stimmung ihm gegenüber merklich ver-
schlechterte. Die politischen Ziele, die der energische und
selbstherrliche, aber ungeistige Papst verfolgte, vor allem sein
Bestreben, die päpstliche Herrschaft im Kirchenstaat wiederaufzurichten, erforderten erhebliche finanzielle Mittel, so daß
Bonifaz nun mit großer Rücksichtslosigkeit auf die in der
früheren avignonesischen Periode erprobten Methoden des
päpstlichen Fiskalismus zurückgriff und sie sogar noch über-
steigerte[6]. Damit wurden die Wirkungen des Schismas in
Deutschland sehr viel fühlbarer als unter Urban; denn da die
übrigen Länder der römischen Obödienz nicht viel abwarfen,
hatte die deutsche Kirche nahezu die ganze Last dieser finanziellen Forderungen zu tragen. Dementsprechend begann auch
die Kritik gegenüber den an der römischen Kurie herrschenden Zuständen sich nun stärker zu regen; man scheute sogar
nicht davor zurück, dem Papste Simonie vorzuwerfen.

Allein wenn der französische König deshalb hoffte, auch
Deutschland für seine Absichten gewinnen zu können, sah er
sich darin bald enttäuscht. Die geheimen *Verhandlungen*, die

König *Wenzel* 1386 mit *Clemens VII.* angeknüpft hatte und die
bis zu dessen Tode fortgeführt wurden, waren überwiegend
durch luxemburgische Hausinteressen bestimmt gewesen.
Nachdem sie gescheitert waren, sich jetzt um des großen Ganzen willen der Kirchenfrage in grundsätzlicher Weise anzunehmen, besaß Wenzel weder die Fähigkeit noch den Willen.
Es war kein Ruhmestitel, daß ihn der französische König
Karl VI. in einer Denkschrift vom Herbst 1397 an das Vorbild
Heinrichs III. in Sutri erinnern mußte. Immerhin ließ er sich
zögernd *auf die französische Linie hinüberziehen.* Auf einer Zusammenkunft mit Karl VI. in Reims (Frühjahr 1398) erklärte
er sich damit einverstanden, daß beide Päpste zur Abdankung
aufgefordert werden sollten; aber dieser Aufforderung dadurch
Nachdruck zu geben, daß er Bonifaz den Gehorsam entzog,
so wie es kurz danach eine französische Nationalsynode gegenüber Benedikt XIII. wirklich tat (28. VII. 1398), konnte Wenzel sich doch nicht entschließen. Auf der anderen Seite war er
ebenso wenig bereit, den von Bonifaz dringend geäußerten
Wünschen nach einem Romzug zu entsprechen, und trotz aller
weiterer französischen Bemühungen kam er über eine *schwankende Haltung* nicht hinaus. Jedoch war es wenig berechtigt,
wenn die Fürsten in ihren Beschwerden ihm nun dieses Versagen zum besonderen Vorwurf machten. Denn sie selber waren
noch nicht einmal so weit gegangen wie Wenzel, sondern hatten unentwegt an Bonifaz festgehalten. Lediglich im Westen
des Reiches begann die Front abzubröckeln, indem eine Reihe
von Prälaten und Dynasten die römische Obödienz verließen
und sich für neutral erklärten. Im ganzen aber war von Deutschland kein neuer Antrieb zu erwarten.

Eine bedeutsame Begleiterscheinung des Schismas stellt die
Entstehung der deutschen Universitäten dar, die damals in ein entscheidendes Stadium trat. War die Begründung von Wien
(1365) noch durch die territoriale Rivalität Herzog Rudolfs IV.
von Österreich gegenüber Karl IV. und seiner Prager Stiftung
bestimmt gewesen (s. Bd. 5, Kap. 59), so erwuchsen die nun in
rascher Folge sich vollziehenden neuen Gründungen – Erfurt
1379/89, Reorganisation von Wien 1384, Heidelberg 1386,
Köln 1388, Würzburg 1402, Leipzig 1409[7] – auf dem Boden
der kirchlichen Spaltung. Denn die Voraussetzung für das
Entstehen dieser Hochschulen lag in der Tatsache, daß die
deutschen Magister und Scholaren auf der Pariser Universität,
also innerhalb der avignonesischen Obödienz, sich nicht länger

5. Der Fortgang des Schismas

zu halten vermochten und sich sowohl aus ideellen Gründen wie auch durch die materielle Sorge um ihre im römischen Bereich gelegenen Pfründen zur Abwanderung gezwungen sahen. In Deutschland entsprach dem ein starkes Bedürfnis, sich für die Heranbildung studierter Kräfte vom Ausland unabhängig zu machen, andererseits aber auch der Wunsch der konkurrierenden Päpste, in dem umstrittenen Gebiet neue geistige Stützpunkte zu gewinnen. So erhielt Erfurt sein Stiftungsprivileg zuerst von Clemens VII., ging aber später zu Urban über. Von Anfang an urbanistisch gesinnt waren die übrigen Gründungen der 8oer Jahre, besonders Heidelberg, das man geradezu als die Hochburg der römisch-päpstlichen Gesinnung bezeichnet hat. So griff die Spaltung des Abendlandes nun auch auf die Bereiche des geistig-wissenschaftlichen Lebens über, und es ist sehr bezeichnend, daß Wenzel auch an diesem für die Weiterentwicklung Deutschlands so entscheidend wichtigen Vorgang keinerlei Anteil genommen hat. Dagegen ließ er es geschehen, daß an seiner böhmischen Landesuniversität der erwachende Nationalismus der Tschechen den Kampf gegen die nicht nur zahlenmäßig weit überlegenen Deutschen eröffnete und, unterstützt von dem Prager Erzbischof Johann von Jenzenstein, durch Gewaltmittel die Oberhand gewann. Eine starke deutsche Abwanderung war auch hier die Folge.

---

[1] F. BLIEMETZRIEDER, Das Generalkonzil im gr. abendl. Schisma (1904) u. weitere Arbeiten desselben Vf., aufgezählt bei M. SEIDLMAYER, Die Anfänge des gr. abendl. Schismas (1940), S. XI; SEIDLMAYER a.a.O. S. 172 ff.; F. MERZBACHER, Wandlungen des Kirchenbegriffs im SpätMA, ZRG KA 39 (1953); E. F. JACOB, Essays in the Conciliar Epoch (²1953), u. ders. in: Bull. of the John Rylands Library 41 (1958/59), S. 26 ff., Übersicht über die neuesten Veröffentl.; maßgebend Bryan TIERNY, Foundations of the Conciliar Theory (³1968), u. ders., Pope and Council, Mediaeval Studies 19 (1957); L. BUISSON, Potestas und Caritas (1958), bes. S. 166 ff.; J. MOYNIHAN, Papal Immunity and Liability in the Writings of the Medieval Canonists, Analecta Gregoriana 120 (1961); K. A. FINK, Die konziliare Idee

im späten MA, in: Die Welt z. Z. d. Konstanzer Konzils, Vorträge u. Forsch., hg. v. TH. MAYER 9 (1965).

[2] Gute Übersicht bei H. FUHRMANN, Das Ökumenische Konzil u. seine histor. Grundlagen, GWU 12 (1961).

[3] Vgl. K. WENCK, Konrad v. Gelnh. u. die Quellen der konz. Theorie, HZ 76 (1896); F. BLIEMETZRIEDER, Die wahre hist. Bedeutung Konrads v. Gelnh. zu Beginn des gr. abendl. Schismas, Stud. u. Mitt. z. Gesch. d. Bened.-Ordens 28 (1907); D. E. CULLEY, Konrad v. Gelnh. (Diss. Leipzig 1913); K. J. HEILIG, Kritische Studien z. Schrifttum d. beiden Heinriche von Hessen (über H. v. L.), RQs 40 (1932); zu Heinrichs Biogr. s. a. P. Justin LANG, Die Christologie bei H. v. Langenstein (1966).

[4] Ausgaben der vier Traktate: a) H. KAISER, HV 3 (1900); b) E. MARTÈNE

37

et U. Durand, Thesaurus anecdotorum novus 2 (1717), u. F. Bliemetzrieder, Literar. Polemik zu Beginn des gr. Schismas (1909); c) Programme der Academia Julia Carolina von Helmstädt (1778/79); d) E. H. v. D. Hardt, Magnum Const. (s. u. S. 51) 2 (1700). Dazu DW[9] 8675.

[5] Vgl. E. Wohlhaupter. Aequitas canonica (1931).

[6] Repertorium Germanicum 2 (Urban VI., Bon. IX., Innocenz VII. u. Gregor XII.), bearb. v. G. Tellenbach (1933/38); dazu M. Jansen, Papst Bon. IX u. s. Beziehungen z. dt. Kirche (1933) sowie u. Kap. 12.

[7] Neben der im Bd. 5 Kap. 59, Anm. 2 genannten Lit. vgl. Beiträge z. Gesch. d. Univ. Erfurt, hg. v. Rektor d. Medizin. Akad. Erfurt, Heft 1 ff. (1956 ff.), dazu

H. Patze, Bibliographie zur Thüring. Gesch. 1 (1965), S. 409 ff.; J. Aschbach, Gesch. d. Wiener Univ. im ersten Jh. ihres Bestehens (1865), u. A. Lhotsky, Die Wiener Artistenfakultät 1365–1497, SB Wiener Akad. 247 (1965); G. Ritter, Die Heidelberger Univ. 1 (1936), sehr aufschlußreich auch für die allgemeine Geistesgesch. der Zeit; dazu wenig überzeugend J. Haller, HZ 159 (1938); H. Keussen, Die alte Univ. Köln, Grundzüge ihrer Verfassung u. Gesch. (1934), bes. S. 57 ff.; F. X. v. Wegele, Gesch. d. Univ. Würzburg (1882), u. J. Fr. Abert, Aus d. Gesch. d. ersten Würzburger Univ. (1923); Festschr. z. Feier d. 500jähr. Bestehens d. Univ. Leipzig, hg. v. Rektor u. Senat (4 Tle. 1909), vgl. Kap. 13; A. Esch, Bonifaz IX. und der Kirchenstaat (1969).

6. Kapitel
Die Absetzung Wenzels

Hinter den Erörterungen und Kämpfen um die Beendigung des Schismas hatte als mitbestimmender Beweggrund noch ein weiteres Moment gestanden, der unausgetragene *Machtgegensatz zwischen Frankreich und dem Reich;* die Verluste der römischen Obödienz an der Westgrenze Deutschlands waren zugleich französische Gewinne. Dieser gleiche Gegensatz aber trat noch stärker an einer andern Stelle hervor, wo die Reichsgewalt sich nicht mehr durchzusetzen vermochte, in *Italien.* Denn da es sich auch weiterhin zeigte, daß das Land nicht dazu fähig war, aus eigener Kraft zu einer geschlossenen staatlichen Gestaltung zu gelangen, suchte die französische Politik auch hier in die entstandene Lücke sich einzuschieben. In den 90er Jahren richteten sich die französischen Expansionsbestrebungen vor allem auf Oberitalien. Hier standen sich als Gegenspieler das mächtige *Mailand*, das sich unter der Herrschaft des Giovanni Galeazzo Visconti (1385–1402) durch Unterwerfung einer Anzahl von Nachbarstädten zu einem bedeutenden Stadtstaat entwickelt hatte, und eine von *Florenz* geführte Liga, die bei Frankreich Anlehnung suchte, gegenüber. Da König Wenzel nicht daran denken konnte, in diesen Kämpfen sein

6. Die Absetzung Wenzels

eigenes Gewicht in die Waagschale zu werfen, blieb ihm nichts übrig, als sich mit derjenigen Macht zu verbinden, von der allein ein wirksamer Widerstand gegen Frankreich zu erwarten war. So erhob er am 11. V. 1395 den Visconti, der bis dahin als Reichsvikar ein absetzbarer Beamter des Reiches gewesen war, zum Herzog; Giangaleazzo hatte ihm dafür eine erhebliche Zahlung zu leisten[1]. Die Antwort Frankreichs war ein Bündnis mit Florenz (29. IX. 1396); im gleichen Jahr bemächtigte es sich Genuas und gewann damit das Sprungbrett für eine weitere Ausdehnung seines Einflusses. Auch der Papst fühlte sich im Kirchenstaat von den Franzosen bedroht, und eben dieser Sorge entsprang auch seine an Wenzel gerichtete Aufforderung zum Romzug.

Diese italienische Politik hat das Ansehen des Königs besonders schwer geschädigt. Ein großer Teil der Nation, zumal im Westen Deutschlands, hatte sich von der alten *Idee der Reichsherrschaft über Italien* noch nicht losmachen können, so wenig in dieser Zeit die realen Voraussetzungen für ihre Erneuerung gegeben waren. So sah man in der Erhebung des Mailänders und in dem Vordringen Frankreichs eine schwere Beeinträchtigung alter, durch die Tradition geheiligter Rechte, die man der Untätigkeit Wenzels zur Last legte. Überhaupt ergriff die Mißstimmung gegen ihn allmählich weitere Kreise. Die im Volke sich verbreitende Auffassung, daß es dem Reiche und der Christenheit an einem rechten Haupte fehle, bildete den allgemeinen Hintergrund, vor dem sich nun das Vorgehen gegen Wenzel vollzog.

Jedoch lagen die eigentlichen Wurzeln der *kurfürstlichen Revolution* noch an einer tieferen Stelle. Bestimmend waren nicht so sehr die einzelnen Streitpunkte, auf die man die Anklage stützte, die Vernachlässigung der Reichsgeschäfte sowie das Versagen gegenüber dem Problem der Kirchenspaltung und den Fragen der italienischen Politik, sondern die grundsätzliche Feindschaft, mit der die westdeutschen Kurfürsten dem jungen Hausmachtkönigtum im Osten gegenüberstanden. Sie lebten nicht nur in anderen Anschauungen vom Reich und den notwendigen Zielen seiner Politik, sondern sie beanspruchten auch für sich selbst ein größeres Schwergewicht bei der Führung der Reichsgeschäfte; nicht der König für sich allein, sondern nur König und Kurfürsten gemeinsam seien, so meinten sie, »das Reich«. Man darf freilich die ideellen Beweggründe dieser ihrer Einstellung nicht überschätzen; von einer »kurrheinischen Reichspolitik« (E. Ziehen) wird man besser nicht sprechen. Denn trotz aller ihrer Einungsbestrebungen, die vor allem auf wirtschaftlichem Gebiet zu manchen bedeutsamen Ergebnissen, z. B. der Einführung des Rheinischen Guldens (1386), führten[2], waren es im Grunde doch überwiegend eigene Sonderziele territorialer oder dynastischer Art, die die Kurfürsten so gut wie die meisten anderen Fürsten der Zeit in ihren politischen Bestrebungen verfolgten.

Der *Gedanke eines Thronwechsels* hatte schon länger in der Luft gelegen, wobei offenbar auch die ehrgeizigen Wünsche andrer Mitglieder des luxemburgischen Hauses eine Rolle spielten. Seit 1394 liefen sodann Verhandlungen über eine *Thronkandidatur Richards II. von England*, an denen neben Kurpfalz vor allem auch Köln beteiligt war. Den eigentlichen Ausgangspunkt der Verschwörung aber bildete erst ein am 24. X. 1396 in Oppenheim abgeschlossenes *Bündnis*[3], in dem sich die Vertreter der beiden durch die Luxemburger vom Throne verdrängten Häuser *Wittelsbach und Nassau* zur gegenseitigen Förderung ihrer Interessen zusammenfanden (RTA 2 n. 248). Den Vorteil dieser Vereinbarung trug zunächst der Vertreter der Nassauer davon, da Graf Johann mit Hilfe des Pfalzgrafen Ruprecht II. im Januar 1397 von Bonifaz IX. die Ernennung zum Erzbischof von Mainz[4] erlangte; der Kandidat des Domkapitels, Graf Joffried von Leiningen, wurde dabei übergangen, obwohl sich auch Wenzel beim Papst für ihn verwendete. Die Gegengabe für den Pfälzer aber sollte die Königskrone sein; offenbar glaubte Johann schon damals in Ruprecht III. das geeignete Werkzeug zur Durchführung der kurfürstlichen Politik gefunden zu haben. Am 11. IV. 1399 schlossen Mainz, Köln und Kurpfalz sodann in Boppard eine neue *Einung zur Wahrung ihrer Kurrechte* (RTA 3 n. 41), und in der Folge wurden neben einer Anzahl anderer, vor allem west- und mitteldeutscher Fürsten, auch Trier und wenigstens zeitweise auch der letzte nichtluxemburgische Kurfürst, Herzog Rudolf von Sachsen, gewonnen. Da es den Verschworenen jedoch an einer klaren rechtlichen Grundlage für das geplante Vorgehen fehlte, suchten sie Anlehnung bei der Autorität des Papstes; aber Bonifaz hoffte noch immer auf einen Romzug Wenzels und erteilte daher nur eine ausweichende Antwort. So mußten die vier rheinischen Kurfürsten auf eigene Verantwortung handeln, indem sie aus ihrem Recht, den König zu wählen, auch das Recht seiner Absetzung herleiteten. Am 10. August ver-

7. Anfänge und Romzug König Ruprechts

sammelten sie sich in Oberlahnstein, wohin sie auch Wenzel geladen hatten. An bedeutenderen Großen waren nur noch Herzog Stephan III. von Bayern-Ingolstadt und der Burggraf Friedrich VI. von Zollern anwesend; gänzlich hielten sich die Reichsstädte zurück. Und Träger der Erhebung waren schließlich fast nur die rheinischen Kurfürsten mitsamt dem Adel ihrer Nachbarschaft. Da *Wenzel* der Ladung nicht folgte, erklärten sie ihn am 20. August als »unnúczen versúmelichen unachtbaren entgleder und unwerdigen hanthaber des heiligen Romischen richs« für *abgesetzt* (RTA 3 n. 204) und wählten am folgenden Tage in Rhens den *Pfalzgrafen Ruprecht zum König.* Seine eigene auf den Mainzer Erzbischof übertragene Stimme sicherte die notwendige Mehrheit.

[1] TH. SICKEL, Das Vicariat der Visconti, SB Wiener Akad. 30 (1859); D.M. BUENO DE MESQUITA, Giangaleazzo Visconti, Duke of Milan, 1351–1402 (1941); Storia di Milano 5 u. 6 (1955).

[2] E. ZIEHEN, Kurrheinische Reichsgesch. 1356–1504, Arch. f. hess. Gesch. u. Altertumskunde NF 21 (1940).

[3] H. HEIMPEL, Aus d. Vorgeschichte d. Königtums Ruprechts v. d. Pfalz, in:

von Land u. Kultur (Festschr. f. R. Kötzschke 1937). – Dazu auch DW[9] 7947.

[4] E. STHAMER, Eb. Johann II. v. Mainz u. d. Absetzung Kg. Wenzels (Diss. Jena 1907); A. PH. BRÜCK, Zur Gesch. d. Mainzer Kf. Joh. II. v. Nassau bis z. Jahre 1405 (Diss. Ms. Frankfurt 1943), u. Arch. f. mittelrhein. KiG 1 (1949). Zu Joffried v. Leiningen: Ders., Bll. f. pfälz. KiG 19 (1952).

Kapitel 7
Anfänge und Romzug König Ruprechts

Die Persönlichkeit König Ruprechts weist wesentlich sympathischere Züge auf als die seines Vorgängers und Gegners Wenzel. Der 48jährige Wittelsbacher hatte schon unter seinem Großoheim Ruprecht I. (gest. 1390) und seinem Vater Ruprecht II. (gest. 1398) an den kurpfälzischen Regierungsgeschäften teilgenommen und bewährte sich auch als selbständiger *Landesherr* bei der Verwaltung und dem weiteren Ausbau seines Territoriums. Aber die kurpfälzische Politik dieser Zeit hatte sich schon lange nicht mehr in bloßen territorialen Interessen erschöpft, und zweifellos war es auch bei Ruprecht III. zum guten Teil der ideale Gedanke einer *Wiederherstellung der alten Reichsherrlichkeit,* der sein Handeln bestimmte. Zudem war er von wirklicher Frömmigkeit erfüllt, und die andauernde Not der Kirche war für ihn ein Gegenstand aufrichtiger Sorge[1]. Daher entsprachen die Verpflichtungen, die er in seiner Wahlkapitulation (RTA 3 n. 200, vgl. 4 n. 206) nach beiden Richtungen hin übernommen hatte, nur seinen eigenen Anschauungen und Absichten[2].

Jedoch stand sein Königtum von vornherein auf viel zu schwachen Füßen, als daß er solche weitgesteckten Ziele wirklich hätte erreichen können. Nicht nur die Luxemburger lehnten es entschieden ab, Ruprecht anzuerkennen, auch sonst im Reich stieß er auf vielfache Schwierigkeiten und Widerstände. Die Stadt Frankfurt konnte er erst nach einem Königslager von sechs Wochen und drei Tagen betreten, um die Altarsetzung in der Bartholomäuskirche vollziehen zu lassen. Aachen, gestützt von dem mit Frankreich verbündeten Herzog von Geldern, verschloß ihm überhaupt die Tore, so daß die Krönung (6. I. 1401) in Köln stattfinden mußte. Im übrigen erkannten die Städte ihn an, wenn auch zum Teil nur zögernd; allmählich setzte er sich wenigstens in Südwestdeutschland im allgemeinen durch. Dagegen vermochte er den Widerstand der Luxemburger nicht zu brechen, obwohl deren ständige Familienstreitigkeiten dazu Ansatzpunkte genug geboten hätten. Aber es fehlte Ruprechts Politik, die bald den einen, bald den andern Teil für sich zu gewinnen suchte, an der nötigen Energie und Nachhaltigkeit. Obwohl ein von seinem Sohne Ludwig geführtes Heer, dem sich auch die Markgrafen Jobst und Prokop und andere aufständische böhmische Herren angeschlossen hatten, im Juli 1401 bis vor die Mauern von Prag gelangte, wurde ein wirklicher Erfolg nicht erzielt.

Inzwischen hatte Ruprecht noch auf einem anderen Wege versucht, seinem Königtum eine festere Grundlage zu geben. Schon unmittelbar nach vollzogener Wahl hatten die Kurfürsten den römischen Papst Bonifaz IX. um *Approbation* für die Person des zum König und künftigen Kaiser Erwählten gebeten (RTA 3 n. 219f.), und wenig später wiederholte auch Ruprecht selber diese Bitte (RTA 4 n. 1ff.). Die persönliche Approbation sollte die *Voraussetzung seiner Kaiserkrönung* bilden, die er ebenfalls erbat; dagegen war an eine Approbation der Wahl als solcher auf deutscher Seite nicht gedacht. Jedoch wagte Bonifaz es mit Rücksicht auf die Machtstellung des luxemburgischen Hauses noch nicht, sich endgültig festzulegen, sondern benutzte nur die Gelegenheit zu einem Versuch, dem Papsttum dadurch, daß er das Vorgehen der Kurfürsten nachträglich billigte, das Recht zur Absetzung des römischen Königs zu sichern. Im übrigen aber verlangte er eine so

7. Anfänge und Romzug König Ruprechts

weitgehende Bindung der königlichen Politik an den päpstlichen Willen, daß Ruprecht sich außerstande sah, die ihm gestellten Bedingungen anzunehmen[3].

Ungeachtet dieser nach allen Seiten hin ungesicherten Lage entschloß sich Ruprecht zu einem sofortigen *Eingreifen in Italien*[4]. Dazu drängten ihn auch die italienischen Feinde des Visconti, vor allem die Florentiner, die schon bei der Verschwörung gegen Wenzel ihre Hand im Spiel gehabt hatten. Die Macht des Mailänders zu brechen, ihm die herzogliche Würde wieder zu entziehen, war also das eigentliche Ziel des Unternehmens; nur im Hintergrund stand der Gedanke, nach Erledigung dieser Aufgabe sogleich zum Empfang der Kaiserkrone nach Rom weiterzuziehen. Ein gut besuchter Reichstag zu Mainz (29. VI. 1401) stimmte dem Plan des Königs zu; eine Vereinbarung mit den Habsburgern, die durch territorialen Gewinn in der Lombardei entschädigt werden sollten, öffnete ihm die Brennerstraße. Von entscheidender Bedeutung aber war, daß die Florentiner ihm ihre finanzielle Unterstützung in Gestalt eines Geldgeschenkes von 200000 Gulden und einer Anleihe in gleicher Höhe zusicherten; denn bei seinem beschränkten Machtbereich hätte Ruprecht niemals daran denken können, die Kosten des Zuges aus eigenen Mitteln aufzubringen. Freilich ergaben sich hinsichtlich der Auszahlung dieser Hilfsgelder sehr bald Schwierigkeiten, so daß Ruprecht schon in Augsburg, wo sich am 8. IX. 1401 ein stattliches Heer versammelte, ein volles Drittel seiner Truppen wieder entlassen mußte. Auch der Marsch des Heeres verzögerte sich dadurch, so daß es erst am 10. X. in Trient eintraf. Um den Durchbruch in die oberitalienische Tiefebene zu erzwingen, wandte sich der König, da er an einen Angriff auf das zum mailändischen Machtbereich gehörige, stark befestigte Verona nicht denken konnte, gegen Brescia, das er mit Hilfe einer viscontifeindlichen Partei rasch einzunehmen hoffte. Aber diese Hoffnung schlug fehl, und als die deutschen Truppen bei einem Scharmützel vor der Stadt am 24. X. stärkere Verluste erlitten, verließen zwei der vornehmsten Fürsten, Erzbischof Friedrich von Köln und Herzog Leopold von Österreich, in der Überzeugung, daß der ganze Feldzug bereits gescheitert sei, mit ihren Truppen das königliche Heer, um nach Hause zurückzukehren. Unter diesen Umständen mußte Ruprecht, zumal die Jahreszeit schon allzu weit vorgerückt war, das Unternehmen vorläufig abbrechen. Auf weiten Umwegen gelangte er am 18. XI. mit einem geringen Rest seiner Truppen nach dem befreundeten Padua, wo er den Winter verbringen wollte.

Die folgenden Monate sind erfüllt von langen *Verhandlungen mit Florenz*, von dem der König in finanzieller Beziehung vollkommen abhängig blieb. Die Kommune wünschte den König als Gegengewicht gegen Mailand in Italien festzuhalten, wollte sich aber zur Zahlung der Subsidien weiterhin nur sehr zögernd verstehen. Auf ihren Wunsch unternahm Ruprecht den Versuch, auch Venedig in die anti-mailändische Koalition hineinzuziehen; aber obwohl er sich selber dorthin begab und mit großen Ehren empfangen wurde, hielt die Lagunenstadt schließlich doch an ihrer Neutralität fest. Auch neue Verhandlungen mit Bonifaz IX. verliefen ohne Ergebnis. So blieb dem von Geld und Truppen entblößten König nichts übrig, als sich zum Rückzug zu entschließen. Am 2. V. 1402 traf er wieder in München ein.

Im Grunde war der Versuch, sich mit dem an Machtmitteln weit überlegenen Visconti zu messen, von vornherein zum Scheitern verurteilt gewesen, und der klägliche Verlauf des Zuges hatte nur erwiesen, daß die weltgeschichtliche Stunde der alten deutschen Reichspolitik in Italien abgelaufen war; es ist kein Zufall, daß es zu einer Wiederaufnahme von Ruprechts Plänen, die ihn in den folgenden Jahren noch weiter beschäftigten, nicht mehr gekommen ist. Bestimmend für die Gestaltung der italienischen Verhältnisse wurde vielmehr der plötzliche *Tod Giangaleazzo Viscontis* (3. IX. 1402). Denn da seine Söhne sich nicht als fähig erwiesen, seine auf die Errichtung eines großen mittel- und oberitalienischen Königreichs abzielenden Pläne weiter zu verfolgen, blieb Italien auch weiterhin der Schauplatz innerer Machtkämpfe, aus denen sich allmählich eine Art von Gleichgewichtsverhältnis der stärksten Teilstaaten herausbildete.

[1] Vgl. A. MERCATI, Un'ignota missione francese nel 1401 presso Roberto del Palatinato eletto re dei Romani, Mélanges d'archéol. et d'hist. 61 (1949).

[2] Vgl. F. HARTUNG, Die Wahlkapitulationen der dt. Kaiser u. Kge., in: Volk u. Staat in d. dt. Gesch. (1940).

[3] J. WEIZSÄCKER, Die Urkunden d. Approbation Kg. Ruprechts, Abh. Ak. Berlin 1888; E. FEINE, Die Approbation der Luxemburg. Kaiser in ihren Rechtsformen an d. Kurie (auch über Ruprecht), ZRG KA 27 (1938), auch in FEINE, Reich u. Kirche (1966).

[4] A. WINKELMANN, Der Romzug Ruprechts v. d. Pfalz (1892); H. F. HEMOLT, Kg. Ruprechts Zug nach Italien (Diss. Leipzig 1892); K. WEISS, Kg. Ruprecht u. die Luxemburger bis z. seiner Rückkehr aus Italien (Diss. Halle 1905); dazu DW[9] 7949; über Ruprechts Verhältnis zu Frankreich vgl. auch TH. STRAUB, Hg. Ludwig d. Bärtige von Bayern-Ingolstadt u. seine Beziehungen zu Frankreich 1391–1415 (1965), S. 20 ff.

Kapitel 8
Innere und äußere Kämpfe
Das Konzil von Pisa

Inzwischen hatte der Mißerfolg Ruprechts noch einmal die
Luxemburger auf den Plan gerufen. Schon während der König
noch in Padua saß, nahm bei Wenzel der Gedanke eines auf die
Macht des Visconti gestützten Romzuges festere Gestalt an.
Um dafür auch die Unterstützung seines Bruders *Sigmund* zu
gewinnen, erneuerte er dessen frühere *Ernennung zum Reichsvikar* und gab ihm die Zusicherung, daß er das Amt auch wei-
terführen solle, wenn Wenzel selber die Kaiserkrone erlangt
habe; zugleich übertrug er ihm für die Zeit seiner Abwesenheit
die Regentschaft in Böhmen (4. II. 1402). Allein schon einen
Monat später überwarfen sich die Brüder von neuem. Sigmund
nahm Wenzel gefangen und lieferte ihn als Pfand an die Habsburger aus, deren Hilfe zur Aufrechterhaltung seiner sowohl
in Böhmen wie in Ungarn bedrohten Machtstellung er sich
durch ein Bündnis zu sichern suchte. Dabei wurde zugleich die
alte *luxemburgisch-habsburgische Erbeinung* erneuert und vor allem
festgesetzt, daß in Ungarn, falls Sigmund söhnelos sterben
sollte, an Stelle des früher zum Erben eingesetzten Markgrafen
Jobst ein Habsburger nachfolgen solle; auf einem Preßburger
Tage am 14. IX. 1402 wurde dafür Herzog Albrecht IV., der
einzige Sohn Albrechts III., in Aussicht genommen.
Da unter diesen Umständen dem Königtum Ruprechts von
den Luxemburgern keine unmittelbare Gefahr mehr drohte
und der Tod Giangaleazzos die Lage vollends veränderte, entschloß sich Bonifaz IX. zum Einlenken; am 1. X. 1403 vollzog
er in einem öffentlichen Konsistorium die *Approbation des
Pfälzers.* Zuvor hatte sich dieser verpflichten müssen, keinen
Versuch zur Beilegung des Schismas zu unternehmen, es sei
denn im Sinne einer Wiedervereinigung der Kirche unter der
römischen Obödienz. In der Frage des päpstlichen Absetz-
ungs- und Bestätigungsrechtes half sich Bonifaz mit einer
ähnlichen Fiktion wie Gregor XI. gegenüber Karl IV. (s. Bd.
5, Kap. 57). Die Approbationsbulle (RTA 4 n. 104) erklärte, die
Kurfürsten hätten die Absetzung Wenzels, da diese allein dem
Papst zustehe, gestützt auf dessen Autorität vollzogen und
Ruprecht gewählt, der dann die Bestätigung von Absetzung
und Wahl sowie »von allem, was daraus gefolgt sei« – also
seines Regierungsantritts und seiner Krönung –, von Bonifaz

45

erbeten habe. Damit war die kuriale Theorie gewahrt, doch hatte die ganze Frage bereits erheblich an Bedeutung verloren[1].

In Deutschland war der Eindruck, den die Einigung mit dem Papst hervorrief, nur gering. Vielmehr wuchsen in den folgenden Jahren die *Widerstände*, denen sich Ruprecht gegenübersah. Dazu trug nicht nur seine ständige Geldnot bei, die das Mißtrauen der Städte erweckte, sondern auf der anderen Seite auch die Tatsache, daß es sowohl seinen Landfriedensbestrebungen wie auch seiner eigenen Territorialpolitik an Erfolgen nicht fehlte. Hatte man Wenzel vorgeworfen, daß er die Reichsgeschäfte vernachlässige, so klagte man nun, daß Ruprecht durch sein energischeres Vorgehen die Stände des Reiches in ihren Freiheiten schädige. Ausdruck dieser Opposition war der *Marbacher Bund*, in dem sich eine Anzahl von Städten und Dynasten unter der Führung des Erzbischofs Johann von Mainz zusammenschlossen (RTA 5 n. 489 vom 14. IX. 1405). Denn Johann, der eigentliche Begründer von Ruprechts Königtum, war durchaus nicht gewillt, diesem von ihm auf den Schild erhobenen Herrscher ein größeres Maß von Autorität gegenüber den Reichsständen zuzugestehen als Wenzel. Vielmehr machte er auch Ruprecht gegenüber die Theorie geltend, daß die Kurfürsten Mitinhaber des Reiches seien, unangreifbar in ihren Vorrechten und dazu befugt, wenn der König seine Pflichten vernachlässige, die Stände zum Widerstand gegen ihn aufzurufen. Jedoch gelang es dem König, die gefährliche, sein pfälzisches Territorium von allen Seiten umklammernde Koalition durch einen Vergleich mit Erzbischof Johann (RTA 6 n. 86/87) und durch Sonderverträge mit einigen anderen Mitgliedern zu sprengen. Der Bund blieb zwar bestehen, mußte aber auf alle grundsätzlichen Ziele verzichten, so auf die von den Städten neuerdings erhobene Forderung eines unbeschränkten Bündnisrechtes.

Jedoch war Ruprechts Stellung im Innern zu keinem Zeitpunkt fest genug begründet, um dem Reich wieder eine selbständige Rolle in der großen Politik der europäischen Mächte zu sichern. Vielmehr bot die innere Zersplitterung Deutschlands für Frankreich und ebenso für die aufkommende neuburgundische Macht einen dauernden Anreiz, weitere Stücke vom Reichskörper abzureißen. Brabant, zu dessen Behauptung sich der König in seiner Wahlkapitulation ausdrücklich verpflichtet hatte, ging nun endgültig an Neuburgund verloren; es war ein geringer Trost, daß der durch diese Entscheidung

8. Innere und äußere Kämpfe

in eignen Hoffnungen enttäuschte Herzog Rainald von Geldern sich daraufhin Ruprecht anschloß und nun auch Aachen bestimmte, dem König die Tore zu öffnen. Am 14. XI. 1407 konnte dieser endlich den Thron Karls d. Gr. besteigen.

An Bedeutung weit überschattet aber wurden alle diese inneren und äußeren Fragen durch die neuen Entwicklungen, die sich auf kirchlichem Gebiet anbahnten[2]. An *Versuchen zu einer Überbrückung des Schismas* hatte es die ganze Zeit hindurch nicht gefehlt. So hatten, wie schon 1394 der neue avignonesische Papst Benedikt XIII., in Rom die beiden Nachfolger Bonifaz' IX., Innozenz VII. (1404/06) und Gregor XII. (1406/15, gest. 1417), bei ihrer Wahl die Verpflichtung übernehmen müssen, alle Kräfte an eine Wiedervereinigung der Kirche zu setzen und nötigenfalls auf ihre päpstliche Würde zu verzichten. Jedoch war keiner gewillt, diese Zusage auch wirklich einzuhalten, und so war der Versuch, durch eine persönliche Zusammenkunft Benedikts XIII. mit Gregor XII. zu einer Verständigung auf der Grundlage eines beiderseitigen Verzichts zu gelangen (1407), von vornherein zum Scheitern verurteilt. Die Folge war, daß sich die Mehrheit der römischen Kardinäle von Gregor lossagte und mit der im avignonesischen Kollegium seit längerem bestehenden Opposition gegen Benedikt in Verbindung trat. Gemeinsam griffen sie nun den Konzilsgedanken in einer neuen Gestalt wieder auf. Gemäß der Korporationslehre[3] übernahmen sie damit als vornehmste Glieder vertretungsweise die Funktionen des in ihrer Wahrnahme behinderten Hauptes der kirchlichen Gemeinschaft. Zugleich suchten sie die Rechtmäßigkeit ihres Vorgehens mit einem Worte Cyprians zu begründen, das für alle Apostel, als deren Nachfolger die Kardinäle sich betrachteten, die Gleichstellung mit Petrus in Anspruch nahm. Hier werden *oligarchische Tendenzen* sichtbar, die ein deutliches Gegenstück zu den gleichlaufenden Strömungen im deutschen Kurfürstenkollegium darstellen. Doch stand dahinter noch ein andersartiger Faktor, die *Machtpolitik Frankreichs*, das ein auf diesem Wege wiederhergestelltes einheitliches Papsttum seinem dominierenden Einfluß zu unterwerfen hoffte. In Gegenwart französischer Gesandter vereinigten sich die beiden Kollegien im Juni 1408 in Livorno und ließen von da aus, ein jedes für seine Obödienz, die Ladung zu einem *gemeinsamen Konzil* ergehen. Dieses sollte am 25. III. 1409 in *Pisa*[4], das zum Machtbereich der französisch gesinnten Florentiner Kommune gehörte, zusammentreten.

47

Hier sollten die beiden Päpste erscheinen und durch ihren Rücktritt die Bahn für eine Neuwahl freimachen.

Jedoch lehnten sowohl Benedikt XIII. wie Gregor XII. die Ladung entschieden ab, zumal sie beide bereits vorher allgemeine Synoden einberufen hatten. Unter diesen Umständen kam es vor allem darauf an, welche Haltung die großen weltlichen Mächte einnehmen würden. Bei Frankreich, das die Kardinäle auch mit Geldmitteln unterstützte, konnte die Entscheidung von vornherein nicht zweifelhaft sein; auch Heinrich IV. von England erklärte sich bereit, seine Vertreter nach Pisa zu senden. In Deutschland glaubte Wenzel die Gelegenheit für die Wiederherstellung seines Königtums nutzen zu können. Am 8. VI. 1409 schloß er ein enges Bündnis mit den Kardinälen (RTA 6 n. 321), auf Grund dessen er gegen das Versprechen seiner Obödienz und eines baldigen Italienzuges von ihnen als wahrer römischer König anerkannt wurde; auch die Anerkennung durch den künftigen Papst wurde ihm zugesichert. Dagegen fühlte Ruprecht sich schon durch die ihm von Bonifaz IX. erteilte Approbation an das römische Papsttum gebunden, während er andrerseits eine Verstärkung der französischen Machtstellung nicht wünschen konnte. Daneben aber bestimmten ihn auch ideelle Gesichtspunkte. Ihren besten Ausdruck finden diese in einer Anzahl von *Denkschriften*, die damals an der mit Ruprecht eng verbundenen *Heidelberger Universität* entstanden, vor allem in den wohl von dem Theologen Konrad von Soest verfaßten ›*Postillen*‹ (RTA 6 n. 268). Hier wurden nicht nur die machtpolitischen Interessen, von denen die französische Kirchenpolitik sich leiten ließ, schonungslos bloßgelegt, sondern auch die Gefahren aufgewiesen, die der allgemeinen und insbesondere der deutschen Kirche bei einer Erschütterung der päpstlichen Autorität durch die oligarchischen Tendenzen des Kardinalskollegiums drohten. Für den äußersten Notfall hielt freilich auch der Verfasser, ähnlich wie Konrad von Gelnhausen und Heinrich von Langenstein, an dem Gedanken eines Generalkonzils fest, das jedoch nicht nur die Einheit der Kirche wiederherstellen, sondern auch für eine Beseitigung der ihr anhaftenden Mißstände, also eine innere Reform Sorge tragen solle. Das Recht der Berufung einer solchen Synode – die für den Augenblick in den Vordergrund der Erörterung tretende Frage – wollte er aber nicht den Kardinälen zugestehen, sondern nahm es statt dessen für den römischen König als künftigen Kaiser in Anspruch.

8. Das Konzil von Pisa

Dementsprechend lehnte Ruprecht in einer Erklärung vom 23. III. 1409 (RTA 6 n. 295) die von den Kardinälen berufene Versammlung als Konventikel und Afterkonzil ab und appellierte an den wahren Papst und ein rechtmäßig einzuberufendes Konzil. Die gleiche Appellation wiederholten seine Gesandten sodann in Pisa, wo das Konzil kurz danach zusammengetreten war, und erklärten alle seine Beschlüsse im Namen des römischen Königs und Schirmvogts der Kirche für ungültig (RTA 6 n. 297). Jedoch ließen die Pisaner sich dadurch von ihren Plänen nicht abbringen. Am 5. VI. 1409 erklärte das Konzil *Benedikt und Gregor für abgesetzt* und wählte kurz darauf den Griechen Peter Philargi zum Papst, der den Namen *Alexander V*. annahm[5]. In Wirklichkeit hatte die Christenheit damit aber nur ein weiteres, drittes Haupt erhalten, denn die beiden bisherigen Päpste erkannten die Absetzung durch das Konzil nicht an und behaupteten wenigstens einen Teil ihrer Obödienz.

Der Zustand war also schlimmer als vorher; besonders in Deutschland, das bis dahin ziemlich einmütig am römischen Papsttum festgehalten hatte, griff die *Spaltung* jetzt erst recht eigentlich Platz. Denn Ruprecht war es trotz ernsthafter Bemühungen nicht gelungen, die Reichsstände zu einer einheitlichen Front gegen Pisa zusammenzuschließen. Neben Wenzel und Jobst von Mähren hatte auch eine Anzahl anderer bedeutender Fürsten, darunter die Erzbischöfe von Mainz und Köln, das Konzil beschickt und seinen Beschlüssen zugestimmt. Weitaus der größere Teil der deutschen Kirche erkannte Alexander V. an, aber der Zwiespalt reichte bis in die einzelnen Diözesen hinein. Auf der andern Seite hielt Ruprecht unerschütterlich an Gregor XII. fest, und dieser kirchliche Gegensatz griff auch auf das politische Gebiet über. Zwar war es nicht so, daß die Anhänger Alexanders V. nun durchweg auch Wenzel anerkannt hätten. Aber der alte Streit zwischen Ruprecht und Johann von Mainz[6] erfuhr jetzt eine solche Verschärfung, daß der König gegen den von Frankreich unterstützten Erzbischof einen Feldzug vorbereitete. In diesem Augenblick ist *Ruprecht* am 18. V. 1410 *gestorben*[7].

Seine kurze Regierung hatte den Beweis erbracht, daß eine Rückwendung des deutschen Königtums zu den alten Kernlanden des Reiches nicht mehr im Bereich des Möglichen lag. Zwar hat man ihm zum Vorwurf gemacht, daß er sich nicht mit den Pisanern verständigt und sich auf diese Weise die Bestätigung des neu zu wählenden Papstes sowie auch die

Anerkennung seines Königtums gesichert habe (Kötzschke, Heimpel). Aber für eine solche weitschauende Politik war die Machtgrundlage, über die er verfügte, viel zu schmal, und gegenüber dem französischen Einfluß hätte er sich in Pisa schwerlich durchsetzen können. Insofern war es zweifellos von Nutzen, daß sein Einspruch einen vollen Erfolg des Konzils verhinderte. Auf der andern Seite erreichte er in Verhandlungen mit Gregor XII., daß dieser ihn selber sowie die Könige Sigmund und Ladislaus von Neapel zu Verhandlungen über die Beendigung des Schismas bevollmächtigte und ihnen für den Notfall das Recht zugestand, mit den Gegnern ein allgemeines Konzil zu vereinbaren. Hier war zuerst der weltlichen Gewalt eine Rolle zugewiesen, die sie in den Stand setzen sollte, einen Ausweg aus der unheilbar scheinenden Verstrickung zu eröffnen.

[1] S. o. Kap. 7, Anm. 3.

[2] Vgl. R. KÖTZSCHKE, Ruprecht v. d. Pfalz u. d. Konzil zu Pisa (Diss. Jena 1899).

[3] S. o. S. 31.

[4] Quellen: J. VINCKE, Acta Concilii Pisani, RQs 46 (1938); ders., Briefe zum Pisaner Konzil (1940); ders., Schriftstücke zum Pisaner Konzil (1942); ders., Ein auf d. Konzil v. Pisa diskutierter Reformvorschlag, QRs 50 (1958). Dazu J. LENFANT, Histoire du Concile de Pisa (2 Bde. 1724/27); L. SCHMITZ, Zur Gesch. des Konzils v. Pisa, RQs 9 (1895); J. LENZENWEGER, Von Pisa nach Konstanz, in: Das Konzil v. Konstanz (s. u. S. 51). Für die heutige theologische Bewertung des Konzils s. K. A. FINK, Zur Beurteilung des gr. abendl. Schismas, ZKiG 73 (1962).

[5] Repertorium Germ. 3 (Alex. V., Joh. XXIII. u. Konst. Konzil), bearb. v. U. KÜHNE (1935).

[6] Vgl. A. GERLICH, Die Kirchenpolitik d. Eb. Johann II. u. d. Domkapitels v. Mainz 1409–1417, ZGORh NF 66 (1957).

[7] Eine Leichenpredigt, Würzburger Diöz.-Gesch.bll. 14/5 (1952).

B. Sigmund und das Zeitalter der Konzilien

Quellen: RTA 7–12; Die Urkunden Kg. Sigmunds (RI XI), verz. v. W. ALTMANN (2 Bde. 1896/1900); J. CARO, Aus der Kanzlei Kg. S.s, AÖG 59 (180); H. HEIMPEL, Aus d. Kanzlei Kg. S.s, AUF 12 (1932); E. WINDECKE, Denkwürdigkeiten z. Gesch. d. Zeitalters Kg. S.s, hg. v. W. ALTMANN (1893). – E. H. v. D. HARDT, Magnum oecumenicum Constanciense Concilium (6 Bde., 1696–1700), Index v .G. CH. BOHNSTEDT (1742); dazu C. M. D. CROWDER, RHE 57 (1962); H. FINKE, Forsch. u. Quellen zur Gesch. des Konstanzer Konzils (1889); Acta Concilii Constanciensis, hg. v. H. FINKE, J. HOLLNSTEINER u. H. HEIMPEL (4 Bde. 1896–1928), dazu H. FINKE, ZGORh NF 31 (1916); H. HEIMPEL, Regensburger Berichte vom Konstanzer Konzil, in: Festschr. K. G. Hugelmann 1 (1959); H. KOEPPEN, Die Berichte der Generalprokuratoren d. Deutschen Ordens an der Kurie 2: Peter v. Wormditt (1403–1419) (1960); J. RIEGEL, Die Teilnehmerlisten des Konstanz. Konzils (Diss. Freiburg 1916); P. ARENDT, Die Predigten des Konstanz. Konzils (1933); Einzelnes DW[9] 7888; Ulrich von Richental, Chronik d. Konst. Konzils, hg. v. M. R. BUCK (1882), neue Ausg. mit Angabe der Hss. u. Kommentar (1964). Allgemeine Übersicht über die Quellen: K. A. FINK, in: Das Konzil von Konstanz (s. u.), S. 471 ff., u. für die engl. Quellen C. M. D. CROWDER, ebd., S. 477 ff.

Literatur: J. ASCHBACH, Gesch. Kg. Sigismunds (4 Bde. 1838–1845); L. v. PASTOR, Gesch. d. Päpste seit d. Ausgang des MA 1 ([10]1928/31); J. LENFANT, Histoire du concile de Constance (2 Bde. [2]1727); J. HOLLNSTEINER, Das Konstanzer Konzil in d. Gesch. d. christl. Kirche, MIÖG Erg.Bd. 11 (1929); Das Konzil von Konstanz, Festschr. hg. v. A. FRANZEN-W. MÜLLER (1964); Die Welt z. Zt. des Konst. Konzils, Vorträge u. Forschungen, hg. v. TH. MAYER 9 (1965).

Kapitel 9
Die Wahl König Sigmunds

Der Tod Ruprechts schien für Wenzel noch einmal die Bahn freizumachen, zumal Papst Alexander V. die Zusage der Pisaner Kardinäle erfüllt und ihn als römischen König anerkannt hatte (RTA 6 n. 323). Daher hielten auch Jobst von Mähren als Inhaber der brandenburgischen Kurstimme und Rudolf von Sachsen eine Neuwahl zunächst für überflüssig. Hingegen beharrten die rheinischen Kurfürsten auf der früher vollzogenen Absetzung, doch war ihre Stellung nicht nur durch den fortdauernden Gegensatz zwischen Mainz und Kurpfalz, sondern vor allem auch durch ihre unterschiedliche Parteinahme im kirchlichen Schisma geschwächt, da Pfalz und Trier an Gregor XII. festhielten, während Mainz und Köln den Pisaner Papst anerkannt hatten. So kam es, nachdem ein kölnischer Versuch, durch eine *Kandidatur König Heinrichs IV. von England* die Einheit der rheinischen Gruppe wiederherzustellen, ge-

Sigmund und das Zeitalter der Konzilien

scheitert war, zu einer Doppelwahl[1]. Am 20. IX. 1410 wurde
Wenzels Bruder *Sigmund* von Pfalz und Trier sowie dem Burggrafen Friedrich VI. von Nürnberg, dem der Ungarnkönig
die von ihm (offenbar unberechtigt) beanspruchte branden-
burgische Stimme übertragen hatte, zum römischen König
gewählt (RTA 7 n. 30/2), während am 1. X. Mainz und Köln
mit den Bevollmächtigten Wenzels, der sich zum Verzicht auf
das Reich bereit erklärt hatte, und denen des *Markgrafen Jobst*
auf diesen ihre Stimmen vereinigten (RTA 7 n. 50/1). Kur-
sachsen stimmte der Wahl erst nachträglich zu, doch war nach
den Bestimmungen der Goldenen Bulle Jobst auch ohne
Stimme zweifellos der rechtmäßig Gewählte. Im Grunde aber
waren auch die Absichten des Mainzers und des Kölners von
vornherein auf Sigmund gerichtet gewesen, und als Jobst, noch
ehe er die Wahl formell angenommen hatte, am 18. I. 1411 ohne
Leibeserben starb, stand der *allgemeinen Anerkennung Sigmunds*
nichts mehr im Wege, zumal sich dieser mit Wenzel dahin
geeinigt hatte, daß er ihm die Reichsinsignien und die Hälfte
der Reichseinkünfte belassen und ihm zur Erlangung der
Kaiserkrone behilflich sein wolle, er selbst aber diese Würde
zu Lebzeiten seines Bruders nicht anstreben werde (RTA n.
63). Schwierigkeiten bereitete daher nur die Frage, ob eine
besondere Wahlhandlung überhaupt noch nötig sei. Schließlich vollzogen Mainz und Köln zusammen mit drei Bevollmächtigten für die böhmische, sächsische und brandenburgi-
sche Kur am 21. VII. 1411 in Frankfurt eine förmliche Neuwahl (RTA 7 n. 67–69), während Pfalz und Trier ihre frühere
Wahl weiterhin als gültig betrachteten. Damit hatte Sigmund
die Stimmen aller Kurfürsten auf sich vereinigt. Aber obwohl
er selbst als nunmehr unbestrittener Inhaber der brandenburgischen Kur durch seinen Vertreter an der Neuwahl mitge-
wirkt hatte, leitete er sein Königtum auch weiterhin aus der
Wahl vom 20. IX. 1410 her: seine Regierungsjahre als römischer König sind von diesem Datum an gezählt.

Sehr wesentlich zum Zustandekommen der Wahl beigetragen hatte auch der neue Pisaner *Papst Johann XXIII.* (17. V.
1410–29. V. 1415, gest. 22. XI. 1419), der Nachfolger Alexanders V. Von Anfang an hatte er mit allem Nachdruck für Sigmund gewirkt, da er in ihm die beste Stütze gegen seinen mächtigen Gegner, König Ladislaus von Neapel, erblickte; allerdings läßt sich nicht mit Sicherheit sagen, ob Johann dabei aus
eigener Initiative handelte oder ob er von Sigmund selber, der

52

noch unter Alexander V. zur Pisaner Obödienz übergegangen war, dazu bestimmt wurde[2]. Wie sehr das Machtverhältnis zwischen Papsttum und römischem Königtum sich bereits verschoben hatte, zeigt jedenfalls die Geschichte der Approbation: Sigmund richtete an Johann nicht einmal eine Wahlanzeige, und dieser mußte sich damit begnügen, ihm den Titel »Romanorum rex« erst zuzugestehen, als der König ihm von seiner Aachener Krönung Mitteilung gemacht hatte. Von der Approbation, die ihm Gregor XII. unaufgefordert während des Konstanzer Konzils (RTA 7 n. 13, wohl vom 13. III. 1415) erteilte, hat Sigmund überhaupt keine Notiz genommen. Erst an Martin V. richtete er ein Gesuch um Bestätigung, die dieser am 24. I. 1418 feierlich vollzog, ohne daß jedoch eine schriftliche Beurkundung darüber erfolgt wäre.

[1] L. QUIDDE, Kg. S. u. d. dt. Reich 1410–1419, Teil 1 (Diss. Göttingen 1881); H. SCHROHE, Die Wahl Sigmunds zum röm. Kg., MIÖG 19 (1898); J. LEUSCHNER, Zur Wahlpolitik i. J. 1410 (bes. über die Frage einer franz.-burgund. Kandidatur), DA 11 (1955).

[2] J. SCHWERDFEGER, P. Joh. XXIII. u. d. Wahl Sigismunds zum röm. Kg. (1898).

Kapitel 10
Sigmunds politische Ziele

Die Regierung Sigmunds empfängt ihre besondere Prägung durch die Tatsache der *Vereinigung Ungarns mit dem Reich*[1]. Streng genommen stellte diese Verbindung freilich nur eine Art von Personalunion dar, da Ungarn seine staatsrechtliche Selbständigkeit bewahrte. Aber bei der noch unentwickelten Struktur der Staatsverwaltung und den durch den vielfachen Ortswechsel des königlichen Hofes hervorgerufenen Schwierigkeiten konnten die Grenzen eines solchen Systems schon im innerpolitischen Bereich nicht immer innegehalten werden. Im großen ganzen ist dabei die ungarische Staatsverwaltung von deutschen Einflüssen ziemlich frei geblieben, während ungarische Prälaten und gelehrte Räte des öfteren in der Reichskanzlei und im Reichsrat erscheinen. Aber wichtiger als das alles war nicht nur die ständige Inanspruchnahme des Herrschers durch Fragen, die außerhalb des eigentlichen Reichsinteresses lagen, sondern vor allem die weitgehende Verschmelzung, die sich mit innerer Notwendigkeit auf dem Ge-

Sigmund und das Zeitalter der Konzilien

biet der auswärtigen Angelegenheiten vollzog. Ungarische
Politik und ebenso auch luxemburgische Hauspolitik durch-
drangen sich mit der Reichspolitik zu einem Ganzen, in dessen
Dienst Sigmund alle verfügbaren Kräfte stellte.

In ihren ursprünglichen Motiven ist diese Politik zum guten
Teil durch die damalige *Situation des ungarischen Staates* bestimmt.
Sigmund hatte sich hier nur in schweren Kämpfen gegen eine
starke innere Opposition durchsetzen können, mit der er auch
weiterhin immer zu rechnen hatte; immerhin hielt er seit Ende
1401 die Zügel der Regierung ziemlich fest in der Hand. Dagegen blieb seine Stellung von außen her auf nahezu allen
Fronten schwer gefährdet. Vor allem hielten die neapolitani-
schen Anjous an ihren Ansprüchen unverändert fest. Mit
Unterstützung Papst Bonifaz' IX. war es König Ladislaus von
Neapel, dem Sohn des 1386 ermordeten Karl von Durazzo
(s. Kap. 4), gelungen, sich in den Besitz von Kroatien und
Dalmatien zu setzen; am 5. VIII. 1403 wurde er in Zara in
Gegenwart eines päpstlichen Legaten zum König von Ungarn
gekrönt. Da er jedoch auf die Dauer seine Erwerbungen nicht
behaupten konnte, verkaufte er die Stadt Zara und den Anspruch auf ganz Dalmatien an Venedig (1409). Damit lebte der
alte *ungarisch-venezianische Streit um die nordwestlichen Balkanländer*
von neuem auf, und Sigmund sah sich in langdauernde Kämpfe
mit der mächtigen Adria-Republik verwickelt, die eben damals
durch eine erfolgreiche, auch nach Westen hin auf die Terra
ferma gerichtete Expansionspolitik eine neue Höhe ihrer
Machtstellung erreichte. Im Norden war *Polen* seit langem der
Nebenbuhler Ungarns in den osteuropäischen Fragen gewesen; jetzt bildete sein Verhältnis zum Deutschen Orden, der
um dieselbe Zeit in seine entscheidende Auseinandersetzung
mit der polnisch-litauischen Doppelmacht eintrat (s. Bd. 5,
Kap. 62b), die gefährlichste Reibungsfläche für Sigmund.
Schwierigkeiten erwuchsen ihm auch aus den Besitzstreitig-
keiten unter den verschiedenen Linien des *Habsburgischen Hauses* (s. Kap. 20), wobei vor allem die Frage der Vormundschaft
über den von ihm zum Eidam und Nachfolger ausersehenen
Herzog Albrecht V. von Österreich ihn in einen scharfen
Gegensatz zu den leopoldinischen Brüdern Ernst dem Eisernen
und Friedrich IV. brachte. Es ist bezeichnend, daß zeitweise
die Gefahr einer gegen Sigmund gerichteten Koalition Venedigs mit König Wladislaw II. von Polen und den beiden
Habsburgern auftauchen konnte.

10. Sigmunds politische Ziele

Die schwerste Bedrohung Ungarns aber ging von der neu-aufkommenden *Großmacht der osmanischen Türken*[2] aus, die um die Mitte des 14. Jh. auf dem Balkan festen Fuß gefaßt und nacheinander das serbische (1389) und das bulgarische Reich (1393) vernichtet hatten. Zwar hatten die Türken den völligen Mißerfolg, den Sigmund bei seinem ersten Versuch, ihnen an der Spitze eines Kreuzfahrerheeres entgegenzutreten, in der Schlacht bei Nikopolis (1396) erlitt[3], zunächst nicht weiter ausgenützt, und bald darauf wurde ihre Macht durch die schwere Niederlage, die ihnen die Mongolen in der Schlacht bei Angora (1402) bereiteten, sowie durch innere Thronstreitig-keiten für einige Zeit erheblich geschwächt. Aber Sigmund täuschte sich trotz alledem nicht über den ganzen Umfang der Gefahr, die hier nicht nur für sein ungarisches Königreich, sondern für die ganze Christenheit heraufzog. Um ihr zu be-gegnen, suchte er eine große *Koalition europäischer Mächte* zu-sammenzubringen, für die er vor allem auch Venedig gewinnen wollte. Die Grundvoraussetzung einer solchen Sammlung der christlichen Kräfte aber erblickte er in einer *Wiederherstellung der kirchlichen Einheit*, die sich seiner Idee nach nicht nur auf das Abendland, sondern auch auf den griechischen Osten erstrek-ken sollte. Erst die Union der beiden christlichen Kirchen würde, so glaubte er, die Möglichkeit schaffen, dem neuen Vor-stoß Asiens eine geeinte europäische Front entgegenzusetzen.

Alle diese Momente wurden nun im Rahmen von Sigmunds Reichspolitik gewissermaßen auf eine höhere Ebene erhoben. Der Kampf gegen Venedig, das sich auch an Reichsbesitz ver-griffen hatte, wurde zum Teilstück einer weitgespannten, auf Wiederherstellung der Reichsherrschaft in Italien gerichteten Revindikationspolitik, entsprechend den Verpflichtungen, die der König den Erzbischöfen von Mainz und Köln gegenüber in seiner Wahlkapitulation (RTA 7 n. 64/5) übernommen hatte. Vor allem aber gewann jetzt die Frage der *Überwindung des kirchlichen Schismas* für Sigmund eine ganz neue Bedeutung. Denn nichts anderes konnte das Ansehen seines Königtums in solchem Maße erhöhen, wie wenn es ihm gelang, als Schirm-herr der römischen Kirche ihre Einheit und innere Reinheit wiederherzustellen. Zugleich war er bestrebt, seine Stellung auch mit realen Machtmitteln zu unterbauen. *In Deutschland* sollte eine allgemeine *Neuordnung der Verhältnisse* die königliche Gewalt auf eine feste Grundlage stellen; seine auf den gesicher-ten Besitz der *Erbländer Ungarn und Böhmen* gestützte Hausmacht sollte durch eine enge Anlehnung an das habsburgische Österreich verstärkt werden. Waren alle diese Ziele erreicht, so konnte er zuletzt auch hoffen, den großen Traum zu verwirklichen, der ihn sein vielbewegtes Leben hindurch niemals ganz losgelassen hat: als römischer Kaiser im Bunde mit den Griechen die Völker der geeinten Christenheit zum *Kreuzzug gegen die Türken und zur Befreiung des Heiligen Grabes* zu führen.

Es lag nicht allein an der *Persönlichkeit des Herrschers*, wenn diese hochfliegenden Pläne nur sehr teilweise ihre Erfüllung gefunden haben. Sigmund war eine reichbegabte, mit vielen Vorzügen des Körpers[4] und des Geistes ausgestattete Natur, ein weitblickender Staatsmann und vielgewandter Diplomat, von starken idealistischen Antrieben bewegt, freilich auch den materiellen Daseinsfreuden mehr zugewandt, als es seinem Ansehen förderlich war. In vollem Gegensatz zu seinem Bruder Wenzel erfüllte ihn eine nie ruhende Beweglichkeit des Geistes, die ihn nach immer neuen und kühneren Projekten greifen, aber in sanguinischem Optimismus auch das Gewicht der entgegenstehenden Schwierigkeiten unterschätzen ließ. Denn von allen inneren Widerständen in Deutschland und Italien abgesehen, waren die auf dem Wege zur nationalstaatlichen Formung ihres Daseins begriffenen Völker Europas viel zu sehr mit ihren eigenen Fragen beschäftigt, als daß sie bereit gewesen wären, sich seinem umfassenden Ordnungsgedanken einzufügen. Gerade deshalb aber bleibt die *Überwindung des kirchlichen Schismas*, die ganz wesentlich sein Verdienst gewesen ist, eine *historische Leistung ersten Ranges*. Als wahrer Schirmherr der Kirche hat er der mittelalterlichen Idee des römischen König- und Kaisertums noch einmal kräftigeres Leben eingehaucht und wenigstens für eine kurze Zeitspanne dem Reiche eine seinen älteren Glanzzeiten vergleichbare Geltung zurückgewonnen.

[1] L. v. SZILÁGYI, Ungar. Jbb. 16 (1936).

[2] N. JORGA, Gesch. des Osman. Reiches 1 (1908); P. WITTEK, The Rise of the Ottoman Empire (1958); H. J. KISSLING, Das osman. Reich bis 1774, in: Hdb. der Orientalistik 1, 6: Gesch. d. islamischen Länder, Abschn. 3 (1959).

[3] G. BECKMANN, Der Kampf Kg. Sigmunds gegen die werdende Weltmacht d. Osmanen (1902); A. S. ATIYA, The Crusade of Nicopolis (1934); ders., The Crusade in the Later Middle Ages (1938), vgl. HZ 151 (1935), S. 578 f.; ST. RUNCIMAN, Gesch. d. Kreuzzüge 3 (1960), S. 462 ff.

[4] Bildnisse vgl. J. WILDE, Jb. d. kunsthist. Samml. in Wien NF 4 (1930), u. O. FISCHER, Jb. d. Preuß. Kunstsamml. 54 (1933).

Kapitel 11
Sigmunds erste Regierungsjahre bis zur Eröffnung des
Konstanzer Konzils

Schon der Beginn von Sigmunds Regierung läßt erkennen,
daß die Vielfalt seiner politischen Bestrebungen und Interessen
für Deutschland mancherlei Gefahren in sich schloß. Zwar
kündigte er sogleich an, daß er nach Aachen zur Krönung kommen werde, aber zur Ausführung dieses Planes kam es erst
nach mehreren Jahren. Darüber hinaus gab er sogar die wichtigste Stellung preis, über die er innerhalb der deutschen
Grenzen verfügte, indem er am 8. VII. 1411 den Burggrafen
Friedrich von Nürnberg zum obersten Hauptmann und Verweser der *Mark Brandenburg* bestellte, die nach dem Tode von
Jobst wieder in seinen Besitz übergegangen war; nur die Kur-
und Erzkämmererwürde behielt er sich dabei vor[1]. Da diese
Verleihung sich auch auf Friedrichs Erben erstreckte, dachte der
König offenbar schon damals für die Zukunft an eine uneingeschränkte Übertragung aller Rechte, wie sie dann auf dem
Konstanzer Konzil am 30. IV. 1415 vollzogen wurde; am
18. IV. 1417 folgte ebenfalls in Konstanz die feierliche Belehnung mit der Kur. Dabei ließ sich Sigmund, abgesehen von
dem Wunsche, einen durch mancherlei Dienste bewährten
Anhänger zu belohnen, von der richtigen Erkenntnis leiten,
daß er doch nicht imstande sein werde, die Reorganisation des
unter Jobsts Regime an den Rand der inneren Auflösung
geratenen Landes von sich aus durchzuführen[2]. Denn sein
eigenes Interesse war in diesen ersten Regierungsjahren überwiegend durch die *Entwicklung der italienischen Verhältnisse*[3] in
Anspruch genommen.

Hier traten damals die fünf Mächte, deren Mit- und Gegeneinander in der folgenden Zeit das politische Antlitz der Halb-
insel bestimmen sollte, immer stärker in den Vordergrund:
Venedig, das Herzogtum Mailand (wo sich ein Sohn Giangaleazzo Viscontis, Filippo Maria, nach längeren Wirren durchgesetzt hatte), die florentinische Republik, das Königreich
Neapel und der Kirchenstaat. Ihnen gegenüber war der Versuch Sigmunds, die alte Reichsherrschaft in Italien wiederherzustellen, von vornherein zum Scheitern verurteilt. Denn
während diese großen Gemeinwesen ebenso wie die kleineren
italienischen Signorien und Republiken über Söldnerheere, ein
entwickeltes Finanzsystem und eine gut ausgebildete Diploma-

tie verfügten, zeichneten sich schon hier die großen Schwächen ab, an denen Sigmunds Regierung immer wieder kranken sollte: sein ständiger Mangel an Geldmitteln und Truppen und die unzureichende Unterstützung von seiten Deutschlands und seines ungarischen Königreichs. Zwar behauptete er den Venezianern gegenüber seine Ansprüche auf Dalmatien wie auf die usurpierten oberitalienischen Reichsgebiete, verdrängte sie aus Friaul und sicherte sich das Durchmarschrecht durch ihr Territorium. Dagegen scheiterte eine Einigung mit Filippo Maria daran, daß er dessen Verlangen nach Anerkennung seiner herzoglichen Würde mit Rücksicht auf die den Kurfürsten gemachten Zusagen nicht entsprechen konnte. Vor allem aber hätte die ausgreifende Politik Neapels eine energische Abwehr von seiten des römischen Königs erfordert. Denn Sigmunds altem Gegner Ladislaus schwebte nichts geringeres vor als der Gedanke, ganz Italien unter seinem Zepter zu einigen und damit der Reichsherrschaft endgültig den Todesstoß zu versetzen. Das nächste Ziel seiner Expansionsbestrebungen war der Kirchenstaat, wo infolge des Schismas eine weitgehende Anarchie eingerissen war. Dies führte naturgemäß zu einem Zusammenstoß mit dem Papsttum, in dessen Verlauf Johann XXIII. die Christenheit zum Kreuzzug gegen Ladislaus aufrief (9. IX. 1411). Aber dieser Appell blieb wirkungslos, und im Juni 1413 fiel Rom in die Hände des Königs von Neapel, der den Papst schließlich sogar in Bologna bedrohte.

Damit war Johann auf die Hilfe des deutschen Königs angewiesen, und Sigmund verstand es, diese günstige Situation für die *Lösung der Kirchenfrage*, zur Überwindung des Schismas nutzbar zu machen. Diese war schon Anfang 1413 in den Mittelpunkt seines Interesses getreten[4], da sich immer deutlicher zeigte, daß von Johann XXIII., einer zwar energischen, aber vollkommen ungeistlichen Persönlichkeit, in dieser Hinsicht nichts zu erwarten war; eine von ihm den Beschlüssen des Pisaner Konzils entsprechend nach Rom einberufene Reformsynode (1412/13) verlief denn auch gänzlich ergebnislos – ihr einziger Beschluß von größerer Bedeutung war die Verdammung der Schriften Wyclifs. Immerhin war der Pisaner Papst von dem größten Teil der Christenheit anerkannt, und so konnte Sigmund nicht umhin, sich seiner Autorität für die Berufung des geplanten allgemeinen Konzils zu bedienen. Doch behielt er die Führung fest in der Hand. Unter seinem Druck mußten die päpstlichen Legaten sich zur Wahl der

11. Sigmunds erste Regierungsjahre bis zum Konstanzer Konzil

deutschen Stadt *Konstanz als Konzilsort* verstehen, ein Ergebnis, das Sigmund sogleich der Öffentlichkeit bekanntgab. Auf einer Zusammenkunft mit dem König in Lodi erließ Johann sodann am 9. XII. 1413 die Konvokationsbulle (Hardt 6, 5). Zugleich sandte Sigmund seinerseits zahlreiche Einladungsschreiben an die weltlichen und geistlichen Fürsten des Abendlandes sowie auch, seiner ursprünglichen Idee gemäß, an den griechischen Kaiser; besonders lag ihm daran, Frankreich und England für die Beteiligung zu gewinnen. Von den andern beiden Päpsten erklärte sich Gregor XII. im Sommer 1414 auf Sigmunds Drängen hin bereit, auf den Boden des Konzils zu treten. Dagegen war von dem Starrsinn Benedikts XIII. nichts zu erhoffen, wenn auch seine Obödienz allmählich ins Wanken geriet.

Inzwischen hatte Sigmund sich nach Deutschland begeben, wo innere Schwierigkeiten wie der alte Zwist zwischen Mainz und Pfalz sowie ein Streit um die Neubesetzung des Kölner Erzstuhls seine Anwesenheit erforderten. Zugleich hoffte er die Stände für eine Unterstützung seiner italienischen Pläne zu gewinnen; denn er beabsichtigte noch vor dem Beginn des Konzils nach der Lombardei zurückzukehren, um den Kampf gegen Mailand wiederaufzunehmen. Jedoch überzeugten ihn die Kurfürsten, daß es wichtiger sei, nun endlich seine *Krönung zum römischen König* vollziehen zu lassen, um im Schmuck der Krone mit größerer Autorität auf dem Konzil auftreten zu können. Am 8. XI. 1414 fand die Krönung in Aachen statt; am 24. XII. traf Sigmund in Konstanz ein.

[1] A. F. RIEDEL, Codex diplomat. Brandenburg. 2, 3 (1846), S. 178 ff., Übertragung 1415 ebd. 226/9, Belehnung mit d. Kur ebd. 255 ff.

[2] O. HINTZE, Die Hohenzollern u. ihr Werk (1915); E. BRANDENBURG, Kg. Sigm. u. Kf. Friedr. I. v. Brandenb. (1891); J. SCHULTZE, Die Mark Brandenburg 2: Die Mark unter d. Herrschaft der Wittelsb. u. Luxemburger (1961); 3: Die Mark unter d. Herrsch. d. Hohenzollern (1963). Vgl. auch Bd. 13, Kap. 33.

[3] H. HERRE, Beziehungen Kg. S.s zu Italien 1402–1414, QFItA 4 (1902); O. SCHIFF, Kg. S.s ital. Politik 1410–1431 (1909); Storia di Milano 7 (1956).

[4] H. BLUMENTHAL, Vorgesch. des Konst. Konzils (Diss. Halle 1897); E. GÖLLER, Kg. S.s Kirchenpolitik vom Tode Bonif. IX. bis 1413 (1902); ders., Papst Joh. XXIII. u. Kg. S. im Sommer 1410, RQs 17 (1903); J. HOLLERBACH, Die gregorianische Partei, Sig. u. das Konst. Konzil, RQs 23/24 (1909/10).

Kapitel 12
Konziliare Bewegung und Kirchenreform

In dem Menschenalter, das zwischen dem Ausbruch des kirchlichen Schismas und dem Konstanzer Konzil liegt, ist die theoretische Erörterung über die Fragen, wie man die schweren Schäden der Kirche heilen könne, niemals zur Ruhe gekommen (s. Kap. 5). Nach wie vor stand dabei der *Gedanke des Generalkonzils* im Vordergrunde, ungeachtet der Tatsache, daß Pisa doch nur zu einem sehr unvollständigen Erfolg geführt hatte. Aber wenn man sich in dieser Grundanschauung weitgehend einig war, so ergaben sich im einzelnen doch zahlreiche Probleme, bei denen von einer Übereinstimmung nicht die Rede sein konnte. Ungeklärt war vor allem die *Frage des Berufungsrechtes*. Entweder sprach man es dem Kaiser und daneben bisweilen auch den anderen europäischen Königen zu, oder aber man proklamierte ein Selbstversammlungsrecht der allgemeinen Kirche, das entweder von den Bischöfen und Prälaten oder aber von der Gesamtheit des Kirchenvolkes einschließlich der Laien gehandhabt werden sollte, eine Alternative, in der dem episkopalistischen Gedanken das Prinzip der Volkssouveränität gegenübertrat. Immer aber handelte es sich dabei nur um ein Notrecht, da die Institution des Papsttums von der konziliaren Bewegung im allgemeinen ebenso wenig in Frage gestellt wurde wie die der hierarchisch gegliederten Kirche. Damit erhob sich sogleich die weitere Frage, welche *Aufgabe der allgemeinen Kirchenversammlung* gesetzt sein würde. Daß die Union, die Wiederherstellung der Einheit in der Kirche des Abendlandes ihr vornehmstes Ziel bilden müsse, verstand sich von selbst, und nur gelegentlich tauchte der schon von Ockham aus seinem Begriff der allgemeinen Kirche[1] gefolgerte Gedanke wieder auf, daß es in ihr auch mehrere Päpste nebeneinander geben könne, ohne daß dadurch für den einzelnen der Weg zum Seelenheil verschlossen sei. Mit welchen Mitteln aber die Union herbeizuführen sei, darüber gingen die Meinungen noch weit auseinander. Es war keineswegs so, daß man von vornherein Zwangsmaßnahmen gegen die streitenden Päpste (via coercitionis) fest ins Auge gefaßt hätte; man erwog auch die Möglichkeit, alle drei Prätendenten zum Verzicht zu bestimmen (via cessionis) oder durch ein Gerichtsverfahren das Recht des wahren Papstes festzustellen (via iustitiae). Ein weiteres Problem bildete sodann die Frage nach dem künftigen *Verhältnis*

12. Konziliare Bewegung und Kirchenreform

des Generalkonzils zu einem rechtmäßigen, allgemein anerkannten Papst und seinen künftigen Funktionen innerhalb des normalen kirchlichen Lebens. Konnte das Konzil aus eigener Autorität handeln oder bedurfte es der Autorisation durch den wahren Papst? War dieser auf der anderen Seite an die Beschlüsse des Konzils gebunden oder konnte er sie aufheben, zum mindesten davon dispensieren? Und sollte das Konzil sich mit der Lösung der ihm unmittelbar gesetzten Aufgaben begnügen oder sollte es zu einem dauernden Instrument der Kirchenregierung werden und demgemäß in regelmäßiger *Periodizität* zusammentreten? Damit war der schwerwiegende Gedanke einer *Superiorität des Generalkonzils über den Papst*, wie er leicht aus der Ockhamschen Unterscheidung der allgemeinen von der römischen Kirche hergeleitet werden konnte, zur Debatte gestellt, und man sieht an alldem, wie sehr die lange Dauer des Schismas das ganze ältere Gebäude des kirchlichen Verfassungsrechts erschüttert hatte. In der gleichen Richtung aber wirkte sich noch ein weiteres Problem aus, das die Gemüter in nicht geringerem Maße beschäftigte als die Unionsfrage. Aus allen Quellen der Zeit spricht ein tiefes *Ungenügen an der Kirche und ihren äußeren Erscheinungsformen*, eine scharfe und ungehemmte Kritik an ihren Dienern und Institutionen. Auch wenn man in Rechnung stellt, daß der stillere Ablauf des religiösen Lebens in seinen inneren Bezirken durch die Eigenart der Überlieferung weniger deutlich zutage tritt als die offenkundigen Mißstände, muß man diese Kritik im ganzen als berechtigt bezeichnen. Gegenüber der Blütezeit des 13. war die Kirche des 14. Jh. weitgehend in Verfall geraten. Theologie und Mystik waren in ihrem Niveau gesunken, der Klerus verweltlicht, sittenlos und seinen geistlichen Aufgaben entfremdet; selbst die Orden hatten von ihren ursprünglichen Idealen nicht allzuviel bewahrt und erschöpften sich in endlosen Streitigkeiten untereinander oder mit der Weltgeistlichkeit. Die Ursache dieser Verfallserscheinungen lag in einem überhandnehmenden Streben nach Reichtum und materiellem Genuß, der gleichen Habsucht, die auch an der Kurie um sich gegriffen hatte und in der man auch, freilich nur teilweise mit Recht, die letzte Wurzel der Kirchenspaltung zu erkennen glaubte. Denn die tiefgehende, durch die unabsehbare Dauer des Schismas bedingte Erschütterung des päpstlichen Ansehens äußerte sich auch darin, daß die unendlichen Klagen und Beschwerden gegenüber den kirchlichen Zuständen ihre Spitze in ganz überwiegendem Maße gegen Rom richteten[2].

61

Insbesondere wurde nun das in der avignonesischen Zeit ausgebildete *Stellenbesetzungssystem der Kurie* zum Gegenstand einer erbitterten Kritik, da es die Vergebung kirchlicher Pfründen von den Pfarreien bis hinauf zu den Bistümern durch die ordentlichen, der Regel nach dafür zuständigen Kollatoren weitgehend ersetzt hatte durch die päpstliche Provision. An sich zwar hatte dies System auch seine Vorzüge, da es in vielen Fällen auf die Wünsche der nächstberechtigten Kollatoren Rücksicht nahm oder auch einen wirksamen Rückhalt gegen die Eingriffe weltlicher Machthaber zu bieten vermochte[3]. Aber auf der anderen Seite waren die ihm anhaftenden Mängel in der Tat nicht gering. Bedenklich waren vor allem die zahlreichen *Reservationen*, durch die der Papst sich die Besetzung noch nicht freigewordener Stellen vorbehielt und die es ihm ermöglichten, Anwartschaften auf Pfründen, die erst in Zukunft frei werden sollten, an die zahlreichen, sich an der Kurie zusammendrängenden Bewerber zu verleihen. Der schlimmste Fehler des Systems aber war die damit verbundene Notwendigkeit, die zur Unterhaltung der immer mehr anwachsenden kurialen Behörden nötigen ungeheuren Kosten aufzubringen und damit die allgemeine Kirche zu belasten. Hatte sich das Papsttum schon zu Beginn des 13. Jh. in den Kreuzzugszehnten ein wirksames Instrument der Steuererhebung geschaffen, so erhob es bei der unmittelbaren Vergebung kirchlicher Stellen nicht nur bestimmte einmalige Zahlungen in Gestalt der Servitien und Annaten, sondern schon die Ausfertigung aller eine Verleihung betreffenden Urkunden war an eine ganze Reihe von Gebühren und Taxen gebunden, durch die jedenfalls der Anschein hervorgerufen werden mußte, daß es sich dabei um einen reinen Ämterkauf handele. Wenn die Opposition gegen dieses System, die bis zu einem gewissen Grade vor allem bei den staatlichen Mächten schon in der avignonesischen Zeit bestanden hatte, jetzt immer weitere Kreise ergriff, so lag das besonders an der erneuten Steigerung der Lasten, die die Kirchenspaltung mit sich brachte[4]. Denn das Nebeneinander der verschiedenen Kurien mit ihrer Hofhaltung und ihrem Behördenapparat hatte naturgemäß auch eine neue *Vermehrung der finanziellen Forderungen* zur Folge. Für Deutschland besonders verhängnisvoll war in dieser Hinsicht der Pontifikat Bonifaz' IX., der zur Deckung seines vornehmlich politischen Zwecken dienenden Finanzbedarfs rücksichtslos alle Mittel anwandte: Vermehrung der Reservationen, Einführung von Vorzugsklauseln bei den An-

12. Konziliare Bewegung und Kirchenreform

wartschaften, die nicht nur eine weitgehende Rechtsunsicherheit schufen, sondern vielfach wiederum zum Gegenstand eines Geldgeschäfts wurden, Häufung der päpstlichen Ablässe, die zwar nicht als Institutionen, wohl aber wegen ihrer Verquickung mit dem finanziellen Moment wachsenden Widerspruch erregten und als Simonie gebrandmarkt wurden. Und da auch das Pisaner Konzil (Kap. 8) und zumal der Pontifikat Johannes' XXIII. in dieser Hinsicht keine Besserung brachten, wurde der Ruf nach einer *Reform der Kirche an Haupt und Gliedern* immer lauter erhoben.

Die rückhaltloseste Kritik an dem verweltlichten, entarteten Papsttum übte zu Beginn des 15. Jh. der Heidelberger Professor *Matthäus von Krakau* in seiner zusammen mit einem ihm nahestehenden Juristen verfaßten Schrift ›De squaloribus Romane curie‹ (kurz nach 1403)[5] sowie in seinem ›Speculum aureum‹ (1404)[6]; hier findet sich der in seiner Schärfe nicht zu überbietende Satz, daß die gesamte Kurie und jeder, der von ihr Amt oder Pfründe empfängt, der Todsünde verfallen sei! Ihm tritt etwas später *Dietrich von Nieheim* (ca. 1340–1418)[7] an die Seite, ein Westfale, der fast sein ganzes Leben als Kanzleibeamter an der Kurie verbracht hatte. Seine Bedeutung besteht besonders darin, daß er, vor allem in der Schrift ›De modis uniendi ac reformandi ecclesiam in concilio universali‹ (1410), als erster eine feste Theorie des Generalkonzils aufstellt und den Gedanken der Union mit der Reformforderung verbindet: Seine ›Avisamenta edita in concilio Constanciensi‹ (1414) sind neben den in der Hauptsache von Peter von Ailli herrührenden ›Capita agendorum‹[8] das einzige umfassende Programm für Konstanz. Daneben hat er zahlreiche andere Schriften verfaßt, auch mehrere historische Werke, die zum Teil die Zeitgeschichte (›De scismate‹), zum Teil die ältere deutsche und sächsische Geschichte (›Privilegia‹, ›Viridarium‹) behandeln. Aus ihnen spricht ein starkes, in der Tradition des älteren deutschen Reichsgedankens wurzelndes Nationalbewußtsein, das ihn auch dazu bestimmt, das Recht zur Berufung des Konzils für den deutschen Herrscher in Anspruch zu nehmen.

[1] Vgl. o. S. 34.
[2] Grundlegend J. HALLER, Papsttum u. Kirchenreform (1903); dazu reichhaltige Einzelliteratur DW[9] 8786 ff.
[3] Vgl. z. B. K. A. FINK, Die Stellung d. Konstanzer Bistums zum päpstl. Stuhl im Zeitalter des avignon. Exils (1931).

[4] J. P. KIRSCH, L'administration des finances pontificales au XIVe siècle, RHE 1 (1900); E. GÖLLER, Aus d. Camera apostolica der Schismapäpste, RQs 32/33 (1924/25); W. v. HOFMANN, Forsch. z. Gesch. d. kurialen Behörden vom Schisma bis zur Reformation (2 Bde. 1914).

Sigmund und das Zeitalter der Konzilien

[5] Druck bei C. W. F. Walch, Monumenta medii aevi 1 (1757), dazu Haller, S. 483 ff.; G. Sommerfeldt, ZGORh NF 18 (1903) u. Mitt. z. Gesch. d. Dt. in Böhmen 43 (1905); vgl. auch DW⁹ 8776.

[6] Druck bei M. Goldast, Monarchia Romani Imperii 2 (1612); vgl. G. Sommerfeldt, ZKiG 28 (1907).

[7] Die ältere biograph. Literatur über D. v. Nieheim (Niem) ist überholt durch H. Heimpel, D. v. Niem (1932); knappe Skizze: Ders. in: Westfäl. Lebensbilder 5 (1937). Die Werke liegen jetzt großenteils in neuen Ausgaben vor: De modis uniendi (1410/15) bei Heimpel, Quellen z. Geistesgesch. d. MA u. d. Renaissance 3 (1933), zugleich die umstrittene Verfasserschaft sichernd; Circa convocacionem generalium conciliorum (1413/14) bei dems., Studien z. Kirchen- u. Reichsreform d. 15. Jh., SB Heidelberger Akad. 1929/30; Avisamenta (1414) in: Finke, Acta 4 (1928), S. 584 ff.; De scismate libri tres, hg. v. G. Erler (1890); Fortsetzung dazu v. d. Hardt, Magnum Const. Conc. 2 (1697), S. 336 ff.; das Viridarium imperatorum et regum fand A. Lhotsky, SB Wiener Akad. 226 (1949); Ausgabe von dems. u. K. Pivec, MG Staatsschriften 5, 1 (1956), vgl. K. Pivec, MIÖG 58 (1950) sowie ders. u. H. Heimpel, Nachr. Akad. Göttingen 1951; für die Privilegia ist vorläufig noch der Druck bei S. Schard, De iurisdictione, auct. et praeeminentia imperiali (1566), zu benutzen. Vgl. auch die Literaturangaben bei Lhotsky-Pivec, Viridarium, S. XXVI.

[8] Druck Finke, Acta 4, S. 548 ff., wo S. 539 ff. auch gegen K. Kehrmann, Die Capita agendorum (1903), die Verfasserschaft Aillis gesichert wird.

Kapitel 13
Hus und die Anfänge der hussitischen Bewegung

Einen besonders gefährlichen Grad hatten die geschilderten oppositionellen Strömungen bereits seit dem letzten Jahrzehnt des 14. Jh. in *Böhmen* erreicht. Hier wirkten verschiedene Momente zusammen, um einen Krisenherd erster Ordnung entstehen zu lassen. In der tschechischen Kirche hatten die allgemeinen Mißstände, übermäßiger Reichtum, materielle Gesinnung, sittliche Verwilderung und mangelnde Bildung sich noch stärker verbreitet als anderwärts. Um so schärfer war die Ablehnung, die sich in den breiteren und ärmeren Schichten der Bevölkerung diesem Zustand gegenüber geltend machte. Hier erwachte das alte *Ideal der armen und reinen Urkirche* zu neuem Leben und vermischte sich mit übersteigerter mystischer Schwärmerei und eschatologischen Spekulationen. Ketzerische Bewegungen breiteten sich aus, und vor allem mußten die Lehren des Engländers *John Wyclif* (1320/30 bis 1384) hier auf fruchtbarem Boden fallen, der der bestehenden hierarchischen Kirche den Gedanken einer die wahre Kirche repräsentierenden Gemeinschaft der Auserwählten gegenüberstellte; in apostolischer Armut solle sie vornehmlich durch Predigt und Ver-

13. Hus und die Anfänge der hussitischen Bewegung

kündung der Heiligen Schrift auf das Volk zu wirken suchen, während alle andern kultischen Handlungen und Gnadenmittel, selbst die Sakramente, in den Hintergrund zu treten hätten. Seine Schriften, durch böhmische Studenten, die aus Oxford zurückkehrten, ins Land gebracht, fanden solche Verbreitung, daß die Prager Universität eingriff und 45 daraus entnommene Sätze verurteilte (28. V. 1403).

Für diesen Beschluß war in erster Linie die Haltung der deutschen Magister bestimmend gewesen, und überhaupt fanden die Reformgedanken im tschechischen Klerus stärkeren Widerhall als in der deutschen Prälatenkirche, die von Mißständen ähnlicher Art nicht in gleichem Maße betroffen war und in der es an sittlich ernsten, aber auf maßvolle innere Reinigung der Kirche bedachten Persönlichkeiten nicht fehlte. Nun ist ein gewisser Einschlag nationaler Stimmungen in der kirchlichen Reformbewegung der Zeit auch sonst nicht zu verkennen; es ist kein Zufall, daß Wyclif an der damals entstehenden englischen Bibelübersetzung starken Anteil nahm. Bei den Tschechen aber war dem *nationalen Gegensatz gegen die Deutschen* zugleich ein starkes soziales Moment beigemischt. Die bedeutende Stellung, die sich die Deutschen durch kulturelle und wirtschaftliche Überlegenheit im Lande geschaffen hatten, rief bei den zahlenmäßig im Vordringen begriffenen, aber meist den unteren Gesellschaftsklassen angehörenden Tschechen in wachsendem Maße Mißgunst und Haß hervor, der mit der Zeit auch auf den eingeborenen Herrenstand übergriff[1]. Insofern ist diese Bewegung des erwachenden *tschechischen Chauvinismus* zugleich ein Teilstück des allgemeinen slavischen Gegenstoßes gegen die deutsche Ostkolonisation, der um diese Zeit auch in anderen slavischen Ländern einzusetzen beginnt. Besonders stark war in Böhmen die nationale Spannung an der *Prager Universität*, wo drei überwiegend aus Deutschen sich zusammensetzenden »Nationen« die eine böhmische Nation gegenüberstand. Die zwischen ihnen bestehende Feindschaft verschärfte sich, als Wenzel bei seinem Übertritt zum Pisaner Papsttum nur die Gefolgschaft der Tschechen fand, während die anderen Universitätsnationen an Gregor XII. festhielten. Das veranlaßte Wenzel, entsprechend seiner schon früher in den Universitätsfragen gezeigten Haltung, zu einem radikalen Eingriff. Durch einen Erlaß vom 18. I. 1409 kehrte er das bisher geltende Stimmenverhältnis der Nationen in der Weise um, daß künftig in allen Universitätsangelegenheiten der böhmischen

Sigmund und das Zeitalter der Konzilien

drei, den übrigen zusammen nur eine Stimme zustehen sollte. Die Folge war der Auszug[2] der nichtböhmischen »Nationen«, deren Studenten und Professoren zum großen Teil in der von den Markgrafen Friedrich und Wilhelm von Meißen gestifteten *Leipziger Universität*[3] eine neue Heimat fanden.

An diesen Vorgängen war maßgebend bereits der Mann beteiligt, in dem sich alle diese Strömungen zur stärksten historischen Wirkung vereinigen sollten. *Johann Hus*[4], geboren um 1370, aus niederem Stande, Magister und seit 1398 Lehrer an der Universität, deren Rektorat er 1402 innehatte, war leidenschaftlicher Reformer und entschiedener Verfechter des tschechischen Volkstums zugleich. Ein selbständiger Denker mit originellen Ideen, der den herrschenden Mißständen ein eigenes Programm kirchlicher Erneuerung entgegenzusetzen gehabt hätte, ist er nicht gewesen. Doch muß andrerseits auch die vor allem von J. Loserth vertretene Auffassung, er habe, abgesehen von älteren Vorstellungen der Armutsbewegung des 12. und 13. Jh., die in ihm fortwirkten, im wesentlichen nur von dem Gedankengut Wyclifs gelebt[5], heute als überholt angesehen werden. Gewiß war er ein glühender Verehrer des englischen Reformators, hat seine Schriften frühzeitig studiert, sie später weitgehend ausgeschrieben und für seine eigenen Arbeiten verwertet. Aber er wollte ihnen nur folgen, soweit sie die anerkannten Grundlagen der kirchlichen Lehre nicht verließen; andernfalls wich er von ihren Formulierungen ab und suchte sie gewissermaßen dogmatisch zu entgiften. Überhaupt waren wesentlich für ihn nur die Reformforderungen, nicht die kirchenrechtlichen Theorien und die dogmatischen Lehrsätze; vor allem Wyclifs Ablehnung des zentralen Dogmas der Hierarchie, der Lehre von der Transsubstantiation, schloß er sich nicht an. Aber auch für ihn war die Kirche die Gemeinschaft der Erwählten und die unbedingte Richtschnur alles Handelns das biblische Wort, das Gesetz Christi, an dem alle kirchlichen Einrichtungen, auch die Hierarchie und das Papsttum, zu messen seien. Die *Reformforderungen*, die den Hauptinhalt seiner Predigten ausmachten, richteten sich daher nicht gegen die Kirche oder die Hierarchie als solche, sondern gegen die ihnen in ihrer gegenwärtigen Erscheinung anhaftenden Mängel. Nicht die Kirche in ihrer überkommenen Gestalt und ihre bestehenden Institutionen wollte er angreifen, sondern sein Ziel war es, »die Menschen der Sünde zu entreißen«, vor allem die Diener der Kirche zu läutern und sittlich zu heben, damit sie dem Ideal der

13. Hus und die Anfänge der hussitischen Bewegung

ihnen gestellten Aufgabe besser zu entsprechen vermöchten. Und ebenso richtete sich auch im weltlichen Bereich seine Kritik nicht gegen die herrschende Gesellschaftsordnung an sich, sondern auch hier erwartete er die Behebung der herrschenden Übel von einer sittlichen Besserung jedes einzelnen, der an dem ihm zugewiesenen Platz in Liebe gegen Gott und den Nächsten seine Aufgabe zu erfüllen habe. Bei alldem lag seine größte Stärke in dem Einfluß, den er durch seine mitreißende Beredsamkeit besonders auf die Massen der ärmeren Bevölkerung ausübte, der er sich eng verbunden fühlte, sowohl in Prag als Prediger an der Bethlehemskapelle, einem Brennpunkt der nationaltschechischen Bestrebungen, wo auch überwiegend in tschechischer Sprache gepredigt wurde, wie vor allem auch später auf dem Lande. Mit den kirchlichen Oberen stand er zunächst im Einverständnis; zum Konflikt kam es erst, als er entgegen dem kirchlichen Urteil an Wyclif festhielt und seine Lehren als rechtgläubig zu erweisen suchte. Die entscheidende Wendung brachte sein scharfes Auftreten gegen die von Johann XXIII. gegen Ladislaus von Neapel erlassene Kreuzzugsbulle (s. Kap. 11), zumal er nun auch dazu überging, die geltende *Lehre vom Ablaß* grundsätzlich in Frage zu stellen. Daraufhin verhängte Johann XXIII. über ihn den großen Kirchenbann, was Hus mit maßlosen Schmähungen gegen den Papst und den übrigen Klerus beantwortete. Bald darauf vollzog er, besonders in der Schrift ›*De ecclesia*‹ (1413)[6], eine über alles Bisherige hinausgehende Abkehr von der bestehenden Kirche. Zwar lehnte er die Hierarchie auch jetzt nicht ohne weiteres ab, wollte aber ihre Autorität nur mehr insoweit anerkennen, als ihre Handlungen in vollkommenem Einklang ständen mit den Lehren der Heiligen Schrift. Schon vorher hatte sein wachsender Radikalismus dazu geführt, daß ein großer Teil seiner bisherigen Freunde aus den Kreisen der Universität und des Klerus sich von ihm lossagte. Ende 1412 mußte er Prag verlassen und verlegte nun seine Tätigkeit auf das Land, wo er durch seine tschechischen Predigten eine wachsende, fanatische Anhängerschaft um sich sammelte. Demgegenüber vermochten sich die ordentlichen kirchlichen Instanzen nicht mehr durchzusetzen, zumal auch König Wenzel seine Hand über ihn hielt. So war auch diese Frage reif geworden für die Entscheidung durch das Generalkonzil.

Sigmund und das Zeitalter der Konzilien

[1] Außer den älteren Darstellungen von A. BACHMANN, Gesch. Böhmens 2 (1905), und B. BRETHOLZ, Gesch. Böhmens u. Mährens 2 (1922), vgl. K. KROFTA, Das Deutschtum in d. tschechoslovak. Gesch. (1934); J. PFITZNER, Sudetendt. Gesch. (²1937), problematisch; Das Sudetendeutschtum im Wandel d. Jhh., hg. v. G. PIRCHAN, W. WEIZSÄCKER, H. ZATSCHEK (1937); W. WEIZSÄCKER, Gesch. d. Deutschen in Böhmen u. Mähren (1950). Weiteres bei H. HEIMPEL, Dtld. im späteren MA (²1957), S. 151 f., und im Bd. 13, Kap. 30.

[2] F. MATTHAESIUS, Der Auszug d. dt. Studenten aus Prag, Mitt. d. Ver. f. Gesch. d. Deutschen in Böhmen 52 (1914), u. F. SEIBT, J. Hus u. d. Abzug d. dt. Stud. aus Prag, AKG 39 (1957).

[3] Vgl. o. Kap. 5, Anm. 7.

[4] Werke: M. Joh. Hus Opera omnia, hg. v. V. FLAJŠHANS (5 Bde. 1904 ff.); Werke in böhm. Sprache hg. v. K. J. ERBEN (3 Bde. 1865/68); weiteres bei F. SEIBT im Hdb. d. Gesch. d. böhm. Länder 1 (1967), S. 507, Anm. 8. Neuere Einzelausgaben: M. Joh. Hus, Quodlibet (Disputation von 1411), hg. v. B.

RYBA (1948); S. H. THOMPSON, Four unpubl. Quaestiones of J. H., Medievalia et Humanistica 7 (1952); J. H., Positiones, recommendationes, sermones, hg. v. A. SCHMIDTOVÁ (1958). Eine neue Gesamtausgabe wird von der Tschechoslovak. Akad. d. Wiss. vorbereitet (bisher 2 Bde. 1959/66). Literatur: M. SPINKA, John Hus and the Czech Reform (1948); M. VISCHER, Jan Hus (neue, etwas populäre Bearbeitung 1955); neuerdings F. SEIBT, a. a. O. S. 500 ff., wertvoll bes. durch umfassende Erschließung der tschech. Literatur.

[5] J. LOSERTH, Hus u. Wiclif (²1925); dazu: V. KYBAL, RH 103 (1910); J. K. KVAČALA, Jbb. f. Kult. u. Gesch. d. Slaven NF 8 (1932); R. R. BETTS, English and Czech Influences on the Hussite Movement, Transactions of the Royal Hist. Soc. 31 (1939); G. A. BENRATH, Zs. f. Theologie u. Kirche 62 (1965). Maßgebend jetzt die Arbeiten von P. de VOOGHT, Hussiana (1960) u. L'hérésie de Jan Hus (1960); dazu auch ders., J. H. et ses juges, in: Das Konzil v. Konstanz (s. o. S. 51).

[6] Ausgabe von S. H. THOMPSON (1956).

Kapitel 14
Das Konstanzer Konzil

Es waren somit *drei große Aufgaben*, vor die sich das am 5. XI. 1414 in Konstanz eröffnete Konzil[1] gestellt sah: die Wiederherstellung der kirchlichen Einheit *(causa unionis)*, die innere Reform der Kirche *(causa reformationis)* und die Auseinandersetzung mit Hus *(causa fidei)*. Die Autorität zur Entscheidung dieser schwerwiegenden Fragen konnte es zweifellos für sich in Anspruch nehmen, da es, vor allem dank der Bemühungen Sigmunds, wirklich den Charakter einer allgemeinen, fast das ganze Abendland repräsentierenden Kirchenversammlung trug: neben Johann XXIII. und den Vertretern der beiden anderen Päpste erschienen 29 Kardinäle, etwa 300 Bischöfe und Prälaten sowie mehrere hundert Doktoren der Universi-

14. Das Konstanzer Konzil

täten in der Bodenseestadt, so daß die Gesamtzahl der geistlichen Mitglieder sich mit der Zeit auf 600 bis 700 belief, denen ungefähr ebensoviele deutsche und ausländische Fürsten oder Gesandte, darunter solche von allen europäischen Königreichen, Städteboten, Grafen und Herren gegenüberstanden. Naturgemäß konnte es in einer so großen Versammlung an mancherlei Gegensätzen nicht fehlen. So trennte ein breiter Graben die überwiegend als reformfeindlich geltenden Kardinäle von der Masse der übrigen Teilnehmer, die einem älteren, von den Universitäten übernommenen Brauch folgend in »*Nationen*« zusammengefaßt waren und bei denen sich dementsprechend die unterschiedlichen nationalpolitischen Interessen ihrer Herkunftsländer geltend machten[2]. Die Zahl dieser Nationen war ursprünglich nicht festgelegt; erst im Januar 1415 bildete sich eine klare Scheidung in die vier Konzilsnationen heraus: die deutsche, die auch Schotten, Dänen, Skandinavier, Böhmen, Polen und Ungarn mit einschloß, die italienische, die englische und die französische; Ende 1416 trat dann noch die spanische hinzu. Die Nationen berieten jede für sich und stimmten in ihren Versammlungen nach Kopfzahl ab; dabei wurde den demokratisierenden Tendenzen des Zeitalters entsprechend der Kreis der Stimmberechtigten im Verhältnis zu den früheren Konzilien wesentlich weiter ausgedehnt. Dagegen setzten am 7. II. 1415 Engländer und Deutsche, denen sich auch die Franzosen anschlossen, gegen den Widerstand der Italiener den Grundsatz durch, daß die entscheidenden Abstimmungen in den Plenarversammlungen, ebenso wie schon in Pisa, nach Nationen erfolgen sollten; ein ausdrückliches Konzilsdekret ist darüber allerdings nicht erlassen worden. Jede Nation führte danach eine Gesamtstimme; eine fünfte wurde im Mai des gleichen Jahres dem *Kardinalskollegium* zugestanden, dessen Einfluß gegenüber den Nationen allerdings zunächst stark in den Schatten trat, um erst nach der Absetzung Johanns XXIII. wieder allmählich stärker an Geltung zu gewinnen[3].

Wenn trotz solcher inneren Spannungen in Konstanz sehr wesentliche Ergebnisse erzielt wurden, so war das in erster Linie das *Verdienst Sigmunds*, der nicht nur als Vogt der Kirche die Schirmherrschaft über das Konzil und den Vorsitz führte, sondern auch den Verlauf der Verhandlungen maßgeblich beeinflußte. Seine Anwesenheit in Konstanz wurde während der ganzen Dauer der Tagung nur durch Reisen unterbrochen, die unmittelbar den Konzilszwecken dienten. War er abwe-

Sigmund und das Zeitalter der Konzilien

send, so gerieten die Verhandlungen, in die er selbständig einzugreifen pflegte, sogleich ins Stocken. Soweit seine glänzende Kunst der Überredung und Menschenbeeinflussung nicht ausreichte, scheute er auch vor gewaltsamen Mitteln nicht zurück. Unter den gegebenen Verhältnissen aber waren solche in der Tat nicht zu entbehren, und der Verlauf der Dinge hat seine Haltung, im Erfolg ebenso wie auch im Mißerfolg, weitgehend gerechtfertigt[4].

Das zeigte sich sogleich in der *Unionsfrage*. Johann XXIII. war noch in der Hoffnung nach Konstanz gekommen, dort eine Bestätigung seines Papsttums zu erlangen, fand aber auf dem Konzil nur wenig Anhang. Vielmehr mußte er sich unter dem Druck der scharfen, zum Teil sogar überscharfen Anklagen, die gegen ihn erhoben wurden[5], Mitte Februar 1415 zur Abdankung verstehen, jedoch ausdrücklich nur unter der Voraussetzung, daß auch die andren Päpste den gleichen Schritt täten. Wie wenig ernst es ihm damit aber war, zeigte sein Versuch, Konstanz heimlich zu verlassen (20. III. 1415) und sich in den Machtbereich des ihm nahe verbundenen, mit Sigmund verfeindeten Herzogs Friedrich von Tirol zu flüchten, der die Vorderen Lande, also den westlichen Teil des habsburgischen Hausbesitzes innehatte; Johanns letztes Ziel war dabei, eine Verlegung des Konzils nach Frankreich herbeizuführen, wo er einen seinen Wünschen günstigeren Boden zu finden hoffte. Allein nun griff Sigmund zu den energischsten Maßnahmen. Indem er die Reichsacht über Herzog Friedrich verhängte, seine Nachbarn zum Kampf gegen ihn aufrief und ihnen den Besitz der dabei zu erobernden Lande zusicherte, zwang er den Habsburger, seinen Schützling preiszugeben. Und da das Konzil durch den Konflikt mit dem Papst, der es berufen hatte, den Rechtsboden unter den Füßen zu verlieren drohte, mußte nun die Frage des Verhältnisses zwischen Konzil und päpstlichem Primat grundsätzlich entschieden werden. So wurde in dem am 30. III./6. IV. erlassenen Konzilsdekret »*Haec sancta*« (Hardt 4, 89f. und 98) die *Superiorität der im Heiligen Geist versammelten Generalsynode über den Papst* ausdrücklich festgelegt. Aber während es vor allem in der deutschen Nation nicht an Stimmen fehlte, die dem Superioritätsgedanken eine dauernde und uneingeschränkte Geltung geben wollten, nahm das Dekret nur auf die unmittelbar zu erledigenden Verhandlungsgegenstände der Glaubensfrage (Hus), der Union und der kirchlichen Reform Bezug[6], und im weiteren

70

14. Das Konstanzer Konzil

Verlauf des Konzils haben sich vor allem die Kardinäle der Anerkennung eines allgemeinen, das bisherige Verhältnis zwischen Papsttum und Generalkonzil umstürzenden Anspruchs mit Erfolg widersetzt.

Auf Grund dieses Dekrets wurde sodann gegen Papst *Johann*, der in Freiburg verhaftet und nach Radolfzell gebracht worden war, ein förmlicher Prozeß eröffnet, der mit seiner einstimmig beschlossenen *Absetzung* endete (29. V. 1415; Hardt 4, 269ff.)[7]. Johann nahm das Urteil sofort an; die nächsten Jahre hat er als Gefangener (meistens in Mannheim) verbracht, bis ihn Papst Martin V. im Juni 1419 begnadigte und wieder zum Kardinal erhob.

Der Absetzung Johanns folgte bald der *Rücktritt Gregors XII.*, den dieser am 4. VII. vor dem Konzil erklären ließ (Finke 3, 307ff.). Dagegen fügte sich *Benedikt XIII.*, dessen Absetzung das Konzil am 26. VII. 1417 aussprach (ebd. 367ff.), diesem Spruche nicht, sondern hielt an seinem Anspruch bis zu seinem Lebensende (23. V. 1423) fest. Jedoch war es Sigmund, der sich zu diesem Zweck persönlich nach Südfrankreich begeben hatte, bereits im Vertrag von Narbonne (13. XII. 1415) gelungen[8], die spanischen Königreiche Aragon, Navarra und Kastilien, die Benedikt bis dahin gestützt hatten, zu sich herüberzuziehen. Damit war das Schisma endlich überwunden und für ein neues einheitliches Papsttum freie Bahn geschaffen.

Schon ehe dieses Ergebnis erreicht war, hatte das Konzil auch das zweite brennende Problem wenigstens äußerlich bereinigt. Auf Ladung Sigmunds war *Hus* (Finke 4, 493ff.) am 3. XI. 1414 in Konstanz eingetroffen. Anscheinend hatte der König ihm zunächst mündlich auch für den Fall der Verurteilung freie Rückkehr zugesagt, während der Geleitbrief, den Hus dann erhielt, sehr viel unverbindlicher gefaßt war. Die vielumstrittene Frage des Geleitbruchs[9] ist also wohl dahin zu beantworten, daß Sigmund dem Konzil nicht in den Arm zu fallen wagte und sich dem überführten Ketzer gegenüber nicht gebunden fühlte, wenn er auch mit dem Gang der Dinge innerlich kaum ganz einverstanden war. Gegenstand der Untersuchung war vor allem das *Verhältnis von Hus zu Wyclif*, dessen Lehren auf dem Konzil neuerdings verdammt wurden, und sein an diesem orientierter, vor allem in der Schrift ›De ecclesia‹ entwickelter Kirchenbegriff. Verschärfend wirkte zudem die eben damals in Böhmen vollzogene

71

Einführung des Laienkelches[10], die ohne Zutun von Hus erfolgte und der gegenüber er trotz grundsätzlicher Bejahung eine gewisse Zurückhaltung bewahrte. Überhaupt war er zu Zugeständnissen bereit, hielt aber an dem Standpunkt fest, daß er den Boden der orthodoxen Lehre nicht verlassen habe, und lehnte einen Widerruf der aus seinen Schriften entnommenen, vom Konzil beanstandeten Sätze ab, wenn sie nicht aus der Heiligen Schrift widerlegt würden. Da er damit zugleich die Autorität des Konzils bestritt, war er nicht zu retten; am 6. VII. 1415 wurde er *als Ketzer verbrannt*. Ein Jahr später erlitt einer seiner radikalsten Anhänger, *Hieronymus von Prag*[11], das gleiche Schicksal.

Über die Bedeutung der damit getroffenen Entscheidung ist sich das Konzil auf keine Weise im klaren gewesen. Überhaupt haben, gemessen an den früheren allgemeinen Kirchenversammlungen, dogmatische Probleme, wie auch die zahlreichen damals gehaltenen, theologisch ziemlich unergiebigen Predigten erkennen lassen, in Konstanz eine sehr geringe Rolle gespielt. Jede Tendenz nach Neuerungen in dieser Richtung lag dem Konzil vollkommen fern, und für die Mehrheit der Anwesenden stand auch die wyclifitisch-hussitische Frage nur sehr am Rande des Interesses, das sich vielmehr in erster Linie auf die *Reformforderungen* konzentrierte. Sobald man hier jedoch von den allerseits geäußerten Klagen zu positiven Maßregeln übergehen wollte, zeigte es sich, daß dabei die Meinungen keineswegs übereinstimmten. Ebenso wie das Kardinalskollegium, das von einer stärkeren Beschneidung der päpstlichen Rechte auch Nachteile für sich selbst befürchtete, wünschten auch die Italiener und ebenso die Spanier im Grunde keine Schwächung des Papsttums. In Frankreich hatte die Proklamation der »Gallikanischen Freiheiten« (1407/08), ähnlich wie schon früher die englische Gesetzgebung, den päpstlichen Eingriffen in die Besetzung der kirchlichen Stellen bereits einen starken Riegel vorgeschoben. Daneben aber wurde die Haltung der französischen Konzilsgesandtschaft weitgehend bestimmt durch den *Wiederausbruch des Krieges mit England*, der eben damals einen neuen Höhepunkt erreichte, als der englische König Heinrich V. in Nordfrankreich landete und nach seinem glänzenden Siege bei Azincourt (25. X. 1415) auch den Titel eines französischen Königs annahm. Sigmund sah in diesen Verwicklungen nicht nur eine schwere Gefahr für den weiteren Ablauf der Konzilsverhandlungen, sondern der Frieden unter den

14. Das Konstanzer Konzil

europäischen Völkern bildete auch die Voraussetzung für den großen Türkenkreuzzug, der ihm noch immer als letztes Ziel all seiner Bemühungen vorschwebte. Zudem war sein Ansehen in dieser Zeit so hoch gestiegen, daß Frankreich ihn um seine Vermittlung anrief. Allein die Verhandlungen, die er persönlich in Paris wie in England führte[12], brachten keinen Erfolg, und so war er schließlich genötigt, in dem Streit Partei zu ergreifen und am 15. VIII. 1416 mit Heinrich V. das *Bündnis von Canterbury* (RTA 7 n. 224) abzuschließen, das im folgenden Jahr von allen Kurfürsten mit Ausnahme Wenzels bestätigt wurde (2. V. 1417, RTA 7 n. 228). Schon vorher hatte Sigmund dem französischen König angekündigt, daß er demnächst gemeinsam mit Heinrich von England zur Durchsetzung ihrer beiderseitigen Ansprüche die Waffen gegen ihn ergreifen werde (22. III. 1417, RTA 7 n. 227). Aber wie so oft blieb es auch diesmal bei der bloßen Kriegsdrohung, obwohl die Untätigkeit des Königs im Westen des Reiches und besonders bei Pfalzgraf Ludwig lebhafte Mißstimmung auslöste. Zudem erschwerte das englische Bündnis auch in Konstanz, wohin Sigmund nach anderthalbjähriger Abwesenheit Ende Januar 1417 endlich zurückgekehrt war, seine Stellung. Denn nun schlossen sich die Franzosen vollends der von den Kardinälen und den übrigen Romanen vertretenen Auffassung an, daß zunächst die *Wahl des neuen Papstes* erfolgen solle, während Sigmund und die Deutschen vorher die Reform durchgeführt wissen wollten, da sie nicht ohne Grund befürchteten, daß für diese von einem allgemein anerkannten und in sich gefestigten Papsttum nicht mehr viel zu erwarten sein werde. Schließlich kam durch englische Vermittlung der einmütige Beschluß zustande, daß die Wahl sogleich vorgenommen, der zu erwählende Papst aber durch Synodalbeschluß verpflichtet werden sollte, gemeinsam mit dem Konzil vor seiner Auflösung einer Anzahl bestimmter Verbesserungen durchzuführen, die sich vor allem auf die päpstliche Verwaltung erstreckten (Hardt 4, 1452). Auch veröffentlichte das Konzil nun die schon früher von ihm gefaßten *Reformbeschlüsse*, darunter vor allem das *Decretum Frequens*, das die Periodizität der Allgemeinen Kirchenversammlungen festlegte; die nächsten sollten nach fünf und dann nach sieben Jahren, die späteren in einem Abstand von zehn Jahren abgehalten werden (Hardt 4, 1432ff.). Ein weiterer Beschluß regelte die *Papstwahl*, an der für dieses Mal neben den Kardinälen je sechs Deputierte der fünf Nationen mit Stimmrecht teilnehmen sollten. Mit der

Sigmund und das Zeitalter der Konzilien

Wahl des Kardinals Otto Colonna, der sich als Papst *Martin V.* nannte (11. XI. 1417–20. II. 1431)[13], fand das Schisma seinen endgültigen Abschluß (Finke 3, 613 ff., 4, 200 ff.).

Die Haltung des neuen Papstes in der Reformfrage hat die Befürchtungen Sigmunds zum guten Teil bestätigt. Nur zögernd ließ Martin V. sich dazu bestimmen, den Wünschen des Konzils entgegenzukommen, indem er mit ihm eine Anzahl von Reformartikeln vereinbarte, die für die gesamte Kirche Geltung haben sollten, und gleichzeitig drei gesonderte *Konkordate* mit der englischen, der deutschen sowie den drei romanischen Nationen abschloß[14]. Ihr Inhalt erstreckte sich so gut wie ausschließlich auf Verwaltungsfragen und zog der Willkür, mit der die letzten Päpste das Stellenbesetzungs- und das Besteuerungsrecht gehandhabt hatten, wieder festere Grenzen. Für die deutsche Kirche war das um so bedeutsamer, weil sie nicht wie die englische und französische durch staatliche Gesetze gegen den übermäßigen Zentralismus der Kurie geschützt war. Auch in finanzieller Hinsicht erfuhr sie wenigstens eine gewisse Erleichterung. Dagegen war das eigentlich grundlegende Problem einer sittlichen Hebung des Klerus so gut wie überhaupt nicht berührt; hier kann man nur von einem vollkommenen Scheitern der Reformbewegung in Konstanz sprechen. Und schließlich blieb auch die verfassungsrechtliche *Frage der künftigen Rechtsstellung des Konzils* weitgehend ungelöst. Durch die Festlegung seiner Periodizität war es allerdings zu einem dem Papsttum, wenn auch nicht übergeordneten, so doch beigeordneten und regelmäßig wirksam werdenden Organ der Kirchenregierung geworden. Aber schon die Konstanzer Reformdekrete erschienen in der Gestalt päpstlicher, lediglich mit Zustimmung des Konzils erlassener Konstitutionen, und indem Martin V. am 10. V. 1418 ausdrücklich verbot, vom Papst an ein Konzil zu appellieren (Hardt 4, 1532)[15], gab er deutlich zu erkennen, daß er an dem Gedanken des unbedingten päpstlichen Primats in der Kirche mit aller Entschiedenheit festhielt. Am 22. IV. schloß er das Konzil.

---

[1] Quellen u. Literatur s. o. S. 51 f.; dazu DW[9] 7961 ff., insbesondere A. LENNÉ, Der erste literar. Kampf auf dem Konst. Konzil im Nov. u. Dez. 1414, RQs 28 (1914); B. KATTERBACH, Der zweite literar. Kampf usw. im Jan. u. Febr. 1415 (1919).

[2] H. FINKE, Die Nation in d. spätmal. Konzilien, HJb 57 (1937).

[3] K. ZÄHRINGER, Das Kard.kollegium auf dem Konst. K. bis zur Absetzung Joh. XXIII. (1935); K. GATZEMEIER, Stellung u. Politik der Kardinäle auf d. Konst. K. nach d. Ab-

setzung Joh. XXIII. (Diss. Münster 1937).

[4] J. HOLLNSTEINER, Kg. S. auf d. Konst. K., MIÖG 41 (1926).

[5] FINKE, Acta 3, 1 ff. u. 4, 758 ff., dazu P. M. BAUMGARTEN, HJb 47 (1927), S. 747 ff.; H. G. PETER, Die Informationen P. Joh. XXIII. u. dessen Flucht von Konst. nach Schaffhausen (1926).

[6] Vgl. H. JEDIN, Bischöfl. Konzil oder Kirchenparlament. Ein Beitrag zur Ekklesiologie der Konzile von Konst. u. Basel (1963); S. FRANZEN, Das Konzil d. Einheit. Die Dekrete Haec Sancta u. Frequens, in: Das Konzil v. Konst. (s. o. S. 51); H. RIEDLINGER, Hermeneutische Überlegungen zu den Konst. Dekreten, ebd.

[7] H. ZIMMERMANN, Die Absetzung d. Päpste auf d. Konst. K., in: Das K. v. K. (1964).

[8] W. PRINZHORN, Die Verh. S.s mit Ben. XIII. u. s. Obedienz in Perpignan (Diss. Ms. Freiburg 1926).

[9] Karl MÜLLER, HV 1 (1898); F. BARTOŠ, ZKiG 34 (1913).

[10] Urheber ist Jakob v. Mies; vgl. R. SCHREIBER, Zs. f. sudetendt. Gesch. 1

[11] R. R. BETTS, Univ. of Birmingham Hist. Journal 1 (1947); R. N. WATKINS, The Death of Jer. of Prague, Speculum 42 (1967).

[12] J. CARO, Das Bündnis von Canterbury (1880); B. BESS, Das Bündnis v. C., MIÖG 22 (1901). Zur Vorgesch.: F. SCHOENSTEDT, Kg. S. u. d. Westmächte 1414/15, WaG 14 (1954).

[13] B. FROMME, Die Wahl des P. Martin V., RQs 10 (1896); K. A. FINK, Die Wahl Martins V., in: Das Konzil v. Konst. (1964); ders., Repert. Germ. 4 (3 Bde. 1941–1958); ders., QFItA 26 (1935/1936).

[14] Die Urkunden bei B. HÜBLER, Die Konst. Reformation u. d. Konkordate von 1418 (1867), dazu DW⁹ 7969; A. MERCATI, Raccolta di concordati su materie eccles. tra la Santa Sede e le autorità civili 1 (1954), S. 144 ff. u. 157 ff.

[15] R. BÄUMLER, Das Verbot d. Konzilsappellation Martins V. in Konst., in: Das Konzil von Konstanz (1964).

Kapitel 15
Deutschland bis zu Sigmunds Romzug

Sigmunds mehrjähriger Aufenthalt in Konstanz hat ihm neben seiner Beschäftigung mit den kirchlichen Fragen auch die erste Möglichkeit geboten, den *Versuch einer Reorganisation der innerdeutschen Verhältnisse* in die Wege zu leiten. Dabei war er sich von vornherein darüber klar, daß das Königtum, wenn es seine gesunkene Autorität wieder aufrichten wolle, neuer Stützen bedürfe. Zwar hatte er wenigstens zunächst mit einer fürstlichen Opposition nicht in dem gleichen Maße zu rechnen wie seine beiden Vorgänger. Sein Verhältnis zum Kurfürstenkolleg, dessen Einfluß auf die allgemeinen Reichsangelegenheiten stark zurückgegangen war und in dem er seit 1415 an Friedrich von Brandenburg einen treuen Anhänger besaß, war im ganzen kein schlechtes. Eine latente Spannung blieb freilich immer bestehen, und auf die Dauer mußten sowohl die im Kollegium vorhandenen oligarchischen Tendenzen wie auch der territoriale Ehrgeiz der einzelnen Fürsten sich als Hindernis einer jeden Festigung der Reichsgewalt erweisen. So machte Sigmund den Versuch, die von ihm geplante Reorganisation auf die unmittelbaren Untertanen des Reiches, die *Reichsstädte und* den *Reichsadel*, zu begründen.

Unter den Städten machten sich in dieser Zeit die alten Einungsbestrebungen von neuem geltend; sie gipfelten in der Wiedererrichtung eines Schwäbischen Bundes in den Jahren 1410 bis 1417. Sigmund stand, im Gegensatz zu seinem Bruder Wenzel, diesen Bestrebungen nicht ablehnend gegenüber. Überhaupt war er den Städten freundlich gesinnt[1]; er suchte sie gegen die Willkür der Fürsten zu schützen, was ihn freilich nicht hinderte, sich ihnen gegenüber gelegentlich doch auch wieder des alten Mittels der Verpfändung zu bedienen. Schon Anfang 1415 entwickelte er den *Gedanken eines mächtigen Städtebundes* unter seiner eigenen Führung (RTA 7 n. 185 Art. 1) und trat sodann mit dem Plan eines Landfriedens hervor, der Wenzels Gedanken einer Einteilung des Reiches in vier große Verwaltungsbezirke (1383, s. Kap. 3) wieder aufnahm und der ebenso auf den Städten wie auf den Fürsten und Herren beruhen sollte (RTA 7 n. 182). Obwohl die Städte sich versagten, hielt er auch weiterhin an der Absicht fest, sie zu einem Grundpfeiler seiner Machtstellung in Deutschland zu machen, wenn er sich daneben auch noch nach einer weiteren Stütze umsah.

Denn schon in Konstanz hatte er nähere Verbindungen auch mit dem schwäbischen Adel angeknüpft, bei dem sich trotz des Verbots der Goldenen Bulle der korporative Gedanke ebenfalls wieder durchgesetzt hatte. Aus kleineren Verbänden war im ersten Jahrzehnt des 15.Jh. die *Ritterschaft und Gesellschaft mit St. Jörgenschild in Schwaben*[2] hervorgewachsen, die dann im ganzen Verlauf des Jahrhunderts eine bedeutende Rolle spielen sollte. Daß somit gerade Schwaben den fruchtbarsten Boden für den Wiederaufbau der ständischen Einungen abgab, war kein bloßer Zufall, sondern lag daran, daß hier die politische Zersplitterung und die sich daraus ergebende Rechtsunsicherheit einen besonders hohen Grad erreicht hatte, da alle Versuche, das alte schwäbische Herzogtum zu erneuern, gescheitert waren[3]. Sigmund hat, im Gegensatz zu Wenzel, derartige Pläne niemals verfolgt. Vielmehr war seine Politik darauf gerichtet, die dem Reiche in Schwaben verbliebenen Rechte durch

15. Deutschland bis zu Sigmunds Romzug

eine neue Ordnung der politischen Verhältnisse zu sichern, um auf diese Weise einen Ersatz für die ihm fehlende deutsche Hausmacht zu gewinnen. Da aber ein Hauptzweck der städtischen und ritterlichen Einungen darin bestand, die in ihrem eigenen Bereich auftretenden Schwierigkeiten auf schiedliche Weise zu bereinigen, glaubte Sigmund sich ihrer auch für die Friedenssicherung im großen bedienen zu können. Wenn es ihm gelang, mit ihrer Hilfe die alten eingewachsenen Gegensätze zwischen den beiden Ständen zu überwinden, so war der Grund für eine allgemeine schwäbische Landfriedensordnung gelegt, die dann vielleicht als Vorbild auch für die anderen Teile des Reiches würde dienen können.

Diese allen bisherigen Grundsätzen des Königstums zuwiderlaufende Politik tritt in voller Klarheit zum erstenmal auf dem Nürnberger Reichstag des Jahres 1422 zutage. Inzwischen hatte sich nämlich Sigmunds *Verhältnis zu den Kurfürsten* wesentlich gewandelt. Mit Pfalzgraf Ludwig III. hatte Sigmund sich schon gegen Ende des Konstanzer Konzils überworfen; einige Zeit später führte das Bündnis, das Friedrich von Brandenburg 1421 im Interesse seiner weitgreifenden nordostdeutschen Hausmachtpolitik mit Polen abschloß, zu einem Bruch zwischen ihm und dem König. Und da Sigmund seit dem Tode Wenzels (16. VIII. 1419) in wachsendem Maße durch den fruchtlosen Kampf um sein böhmisches Erbreich in Anspruch genommen wurde, begann sich das Schwergewicht wieder nach der kurfürstlichen Seite hin zu verschieben. So griff Sigmund nun auf den Plan eines großen Städtebundes zurück und gestand gleichzeitig der *gesamten deutschen Ritterschaft* in einem *Privileg* vom 13. IX. 1422 (RTA 8 n. 181) das Recht zu, sich korporativ zusammenzuschließen und in ihre Bünde auch Städte aufzunehmen. Dieses Privileg hat die Einungsbestrebungen der Ritterschaft auf die Dauer nachhaltig gefördert; allein da die Städte auf Sigmunds Vorschläge auch jetzt nicht eingingen, behielten die Kurfürsten schließlich doch die Oberhand. Die *Spannung mit Friedrich von Brandenburg* verstärkte sich, als Sigmund dessen dynastische Hoffnungen auf den Erwerb des durch das Aussterben der Askanier erledigten *Herzogtums Sachsen* enttäuschte und das Kurland an Markgraf Friedrich den Streitbaren von Meißen verlieh (6. I. 1423)[4]. Damit war der Grund für einen neuen *Aufstieg des Wettinischen Hauses* gelegt, das von nun an der Mark Brandenburg in Ostdeutschland als konkurrierende Macht an die Seite trat. Zunächst freilich recht-

77

Sigmund und das Zeitalter der Konzilien

fertigte der Wettiner nicht das von Sigmund in ihn gesetzte Vertrauen, und so schlossen sich kurz danach sämtliche sechs Kurfürsten im *Binger Kurverein* gegen den König zusammen. Der Bundesbrief vom 17. I. 1424 (RTA 8 n. 294, MIÖG 13, 1892, 410ff.) begründete die Einung in erster Linie mit der von den böhmischen Ketzern drohenden Gefahr, richtete sich aber zugleich auch gegen den König und nahm zum mindesten ein kurfürstliches Mitregierungsrecht deutlich in Anspruch[5]; indem er eine Reihe von Artikeln des Bopparder Vertrags von 1399, der die Grundlage der Absetzung Wenzels gebildet hatte, wörtlich wiederholte, enthielt er zudem eine für Sigmund nicht zu überhörende Warnung. Tatsächlich hat der Gedanke eines Thronwechsels in diesen Jahren eine gewisse Rolle gespielt (RTA 8 n. 360 Art. 10). Aber die gleiche Stoßkraft wie im Jahre 1400 vermochte das Kurkolleg nicht mehr zu entfalten, zumal in seinem eigenen Schoße Zwistigkeiten ausbrachen. Sigmund gelang es, zuerst Friedrich von Meißen zu sich herüberzuziehen, und auch Friedrich von Brandenburg, dessen polnische Hoffnungen durch die unerwartete Geburt eines Thronfolgers zerstört worden waren, versöhnte sich wieder mit dem König. Zwar wurde der Binger Kurverein, wohl im April/Mai 1427, noch einmal erneuert (RTA 8 n. 295)[6], aber die gemäßigtere Form, die man jetzt wählte, läßt erkennen, daß er eine Gefahr für Sigmund nicht mehr bedeutete.

Auf der andern Seite führten aber auch die auf Sigmunds Anregung noch einmal wieder aufgenommenen *Verhandlungen zwischen dem Schwäbischen Städtebund[7] und dem Jörgenschild*, die sich von 1426 bis 1434 hinzogen, zu keinem Erfolg. Dabei lag die Schuld ohne Zweifel vornehmlich an den Städten, deren schwerfällige Verhandlungstechnik mit dem ewigen »Hintersichbringen« der Bevollmächtigten nur der Ausdruck ihrer mangelnden Fähigkeit war, den Blick über den engen Umkreis der Eigeninteressen auf das große Ganze zu erheben. Dazu kam, daß die sozialen Prinzipien, auf denen ihr Dasein beruhte, in einem inneren Widerspruch standen zu dem feudalen Charakter, der für das Reich immer bestimmend blieb. Dagegen erwies sich der ritterliche Adel den königlichen Plänen gegenüber als viel aufgeschlossener. Ein von Sigmund am 25. III. 1431 auf einem Reichstag zu Nürnberg erlassenes *Gesetz zum Schutze des Reichsadels* (RTA 9 n. 429), das durch eine Neuregelung der Ausbürgerfrage den Besitzstand des Adels zu sichern suchte und alle Einungen von Städten, Bauern und Armen Leuten gegen die Herren untersagte, blieb daher das einzige praktische Ergebnis dieser ganzen Bemühungen. Der Versuch aber, auf dem mit den schwäbischen Einungsverhandlungen beschrittenen neuen Wege zur Aufrichtung eines Friedens zu gelangen, war gescheitert[8]. Indessen hatte Sigmund schon seit 1420 damit begonnen, in größere Fehden und Kriege selbst einzugreifen, durch königliches Gebot Waffenruhe herbeizuführen und sich um die Beilegung und Schlichtung der Streitigkeiten zu bemühen. Und nun erließ er auf dem gleichen Nürnberger Reichstag ein Reichsfriedensgesetz (RTA 9 n. 411), das alle Fehden, schon bestehende oder neue, zunächst für anderthalb Jahre verbot. Geschah das auch mit Rat und Zustimmung der Stände, so darf man in allen diesen Maßnahmen doch wenigstens Ansätze zu einer neuen unmittelbaren Geltendmachung der königlichen Friedenshoheit und Friedensgewalt erblicken[9].

[1] H. Finke, Kg. S.s reichsstädtische Politik 1410–1418 (Diss. Tübingen 1880); O. Heuer, Städtebundsbestrebungen unter Kg. S., Teil 1 (Diss. Berlin 1887).

[2] H. Mau, Die Rittergesellschaften mit St. Jörgenschild in Schwaben 1 (1941), sehr aufschlußreich für die ges. innere Politik Sigm.; H. Obenaus, Recht u. Verfassung d. Ges. mit St. Jörgenschild in Schwaben (1961).

[3] Vgl. K. S. Bader, Zs. f. Württ. Landesgesch. 3 (1939).

[4] Riedel, Cod. dipl. Brandenb. 2, 3, 437 ff.; E. Hinze, Der Übergang der sächs. Kur auf die Wettiner (Diss. Halle 1906); I. v. Broesicke, Friedrich d. Streitbare (Diss. Berlin 1938); ferner auch J. Leuschner, in: Festschr. K. G. Hugelmann (1959), über den anschlie-

ßenden Streit mit der Lauenburger Linie.

[5] Vgl. darüber, auch für die Folgezeit, H. Angermeier, HZ 192, S. 554 ff.

[6] Diese von Th. Lindner, MIÖG 13 (1892), gegebene Erklärung für die unterschiedliche Fassung der beiden das gleiche Datum tragenden Aktenstücke hat sich allgemein durchgesetzt; s. DW[9] 8343.

[7] Über s. Entwicklung in dieser u. d. folgenden Zeit s. H. Blezinger, Der Schwäb. Städtebund in d. J. 1438–1445 (1954).

[8] Vgl. G. Tumbült, Schwäb. Einigungsbestrebungen unter Kg. S. 1426 bis 1432, MIÖG 10 (1889).

[9] Vgl. H. Angermeier (s. o. Kap. 3, Anm. 4), S. 343 ff.

Kapitel 16
Der Kampf um Böhmen

In all diesen Jahren der Bemühungen um eine Neugestaltung der innerdeutschen Verhältnisse ist Sigmund immer nur vorübergehend zu kurzen und manchmal auch etwas längeren Aufenthalten nach Deutschland gekommen. Was ihn in erster Linie in Anspruch nahm und oft jahrelang fernhielt, waren die

Sigmund und das Zeitalter der Konzilien

Angelegenheiten seiner Erbländer Ungarn und Böhmen. Durch seine ungarischen Interessen wurde er in Kämpfe mit Polen und auf dem Balkan verwickelt; schon während des Konzils war die türkische Gefahr neu aufgelebt, da die Osmanen unter Sultan Mohammed I. (1413–1421) ihre frühere Expansionspolitik wieder aufnahmen. Das alles aber wurde bei weitem überschattet durch die gewaltige Bewegung, die der *Tod von Hus* in Böhmen auslöste.

Denn so umstritten seine Stellung dort auch vor dem Konzil gewesen war, durch seinen Märtyrertod wurde er zum Nationalheros der Tschechen. Seinen Tod an dem »Mörder« Sigmund zu rächen, seinen Ideen zum Durchbruch zu verhelfen, erschien von nun an als eine nationale Ehrenpflicht. In der Tat kommt Hus in der allgemeinen Geschichte der tschechischen Nation eine bedeutende Stellung zu. Durch seine Schriften mit ihrer neuen, vereinfachten Orthographie und ihrem von fremden Elementen gereinigten, der lebendigen Volkssprache angenäherten Stil hat er die Entwicklung der tschechischen Literatur stark beeinflußt; vor allem auf dem religiösen Gebiet haben die von ihm ausgehenden Anregungen in der Folge ein reiches und blühendes Schrifttum erwachsen lassen. Wichtiger aber ist, daß das Bild seiner Persönlichkeit und die seine wahre Bedeutung bald noch überhöhende Legende für die Tschechen zum *Quell eines neuen nationalen Selbstbewußtseins* wurden. An dieser Stelle lag der Ursprung der ungeheuren Energien, die das Hussitentum in den folgenden Kämpfen entfalten sollte[1].

Unmittelbar nach seinem Tode schloß sich der tschechische Adel zu einem *Hussitenbunde* zusammen, dem auch die Stadt Prag beitrat; zugleich ergriff die Bewegung die breiteren Schichten der Bevölkerung, in denen Hus von jeher einen starken Anhang gehabt hatte. Eine einheitliche Parole, die sie von den Katholiken unterschied und die in ihren eigenen Reihen bestehenden Meinungsverschiedenheiten überbrückte, fanden die Hussiten in dem – ursprünglich gar nicht auf Hus zurückgehenden – *Gedanken des Laienkelches*, also des Abendmahlgenusses auch für die Laien in beiderlei Gestalt. Diese Forderung erfaßte binnen kurzem das ganze Land und wurde auch von der Universität gebilligt. Zugleich verschärfte sich die Feindschaft gegen die Katholiken immer mehr, so daß sich Wenzel, der lange gezaudert hatte, schließlich zu Gegenmaßregeln gezwungen sah. Die Folge war als erster Ausbruch der angesammelten Erregung ein blutiger Aufruhr in der Prager

16. Der Kampf um Böhmen

Neustadt am 30. VII. 1419 und bald danach ein Sturm auf die Kirchen, die geplündert und zum Teil niedergebrannt wurden. In besonderem Maße richtete sich dabei die Wut der Hussiten gegen die Deutschen, die zum größten Teil aus der Stadt vertrieben wurden; damals hat das deutsche Element in Prag seine entscheidende Schwächung erfahren. Dann dehnte die immer radikaler werdende Bewegung mit all ihren gewaltsamen Erscheinungen, der Plünderung und Zerstörung von Kirchen und Klöstern, der Ermordung zahlreicher Kleriker, Mönche und Nonnen, sich über das ganze Land aus. Und da die Katholiken, wo sie die Oberhand besaßen, nicht weniger gewaltsam gegen die Hussiten vorgingen, wurde ganz Böhmen zum Schauplatz erbitterter Kämpfe.

Durch den Tod von Wenzel, der am 16. VIII. 1419 den Aufregungen der Prager Revolutionstage erlegen war, sah sich Sigmund als sein Erbe vor die schwerwiegende Aufgabe gestellt, die katholische Ordnung wiederaufzurichten und für Ruhe und Sicherheit im Lande zu sorgen. Die Preisgabe Böhmens hätte für ihn den Verlust der letzten Machtposition bedeutet, über die sein Haus im Reiche verfügte. Aber er konnte auch nicht daran denken, den Ketzern entgegenzukommen, da jeder Zweifel an seiner Rechtgläubigkeit ihm die Kirche entfremdet und seine Kaiserkrönung in Frage gestellt hätte. So beschritt er den Weg der Gewalt, wie ihn auch Papst Martin V. sogleich festgelegt hatte, indem er am 1. III. 1420 zum *Kreuzzug gegen die Hussiten* aufrief. Obwohl diesem Aufruf neben den Anhängern Sigmunds in Böhmen auch ein großer Teil der Fürsten und Stände Deutschlands folgte, hatte der Feldzug des Sommers 1420 nur den Erfolg, daß Sigmund am 28. VII. im Veitsdom auf dem Hradschin seine Krönung zum König von Böhmen durch den Prager Erzbischof vollziehen lassen konnte. Dagegen konnte er die Stadt nicht einnehmen und erlitt, da das Kreuzheer sich schnell wieder auflöste, am 1. XI. 1420 eine schwere Niederlage am Wyschehrad, der im Januar 1421 zwei weitere bei Habern (unweit Kuttenberg) und Deutschbrod folgten. Damit war Böhmen für ihn verloren; am 7. VII. 1421 wurde er auf einem allgemeinen Landtag in Tschaslau für abgesetzt erklärt. Statt seiner boten die Hussiten die Krone nacheinander Wladislaw von Polen und Witold von Litauen an, und der letztere, der dem Plane nicht ganz abgeneigt war, entsandte 1422 seinen Neffen Sigmund Korybut mit litauischen und polnischen Truppen als Statthalter nach Böhmen. So zog die *Gefahr*

Sigmund und das Zeitalter der Konzilien

einer polnisch-tschechischen Verbindung herauf, der Sigmund jedoch dadurch zu begegnen wußte, daß er sich am 30. III. 1423 zu Käsmark mit Wladislaw verständigte. Auch behauptete er sich wenigstens in Schlesien und der Lausitz, den Nebenländern der böhmischen Krone. Dagegen gab es in Böhmen selbst bis zum Jahre 1436 keinen anerkannten Herrscher.

Inzwischen waren *unter den Hussiten* die von Anfang an bestehenden *Gegensätze* schärfer hervorgetreten. Ihren Grund hatten sie in der Vielfalt der religiösen, politischen und sozialen Motive, die im Mit- und Gegeneinander Wesen und Ablauf der Bewegung bestimmten. Gemeinsam war den meisten Gruppen ein hochgesteigertes tschechisches Nationalbewußtsein, das sich nicht selten in einem fanatischen Haß gegen alles Deutsche entlud. Sigmunds Absetzung war, neben seiner Haltung in der Glaubensfrage, ausdrücklich mit dem Vorwurf einer angeblichen grundsätzlichen Feindschaft gegen die »tschechische Zunge« begründet worden. Dagegen bestanden in religiöser Hinsicht starke Meinungsverschiedenheiten, und sie zu überbrücken, war die ursprüngliche Absicht der sogenannten *Vier Prager Artikel* vom Sommer 1420, in denen die Grundforderungen der Hussiten formuliert waren[2]: freie Predigt des göttlichen Wortes auch ohne kirchlichen Auftrag, Abendmahlsgenuß in beiderlei Gestalt für alle Gläubigen, Verzicht der Geistlichen auf irdisches Gut und weltliche Herrschaft, Einschreiten der dazu berufenen Obrigkeiten gegen Todsünden, wobei vor allem an Simonie, daneben auch an materielle Genußsucht und übermäßigen Luxus gedacht war. Aber obwohl sie auf dem Tschaslauer Landtag allgemein angenommen wurden, verfehlten die Vier Artikel als Einigungsformel ihren Zweck und entwickelten sich mit der Zeit lediglich zum Programm des gemäßigten Flügels der *Utraquisten oder Calixtiner*, die sich aus dem tschechischen Adel sowie der Bürgerschaft von Prag und andern Städten rekrutierten. Demgegenüber gingen die *Taboriten*, wie sich die radikale, vor allem in den unteren Schichten des Landvolkes und im niederen Klerus wurzelnde Gruppe nach der von ihr bei dem Städtchen Austi (südl. Prag) gegründeten Stadt und Festung Tabor nannte, immer mehr ihre eigenen Wege. Bedeuteten die utraquistischen Forderungen noch keineswegs einen grundsätzlichen Bruch mit der bestehenden Kirche, so lehnten die Taboriten, bei denen sich anscheinend ältere waldensische Einflüsse geltend machten, alle dem reinen Schriftprinzip widersprechenden kirchlichen Einrichtungen, wie Ablaß, Heiligen- und Reliquienkult, die gesamte Hierarchie und das Ordenswesen uneingeschränkt ab. Damit verbanden sich neben sozialrevolutionären Tendenzen zeitweise auch *mystisch-eschatologische Vorstellungen* von einer baldigen Wiederkunft Christi und dem Herannahen seines tausendjährigen Reiches, dem es den Weg zu bereiten gelte mit friedlichen Mitteln, aber wenn notwendig auch mit gewaltsamer Niederwerfung und Vernichtung aller entgegenstehenden Kräfte. So gewann das Hussitentum hier seine eigentliche gewaltige Dynamik, zumal die Stoßkraft der Taboriten noch verstärkt wurde durch eine *neue militärische Taktik*, die ihr Führer Johann Žižka von Tratzenau[3] entwickelte und die vor allem auf der Anlage von Feldbefestigungen und Wagenburgen und der erstmaligen Verwendung der damals aufkommenden Feuerwaffen in der offenen Feldschlacht beruhte. So blieben nicht nur die verschiedenen im Zeichen des Kreuzes unternommenen Reichsheerfahrten nach Böhmen ohne Erfolg, sondern seit 1426 gingen die *Taboriten*, da das von der erbarmungslosen Kriegführung der Zeit verwüstete Land sie nicht mehr zu ernähren vermochte, selber zur *Offensive* über, die zugleich einer missionarischen Ausbreitung ihrer Ideen dienen sollte. Österreich und Bayern, Franken und Sachsen, Schlesien und Brandenburg wurden in entsetzlicher Weise von ihnen heimgesucht; im Jahre 1433 drangen sie sogar durch Pommerellen bis zur Ostsee vor[4].

In all diesen Kämpfen trat die vollkommene *Unzulänglichkeit der Wehrorganisation des Reiches* so deutlich zutage, daß wenigstens einige Ansätze zu ihrer Umgestaltung unternommen wurden[5], die freilich eine durchgreifende Besserung nicht herbeizuführen vermochten. Bei den ersten Feldzügen der Jahre 1420 und 1421 war es den Fürsten wie den Städten der bisherigen Übung entsprechend noch selbst überlassen geblieben, die Stärke ihrer Kontingente zu bestimmen. Dagegen wurden nun, im Jahre 1422, ein zeitlich befristetes Teilaufgebot für ein besonderes Unternehmen, den Entsatz der Feste Karlstein (RTA 8 n. 148), sowie gleichzeitig für den sogenannten »täglichen Krieg« ein allgemeines, sich auf das ganze Reich erstreckendes Aufgebot für ein Jahr (RTA 8 n. 145) beschlossen, in denen die militärischen Leistungen der einzelnen Reichsstände festgelegt waren; nur wurde das letztere sogleich wieder durchbrochen, da Sigmund einem Teil der Veranschlagten gestattete, ihre Verpflichtungen durch Zahlung einer Abgabe abzugelten, wie

Sigmund und das Zeitalter der Konzilien

sie auch von den im Aufgebot nicht genannten Ständen entrichtet werden sollte. Im Jahre 1426 versuchte man dann noch einmal, die Anschläge verbessern zu lassen (RTA 8 n. 392ff.), jedoch war der Erfolg wiederum so gering, daß man sich entschließen mußte, zur Aufstellung eines reinen Söldnerheeres überzugehen. Zu diesem Zweck wurde Ende 1427 ein Reichskriegssteuergesetz erlassen (RTA 9 n. 71ff.), das aber nur für den Hussitenkrieg Geltung haben sollte. Für die Erhebung dieses »gemeinen Pfennigs« waren sehr verwickelte, zum Teil etwas unklare Bestimmungen ausgearbeitet worden, und zudem erwiesen sich die mit dieser Aufgabe betrauten Exekutivorgane als viel zu schwach, um den Widerstand der zahlungsunwilligen Steuerpflichtigen zu überwinden. So hielten sich die tatsächlichen Erträgnisse auch jetzt in sehr engen Grenzen.

Unter solchen Umständen mußte die Erkenntnis heranreifen, daß die *Hussiten mit Waffengewalt nicht zu überwinden* seien. Daher näherte sich Sigmund allmählich dem offenbar zuerst von Friedrich von Brandenburg vertretenen Gedanken, *Verhandlungen* mit ihnen aufzunehmen, bei denen freilich auch die religiösen Streitfragen nicht unberührt bleiben konnten. Da aber Papst Martin V. solchen Plänen entschieden ablehnend gegenüberstand, ergab sich für Sigmund eine ähnliche Situation wie vor Konstanz. Nur das neue Generalkonzil, das im Frühjahr 1431 in Basel zusammentreten sollte, konnte die Verantwortung eines Entgegenkommens den Ketzern gegenüber auf sich nehmen, und wieder bedurfte Sigmund, wenn er das Konzil in seinem Sinne beeinflussen wollte, einer erneuten Steigerung seiner Autorität, wie sie ihm nur die Kaiserkrönung verleihen konnte. Aber erst eine weitere Katastrophe vollendete den Umschwung. Als ein letztes Kreuzheer, geführt von dem Kardinallegaten Julian Cesarini[6], den Martin gleichzeitig zum Konzilspräsidenten ernannt hatte, bei Taus (14. VIII. 1431) schmählich vor den Hussiten davonlief, war der Weg für die neue Politik endlich frei.

---

[1] Geschichtsschreiber der Hussit. Bewegung in Böhmen, hg. v. C. Höfler, 3 Teile, FRA 1. Abt. B. 2, 6, 7 (1856, 65/66); Fr. Palacky, Urkundliche Beiträge zur Gesch. des Hussitenkrieges v. J. 1419 an (2 Bde. 1873); dazu DW[9] 7816; F. v. Bezold, Zur Gesch. d. Hussitentums (1874); ders., Kg. Sigmund u. d. Reichskriege gegen d. Huss. (3 Abt.

1872/77). Vgl. ferner die guten Literaturübersichten bei R. R. Betts, Correnti religiosi ed ereticali dalla fine del sec. XIV alla metà del XV, in: Relazioni del X. Congr. Intern. di Scienze Stor. 3 (1955), sowie bei F. Seibt, Hussitica (s. u.), u. für die tschechische Literatur: ders., Zs. f. Ostforschung 7 (1958). Eine Revision mancher bisheriger Anschauungen erstrebt F. Seibt, Die Hussitenzeit als Kulturepoche, HZ 195 (1962); ders., Hussitica (1965); ders., Geistige Reformbewegungen z. Z. des Konst. Konzils, in: Die Welt z. Z. des Konst. Konzils (s. o. S. 51), u. zuletzt die eingehende Darstellung im Hdb. der Gesch. der böhm. Länder 1 (1967); H. Kaminsky, A History of the Hussite Revolution (1967), bes. f. d. Frühzeit bis 1419; ferner noch J. Keřr, Zur Entstehungsgesch. des Hussitentums, in: Die Welt z. Z. des Konst. Konzils, sowie aus marxistischer Sicht: J. Macek, Die huss. revolutionäre Bewegung (dt. v. G. Jarosch, 1958).

[2] M. Uhlirz, Die Genesis der 4 Prager Artikel, Abh. Ak. Wien 175 (1916).

[3] F. G. Heymann, John Žižka and the Hussite Revolution (1955).

[4] Lit. über die einzelnen Landschaften bei F. Seibt im Hdb. der Gesch. d. böhm. Länder 1, S. 528, Anm. 23; ebd. S. 529, Anm. 33, über die Verbreitung der huss. Ideen in Deutschland.

[5] A. Werminghoff, Die dt. Reichskriegssteuergesetze von 1422–1427 u. d. dt. Kirche (1916); H. Herre, Das Reichskriegssteuergesetz v. J. 1422, HV 19 (1920), dazu Werminghoff, HZ 121 (1920).

[6] H. Fechner, Giul. Cesarini bis zu s. Ankunft in Basel (Diss. Marburg 1908); P. Becker, Giul. Cesarini (Diss. Münster 1935).

Kapitel 17
Romzug Sigmunds und Ende der Hussitenkriege

Trotz aller Kämpfe um Ungarn und Böhmen hatte Sigmund die italienischen Fragen nie ganz aus dem Auge verloren. Vielmehr hielt er sowohl an seinen Ansprüchen auf Dalmatien wie auch an dem Gedanken einer Wiederherstellung der *Reichsherrschaft in Italien* mit aller Zähigkeit fest. Als seinen Hauptfeind betrachtete er nach wie vor Venedig, das er zunächst wenigstens mit wirtschaftlichen Waffen zu bekämpfen suchte. So hatte er schon 1412 für die hansischen Städte ein *Verbot des Handels mit der Adria-Republik* erlassen und dehnte dieses 1418 auch auf die oberdeutschen Städte aus. Statt dessen sollte ihr Verkehr mit dem Süden über Genua geleitet werden, dem für den deutschen Handel auch im Nahen Osten die Vermittlerrolle zugedacht war. Um den venezianischen Zwischenhandel auszuschalten, sollten die unentbehrlichen Ostwaren von Kaffa (Feodosia) auf der Krim, dem bedeutendsten Stützpunkt der Genuesen im Nahen Osten, wo alte Handelswege aus Indien, Persien und China einmündeten, und dem ebenfalls genuesischen Pera aus über das Schwarze Meer die Donau aufwärts nach Deutschland gebracht werden. Aber der Durchführung dieses kühnen Planes standen doch zu große sachliche Schwierigkeiten im Wege, und ebenso war mit der durch mancherlei Ausnahmebewilligungen

Sigmund und das Zeitalter der Konzilien

durchbrochenen und schließlich stillschweigend fallengelassenen Handelssperre gegen Venedig kein nachhaltiger Erfolg zu erreichen[1]. Aber auch ein Versuch, im *Bund mit Filippo Maria Visconti*[2], mit dem Sigmund schon 1413 Verbindungen angeknüpft hatte[3] und dem er schließlich sogar entgegen seiner Wahlkapitulation und hinter dem Rücken der Kurfürsten (RTA 10 n. 4 u. 25) die seinem Vater von Wenzel verliehene Herzogswürde bestätigte, den Kampf gegen die Adria-Republik aufzunehmen, scheiterte vollkommen, da der König die nötigen Truppen nicht aufbringen konnte und der Mailänder, von einer venezianisch-florentinischen Liga in die Zange genommen, einen demütigen Frieden abschließen mußte. So sah sich Sigmund gezwungen, auf alle kriegerischen Absichten zu verzichten, blieb aber, da es ihm gänzlich an finanziellen und militärischen Machtmitteln mangelte, auch für einen *friedlichen Romzug* auf die Hilfe des Visconti angewiesen, die sich bald als unsicher genug erweisen sollte. Zwar wurde am 25. XI. 1431 in Mailand Sigmunds Krönung mit der Krone der Lombardei vollzogen (RTA 10 n. 116/7), aber an die geplante Revindikation des Reichsbesitzes war in keiner Weise zu denken. Zudem trat jetzt der *Streit des neugewählten Papstes Eugen IV. mit dem Baseler Konzil* ganz in den Vordergrund[4]. Da Sigmund das Konzil unter keinen Umständen preisgeben wollte, überwarf er sich mit dem Papst, und während eines dreivierteljährigen erzwungenen Aufenthaltes in Siena (Juli 1432 bis Mai 1433) konnte es scheinen, als werde sein Romzug ein noch kläglicheres Ende nehmen als der Ruprechts. Gerüchte sprachen davon, daß Eugen den König mit Hilfe Venedigs absetzen wolle. Jedoch behielten die Zähigkeit und das diplomatische Geschick Sigmunds, der dabei auch von Frankreich und England unterstützt wurde, schließlich die Oberhand[5]. Eugen IV. mußte seinem Wunsche entsprechend sich zu einem wenigstens teilweisen Entgegenkommen gegenüber dem Konzil entschließen. Daraufhin konnte, nachdem sich Sigmund in dem herkömmlichen Krönungseid zum Schutze des Papstes verpflichtet hatte (RTA 10 n. 450 u. 494), am 31. V. 1433 die *Kaiserkrönung* stattfinden; seit zwei Jahrhunderten war es die erste, die ein Papst in eigener Person vornahm (RTA 10 n. 491 ff.). Zugleich war damit die Voraussetzung für einen grundlegenden Umschwung in den italienischen Verhältnissen gegeben. Denn Eugen IV., von Abkunft ein Venezianer, vermittelte nun zwischen seiner Vaterstadt und Sigmund, so daß diese im August 1435 ein

17. Romzug Sigmunds und Ende der Hussitenkriege

Bündnis (RTA 11 n. 316) abschlossen, in dem sich Venedig zur Zahlung eines Lehnszinses für die besetzten italienischen Reichsgebiete verstand; Dalmatien verblieb im Besitz der Republik, wenn auch die Rechtsfrage offengelassen wurde. Die Spitze des Abkommens aber richtete sich gegen Mailand, das damit in die Rolle des eigentlichen Reichsfeindes einrückte[6].

Dank dieser neuen Festigung seiner Autorität gelang Sigmund nun wirklich auch die *Lösung der böhmischen Frage*. Seit dem Frühjahr 1432 waren die Verhandlungen des Konzils mit den Hussiten in Gang gekommen, schritten aber nur langsam fort. Sigmund suchte sie aus der Ferne zu fördern und wirkte, seitdem er Anfang Oktober aus Italien zurückkehrend in Basel eingetroffen war, auch persönlich im Sinne der Verständigung auf sie ein. So wurde am 30. XI. 1433 durch den Abschluß der sogenannten *Prager Kompaktaten* (Mansi 31, 273) ein erstes Ergebnis erzielt. Sie stellten eine Fortbildung der Vier Prager Artikel von 1420 dar, die jedoch ihrer revolutionären Tendenzen weitgehend entkleidet waren; auch das einzige größere Zugeständnis, die Anerkennung des Laienkelches, bedeutete strenggenommen keine Abweichung vom Dogma, da die Kirche ihn in Ausnahmefällen selbst gewährte. Im ganzen genommen hatte also der katholische Standpunkt sich weitgehend durchgesetzt. Eben deshalb lehnten die Taboriten das Übereinkommen ab, doch wurden sie von den Calixtinern und Katholiken, die sich nun gegen sie zusammenschlossen, bei Lipan (ö. Prag, 30. V. 1434) vernichtend geschlagen. Aber erst als Sigmund sich zu der ausdrücklichen Zusicherung verstand, daß der utraquistische Brauch für ganz Böhmen als Regel gelten solle, mit Ausnahme allein von Orten, wo sich der katholische Ritus erhalten hatte, brachten die am 5. VII. 1436 zwischen dem Kaiser, den Baseler Gesandten und den Vertretern des Königreichs Böhmen abgeschlossenen *Iglauer Kompaktaten* das Friedenswerk endlich zum Abschluß. Wenige Wochen später konnte Sigmund als anerkannter böhmischer König in Prag einziehen.

Für die deutsche Geschichte besteht das Ergebnis der Hussitenkriege vor allem in den *schweren Einbußen*, die das *deutsche Volkstum* durch sie erlitt. Vor allem im Inneren Böhmens, wo es bis dahin in vielen Städten das führende Element gebildet hatte, ist es so gut wie völlig vernichtet worden, so daß sich hier nun der geschlossene tschechische Kern herausbildete, auf dem von da an die Kraft der Nation vornehmlich beruhte[7]. Zugleich hatte das *nationale Selbstbewußtsein der Tschechen* einen

87

Sigmund und das Zeitalter der Konzilien

mächtigen Auftrieb erhalten; im amtlichen Gebrauch trat das
Tschechische jetzt an die Stelle des Lateinischen. Dieses Selbstbewußtsein aber trug nach wie vor eine ausgesprochen religiöse
Färbung; und eben in dieser Hinsicht sollte sich das Land auch
weiterhin als ein Herd besonderer Unruhe erweisen.

[1] A. SCHULTE, Gesch. d. mal. Handels u. Verkehrs 1 (1900), S. 513 ff.; H.
HEIMPEL, VSWG 23 (1930).
[2] E. KAGELMACHER, Fil. M. Visconti
u. Kg. S. (1886). Über Verhandlungen
mit Aragon: K. A. FINK, DA 2 (1938).
[3] Vgl. K. SCHELLHASS, DZG 7 (1892).
[4] Vgl. Kap. 18 u. 21.
[5] A. GOTTSCHALK, Kg. S. als Vermittler zw. Papst u. Konzil 1431 (Diss.
Erlangen 1911).

[6] B. SPORS, Kg. S. u. Venedig (Diss.
Kiel 1905).
[7] Geringer eingeschätzt werden die
dt. Verluste von E. SCHWARZ, Die Volks-
tumsverhältnisse in d. Städten Böhmens
u. Mährens vor den Hussitenkriegen, Bohemia. Jb. d. Collegium Carolinum 2
(1961), der darauf hinweist, daß das
Deutschtum schon vorher im Rückgang
begriffen gewesen sei.

Kapitel 18
Die ersten Jahre des Baseler Konzils

Trotz der drängenden Hussitengefahr und des lebhaft empfundenen Bedürfnisses nach einer Fortführung der kirchlichen
Reform stand im Mittelpunkt der Verhandlungen des Baseler
Konzils[1] entscheidend doch ein anderes Problem, die *Frage der
Gewaltenteilung innerhalb der Kirche*. Da Konstanz in dieser Hinsicht keine klare Lösung gebracht hatte, rissen die Ausein-
andersetzungen über das Thema die ganze folgende Zeit hindurch nicht ab. Martin V. hatte durch eine rasche und energische Reorganisation der kurialen Behörden sowie durch eine
erfolgreiche Restauration der päpstlichen Herrschaft im Kirchenstaat, dessen finanzielle Erträgnisse die durch die Einschränkung des päpstlichen Stellenbesetzungsrechts entstehenden Ausfälle zum guten Teil ersetzten, dem Papsttum wieder
die führende Stellung in der Kirche gesichert und war nicht
gewillt, den konziliaren Strömungen freien Lauf zu lassen[2].
Zwar berief er, den Bestimmungen des Decretum Frequens
entsprechend (s. Kap. 14), die für das Jahr 1423 fällige Synode
nach Pavia und Siena[3], löste sie aber sogleich wieder auf, als sie
das Superioritätsdekret von 1415 zu erneuern versuchte. Demgegenüber überwog in der allgemeinen Anschauung noch bei
weitem die *konziliaristische Richtung*, und sie bestimmte auch

88

18. Die ersten Jahre des Baseler Konzils

gänzlich das Gesicht der Baseler Synode, zu deren Berufung sich Martin V. nur widerstrebend unter dem Druck der öffentlichen Meinung bereitfand (1. II. 1431). Hier in Basel hat die konziliare Theorie auch ihren bedeutendsten Ausdruck gefunden in der Schrift des *Nikolaus Cusanus* ›*De concordantia catholica*‹[4]. Geboren 1401 als Sohn eines Fischers in Kues an der Mosel, hatte Nikolaus[5] seine Jugendausbildung in einer Niederlassung der Brüder des gemeinsamen Lebens in Deventer erhalten, dann in Italien bei seinen Studien humanistische Gedankengänge in sich aufgenommen und in Deutschland als Doctor decretorum seine geistliche Laufbahn begonnen; 1432 erschien er in Basel, wo er dem Legaten Cesarini nahestand und dem Konzil im folgenden Jahr seine Schrift vorlegte. Seine Anschauungen, die stark von Aristoteles beeinflußt sind, wurzeln in der naturrechtlichen Vorstellung, daß alle Gewalt jedenfalls ihrer Möglichkeit nach vom Volke ausgeht. Was alle berührt, muß von allen gebilligt werden, wer allen vorsteht, muß von allen zumindest stillschweigend gewählt sein. Dies gilt für den geistlichen ebenso wie für den weltlichen Bereich. Das Generalkonzil, das seine Autorität unmittelbar von Christus ableitet, repräsentiert die Kirche und hat deshalb höhere Machtbefugnis und größere Gewalt als der Papst, der es nicht aufheben oder verlegen kann. Auch er ist an die vom Konzil erlassenen Kirchengesetze gebunden; es kann ihn absetzen, falls er vom Glauben abweicht, aber auch wenn er die Pflichten seines Amtes vernachlässigt. Diese Gedanken münden jedoch bei Nikolaus keineswegs ein in das Prinzip der Volkssouveränität, sondern verbinden sich in eigentümlicher Weise mit der Vorstellung, daß alle geordnete Gewalt, so sehr sie die Zustimmung der Untergeordneten erfordert, doch von oben stammt, der von dort aus sich geltend machenden Einwirkung und Formung bedarf. Geistliche Macht und Rechtsgewalt des Papstes beruhen auf göttlicher Einsetzung, und dem entspricht wieder die besondere Stellung, die ihm auch auf dem Konzil eingeräumt ist, da er die Seele ist, das Konzil selber aber nur der Leib. Alle Festsetzungen des Konzils, die allgemeine Gültigkeit beanspruchen, zumal wenn sie Fragen des Glaubens betreffen, erlangen daher ihre Rechtskraft erst durch die Zustimmung und Bestätigung des apostolischen Stuhls.

Schloß schon dieser gemäßigte, auf den Ton des Kompromisses gestimmte Konziliarismus Reibungen mit dem seiner selbst wieder stärker bewußt gewordenen Papsttum nicht aus,

Sigmund und das Zeitalter der Konzilien

so war bei den sonst auf dem Konzil vorherrschenden viel radikaleren Anschauungen ein *offener Konflikt* unvermeidlich. So löste der Nachfolger Martins V., *Papst Eugen IV.* (3. III. 1431 bis 23. II. 1447)[6], bei allen persönlichen Vorzügen ein kurzsichtiger Vertreter des extremen kurialistischen Standpunkts, bereits am 18. XII. 1431 das anfänglich nur schwach besuchte Konzil wieder auf. Innerhalb von 18 Monaten sollte es in Bologna, also innerhalb des päpstlichen Machtbereiches, wieder zusammentreten, wo Eugen sich auch einen stärkeren Einfluß auf die von den Griechen unter dem Druck der türkischen Gefahr angeknüpften Verhandlungen sichern zu können glaubte. Allein die Baseler fügten sich der Auflösung nicht, sondern erneuerten am 15. II. 1432 das Konstanzer Superioritätsdekret und richteten an den Papst die Aufforderung, sich persönlich oder durch Vertreter vor dem Konzil zu verantworten; zugleich begannen sie mit einer tief in die päpstlichen Rechte eingreifenden Reformtätigkeit (s. Kap. 21). Sigmund unterstützte von Italien aus das Konzil in seiner Haltung, riet aber gleichzeitig zur Mäßigung, da er um seiner Kaiserkrönung willen nicht gänzlich mit dem Papste brechen konnte und seit deren Vollzug durch seinen Krönungseid an ihn gebunden war. Jedoch erhoben sich im Schoße der Kurie selbst gegen Eugen starke Widerstände, und da die Autorität der Baseler gleichzeitig durch den Erfolg ihrer Verhandlungen mit den Hussiten eine erhebliche Steigerung erfuhr, sah der Papst sich schließlich zum Nachgeben gezwungen; am 15. XII. 1433 nahm er seine früheren Maßnahmen zurück und erkannte das Konzil und die Rechtmäßigkeit seines Fortbestandes an. Ein neuer Streit entzündete sich jedoch sogleich an der Frage, in welcher Weise der Papst von nun an auf dem Konzil vertreten sein solle. Da Sigmund wiederum die Baseler unterstützte, blieb Eugen nichts übrig, als sich mit einem äußerlichen Entgegenkommen des Konzils zu begnügen: Die vom Papst entsandten Legaten wurden als Präsidenten an seiner Statt zugelassen, aber ohne daß ihnen eine Jurisdiktionsgewalt gegenüber dem Konzil zugestanden worden wäre; »wie gemalte Bilder« sollten sie nach dem Vorschlag Sigmunds auf dem Ehrensitz thronen und den Vorsitz führen. Zuvor aber mußten sie sich durch einen Eid im eigenen Namen auf die Aufgaben der Baseler sowie auf das Konstanzer Superioritätsdekret verpflichten[7]. Damit hatte sich der *konziliare Anspruch dem Papsttum gegenüber zum zweitenmal durchgesetzt.*

18. Die ersten Jahre des Baseler Konzils

Den entscheidenden Anstoß brachte schließlich die Frage der *Union mit den Griechen*[8]. Seit 1436 verhandelten sowohl der Papst wie die Baseler in Konstantinopel über die Wahl des Ortes, wo das Einigungskonzil stattfinden sollte. Während die Konzilspartei an Basel festhielt und die dort zahlreich vertretenen Franzosen Avignon vorschlugen, bestand Eugen IV. auf einer italienischen Stadt. Als eine Minderheit des Konzils diesem Wunsche zu entsprechen versuchte und der Papst ihren Beschluß anerkannte und veröffentlichte, lud ihn die Mehrheit am 31. VII. 1437 vor das Gericht des Konzils und eröffnete, nachdem Eugen das Konzil aufgelöst und nach Ferrara verlegt hatte, im Oktober gegen ihn den Prozeß. So war der *Bruch zum zweiten Male* und nun endgültig vollzogen. Sigmund hat sich aus der Ferne vergeblich bemüht, die Baseler von ihrem übereilten Vorgehen zurückzuhalten (RTA 12 n. 138 ff.). Aber seitdem er im Mai 1434 Basel verlassen hatte, waren ihm die Zügel allmählich entglitten. So kam es, daß der gleiche Herrscher, der in Konstanz so viel zur Überwindung des großen Schismas getan hatte, am Ende seines Lebens die Entstehung einer neuen kirchlichen Spaltung nicht verhüten konnte.

[1] Quellen und Lit. s. S. 100.

[2] K. A. FINK, Theol. Quartalschr. 126 (1946).

[3] Vgl. W. J. KOUDELKA, Eine neue Quelle zur Generalsynode von Siena, ZKiG 74 (1963).

[4] Facsimile-Nachdr. der Pariser Cusanus-Ausgabe des Jacobus Faber Stapulensis 3 (1514) von G. KALLEN (1928); neue Ausg. von dems., in: Opera omnia des N. C., hg. von der Akad. Heidelbg. Bd. 14, 1–4 (1959–1968), dazu ders., Cusanus-Studien 8, SB Akad. Heidelbg. (1963), über die hsl. Überlieferung. Vgl. A. POSCH, Die Conc. cath. des Nik. v. Cusa (1930); M. WATANABE, The Political Ideas of Nic. of C. with Special Reference to his De conc. cath. (1963); s. auch Kap. 19, Anm. 6.

[5] E. VANSTEENBERGHE, Le Cardinal N. de C., l'action, la pensée (1920); P. ROTTA, Il Card. N. d. C. (1928); E. BOHNENSTÄDT, Kirche u. Reich im Schrifttum des N. v. C., Cusanus-Studien 3, SB Akad. Heidelberg (1939); W. ANDREAS, Deutschland vor der Reformation ([6]1959); M. SEIDLMAYER, N. v. C. u. d. Humanismus in: Studien u. Texte z. Geistesgesch., hg. v. J. KOCH, 3 (1953); ders., Una religio in rituum varietate, AKG 36 (1954), beides auch in SEIDLMAYER, Wege u. Wandlungen des Humanismus (1965); E. MEUTHEN, N. v. K. u. der Laie in der Kirche, HJb 81 (1962); ders., Die Pfründen des Cusanus, Mitt. u. Forsch.beitr. der Cusanus-Gesellschaft 2 (1962); ders., Zur Lebensgesch. d. N. v. K. (1964); ders., N. v. K. Skizze einer Biographie (1964). Vgl. auch Kap. 21, Anm. 7 u. DW[9] 8779.

[6] Repert. Germ. Eugen IV., bearb. v. R. ARNOLD, 1 (1897); v. PASTOR, Gesch. d. Päpste 1.

[7] Cusanus-Texte 2, 1: De auctoritate presidendi in concilio generali, hg. v. G. KALLEN, SB Akad. Heidelberg (1935).

[8] Vgl. G. OSTROGORSKY, Gesch. d. Byzantinischen Staates ([3]1963), S. 469 ff.; H. G. BECK, Byzanz u. d. Westen im Zeitalter d. Konziliarismus, in: Die Welt z. Z. des Konst. Konzils (s. o. S. 51).

Kapitel 19
Die Anfänge der Reichsreformbestrebungen
bis zu Sigmunds Tod

Während für Sigmund die kirchlichen Angelegenheiten, abgesehen von der Hussitenfrage, in diesen seinen letzten Jahren stärker in den Hintergrund traten, wandte er sein Interesse statt dessen noch einmal dem Gedanken einer Reichsreform zu, der damals überhaupt die Geister in zunehmendem Maße zu beschäftigen begann[1]. Die *Schwäche des Reiches*, wie sie sich während seiner Regierung im Innern wie nach außen hin immer wieder offenbart hatte, lag vor allem in dem Überwuchern der partikularen Mächte begründet, die die Zentralgewalt immer stärker ausgehöhlt hatten, ohne selbst die Fähigkeit zur Leitung des großen Ganzen zu entwickeln. Das Königtum war infolge des fortschreitenden Prozesses der Territorienbildung überwiegend auf seine eigene Hausmacht angewiesen, deren Interessen daher auch seine Kräfte vielfach auf Kosten der Reichsgeschäfte in Anspruch nahmen. Hingegen verfügte es im Reiche über unmittelbare Hilfsquellen nur noch in geringem Umfang. Sigmund hat kurz nach seinem Regierungsantritt die jährlichen Reichseinkünfte auf nur 16000 Gulden beziffert, und die ständige Finanznot, in der sich der König befand, war um so fühlbarer, weil er größerer Geldmittel schon dazu bedurft hätte, sich einen Ersatz für das in seiner früheren Form kaum noch existierende Reichsheer zu schaffen. Auf der andern Seite stellte der Reichstag zwar eine Vertretung sämtlicher Reichsstände und somit eine Art von Klammer dar, die das Reichsganze zusammenhielt. Aber seine Organisation, die freilich für das 15. Jh. noch kaum erkennbar ist, war auf jeden Fall viel zu locker und unentwickelt, als daß er ein wirksames Instrument der Reichsverwaltung neben dem Königtum oder an seiner Stelle hätte bilden können. Auch der Gedanke Karls IV., die Kurfürsten zu einer regelmäßigen Mitwirkung an der Reichsregierung heranzuziehen, hatte keine Früchte getragen. Die in der Goldenen Bulle vorgesehenen alljährlichen gemeinsamen Tagungen mit dem König hatten nie stattgefunden, und die Zusammenschlüsse des Kollegiums in den Kurvereinen zerbrachen viel zu schnell wieder an den Sonderinteressen der einzelnen Mitglieder, als daß sie positive Leistungen hervorbringen und dadurch zu einer bedeutenderen Funktion im Aufbau des Reiches hätten gelangen können.

19. Anfänge der Reichsreformbestrebungen

Die Folgen dieses Mangels einer kräftigen Reichsgewalt waren *Wehrlosigkeit nach außen und Friedlosigkeit im Innern*. Die königliche und kaiserliche Würde sicherte ihrem Träger freilich noch immer ein hohes Maß von Autorität, die gerade Sigmund zu nutzen und durch seine persönlichen Eigenschaften noch zu steigern vermochte. Aber materielle Machtmittel konnte das Reich nach außen hin, wie vor allem die italienische Politik des Königs mit voller Deutlichkeit zeigt, nicht mehr in die Waagschale werfen. Im Innern ist die *Landfriedensgesetzgebung* mit ihren immer wiederholten Anläufen der beste Spiegel des tatsächlichen Zustands der Dinge. Sie zielte vor allem darauf ab, das *Fehdewesen*[2], das an sich ein legitimes Mittel zur Durchsetzung von Rechtsansprüchen darstellte, aber in dieser Zeit einen höchst bedenklichen Umfang angenommen hatte und vielfach zur bloßen Gewalttätigkeit entartet war, in geregelte Bahnen zu lenken und nach Möglichkeit einzuschränken. Aber dieses Ziel war nur zu erreichen, wenn ein regelmäßig funktionierendes Gerichtswesen den gewaltsamen Kampf ums Recht überflüssig machte. Gerade hier aber lag ein weiterer schwerer Mangel in der Organisation des Reiches. Neben dem königlichen Hofgericht, das seit dem 13. Jh. vor allem durch die zahlreichen Exemtionen stark an Bedeutung verloren hatte, bildete sich zwar zu Beginn des 15. Jh. als zweites königliches Gericht das *Kammergericht*[3] heraus, das zunächst vorwiegend schiedsrichterlichen Charakter trug und erst mit der Zeit besonders in Fragen, die unmittelbar das Interesse des Königs und seiner Kammer berührten, eine stärkere Zwangsgewalt entwickelte. Im Unterschied zum Hofgericht war es zum erheblichen Teil mit gelehrten Richtern besetzt, aber wie dieses an die Person des Königs gebunden und somit durch den ständigen Ortswechsel des Hofes in seiner Tätigkeit gehemmt. Zudem waren die königlichen Gerichte vielfach nicht in der Lage, die Vollstreckung der von ihnen gefällten Urteilssprüche zu erzwingen, und so hat auch das Kammergericht es nicht zu einer größeren Wirksamkeit gebracht. Mit dieser Schwäche der Exekutivgewalt des Reiches hängt auch der Versuch der westfälischen Freistühle zusammen, ihre gefürchtete, gegen Rechtsverweigerung und todeswürdige Verbrechen gerichtete Strafjustiz, die im »heimlichen Gericht« von einem Geheimbunde »wissender« Schöffen geübt wurde und sich durch raschen Prozeßgang und unerbittliche Urteile auszeichnete, auf ganz Deutschland auszudehnen. Sigmund, der selbst zu den »Wissenden« gehörte, hat die *Veme*[4], wohl in der Hoffnung, an ihr eine Stütze der königlichen Macht zu gewinnen, lange unterstützt. Aber auch hier stieß die Urteilsvollstreckung häufig auf Schwierigkeiten, und die tatsächliche Bedeutung der Veme blieb selbst auf dem Höhepunkt ihrer Entwicklung beträchtlich hinter dem von ihr erhobenen Machtanspruch zurück. Denn naturgemäß setzten die Fürsten sich gegen den Einbruch in ihre territoriale Gerichtsbarkeit zur Wehr, während die von der Vemejustiz besonders bedrohten Städte vielfach deren eigne Mängel und Entartungserscheinungen dazu ausnutzten, sich gegen Schädigungen von dort her zu sichern.

Obgleich gerade das Versagen der Gerichtsbarkeit und insbesondere die Veme auf den Reichstagen der Zeit einen ständigen Gegenstand der Klage bilden, sind die *theoretischen Erörterungen über die Notwendigkeit einer Reichsreform*, die unter Sigmund einsetzen, offenbar nicht unmittelbar aus der Erkenntnis der bestehenden Mißstände erwachsen, sondern stellen eine Begleiterscheinung der konziliaren Bewegung dar. Reich und Kirche wurden noch immer in solchen Maße als Eimheit empfunden, daß der Gedanke einer kirchlichen Reform auch ähnliche Überlegungen für den staatlichen Bereich nahelegen mußte. Schon eine noch in die Zeit des Konstanzer Konzils gehörende Denkschrift (*Avisamentum*)[5] macht den Vorschlag, so wie neben dem Papst das Kardinalskollegium stehe, dem Kaiser einen von den Ständen gewählten Reichsrat an die Seite zu stellen. Dieser solle ihn bei den Reichsgeschäften unterstützen, bestimmte Funktionen in der Verwaltung übernehmen, für Verbesserung des Gerichtswesens Sorge tragen, zugleich aber auch die Gewalt des Kaisers insoweit beschränken, daß er in gewissen Fragen nichts ohne die Zustimmung der Majorität der Räte unternehmen dürfe. Auf diese Weise sollten Fürsten und Gemeinden gegen kaiserliche Eingriffe in ihre Freiheiten gesichert und vor allzu hohen Steuerforderungen geschützt werden. Obwohl der Verfasser erklärt, wenn das Reich nicht in dieser oder ähnlicher Weise reformiert werde, sei zu befürchten, daß es binnen kurzem zugrunde gehen werde, war demnach das von ihm vorgeschlagene, dem Kaiser beigeordnete *Reichsregiment*, für das auch eine feste Residenz vorgesehen war, hauptsächlich als Vertretung der ständischen Interessen gedacht. Sehr viel weitschauender waren demgegenüber die Reformgedanken, die in dieser Hinsicht die *Concordantia catholica* des Cusanus entwickelte[6]. Gemäß seiner ver-

19. Anfänge der Reichsreformbestrebungen

mittelnden Grundeinstellung sucht Nikolaus auch hier die Bedürfnisse von Haupt und Gliedern, von Herrscher und Untertanen gegeneinander auszugleichen. Dem Generalkonzil, das die Allgemeinheit in der Kirche repräsentiert, entsprechen daher in seiner Theorie Versammlungen der Stände, auf denen im Zusammenwirken von Herrscher und Volk die Gesetze erlassen werden, nach denen das Reich regiert wird und denen auch der Kaiser unterworfen ist; auch hier gilt der Satz: Was alle berührt, muß von allen gebilligt werden. Neben die Reichstage alten Stils, die zur Erledigung besonders wichtiger Angelegenheiten bestehen bleiben, soll daher die Einrichtung alljährlich in Frankfurt zusammentretender *Reichsversammlungen* treten. Außer den Kurfürsten, die zu regelmäßigem Erscheinen verpflichtet sind, mit ihren Adligen und Räten soll hier besonders auch das Bürgertum der größeren Städte vertreten sein, von dem Nikolaus, ähnlich wie manche andere Staatstheoretiker der Zeit und wie auch Sigmund selbst, eine besondere Förderung der Reichsreform erhoffte. Zur praktischen Durchführung der Reform aber soll das Reich in zwölf oder mehr *Kreise* eingeteilt werden, in deren jedem ein *Kreisgericht* gebildet wird, das mit drei Kreisrichtern aus Adel, Geistlichkeit und Bürgertum besetzt wird. Obwohl sie offenbar von den Ständen gewählt werden sollen, üben sie eine unmittelbar vom Kaiser hergeleitete, den landesherrlichen Gerichten übergeordnete Gerichtsbarkeit; daneben haben sie für die Aufrechterhaltung des Landfriedens in ihren Bezirken zu sorgen, während die Fehde ganz allgemein und für die Dauer verboten wird. Die Kreisrichter sind zugleich auch Mitglieder der Reichsversammlungen und bringen hier alle ihre Bezirke betreffenden wichtigeren Fragen zur Sprache. Aber wenn auch dadurch die Bedeutung der Reichsversammlungen noch gesteigert wird, so sollte das doch keineswegs zu einer grundsätzlichen Schwächung der Zentralgewalt führen. Denn Nikolaus erkannte sehr wohl, daß im staatlichen Bereich, anders als im kirchlichen, das von ihm erstrebte Gleichgewichtsverhältnis der Kräfte sich zuungunsten der Spitze verschoben hatte. Stellte die Reichsversammlung ein die Interessen der Gesamtheit durch Teilnahme an der Legislative und Kontrolle der Verwaltung wahrendes Organ dar, so wollte er doch gleichzeitig auch die *Macht der Exekutive* verstärken. Ein neues Wahlgesetz[7] soll den Kaiser vor Wahlkapitulationen und anderen Machenschaften der Kurfürsten schützen, und ein stehendes Reichsheer und eine dauernde, von den Landesherren aus ihren Einkünften regelmäßig zu leistende Reichssteuer sollen ihm die nötigen Machtmittel an die Hand geben, um seiner Autorität eine sichere Geltung verschaffen zu können.

Diese Reformgedanken des Cusanus, die ihre Maßstäbe zum guten Teil einem idealisierten Bilde früherer Reichsherrlichkeit entlehnten[8], haben eine unmittelbare Wirkung auf den Gang der Dinge so wenig geübt wie die uns sonst bekannten Staatsschriften[9] der Zeit. Immerhin werden sie dazu beigetragen haben, auch bei den politischen Gewalten das Gefühl für die Notwendigkeit einer Beseitigung der schlimmsten Mißstände zu schärfen. So trat der Kaiser im September 1434 mit einem *Programm von 16 Artikeln* (RTA 11 n. 264/4b) hervor, die zunächst von den Räten der Reichsstände auf einem Frankfurter Tage vorberaten und über die sodann auf einem Reichstag in Sigmunds Gegenwart Beschluß gefaßt werden sollte. An der Spitze der ziemlich bunten Liste steht wiederum der Gedanke der Aufrichtung einer festen Rechtsordnung in ganz Deutschland, durch die der Landfriede gesichert und das Fehdewesen wenigstens eingeschränkt werden sollte; weiter sollten Münz- und Geleitwesen besser geregelt, der Zinswucher unterbunden, die Gerichtsbarkeit der Veme reformiert werden. Dazu kommen dann weiter Fragen des Verhältnisses der geistlichen zur weltlichen Gewalt, besonders wiederum auf dem Gebiet der Gerichtsbarkeit, und schließlich eine Reihe aktuell politischer Punkte, darunter vor allem die Abwehr der burgundischen Übergriffe in den westlichen Territorien des Reiches. Die Stände stimmten dem Programm im allgemeinen zu und machten Vorschläge für seine Durchführung, wobei sie hinsichtlich der Landfriedensordnung auf den alten Gedanken einer Einteilung des Reiches in vier Kreise zurückgriffen (RTA 11 n. 266). Zu einer wirklichen Beschlußfassung aber kam es nicht, da Sigmund auf dem dafür vorgesehenen Reichstag nicht erschien. Auch ein zweiter Versuch, zu dem diesmal die Kurfürsten den Anstoß gaben, hatte keinen besseren Erfolg. Auf einem *Reichstag zu Eger* (Juli 1437, RTA 12 n. 93 ff.) wurde zwar nochmals über die wichtigsten Punkte des kaiserlichen Programms beraten, aber nun erwiesen sich die Gegensätze zwischen Fürsten und Städten als so tiefgreifend, daß man sich mit einer neuen Vertagung begnügte. Auch besaß *Sigmund* nicht mehr die Kraft, sich der Reichsreform mit Nachdruck anzunehmen. Ihn beschäftigte, da er sein Ende herannahen fühlte,

19. Anfänge der Reichsreformbestrebungen

vielmehr die Sorge, seinem Schwiegersohn Albrecht die *Nachfolge in seinen Erbländern und im Reich* zu sichern. Dabei erhoben sich in Böhmen neue Widerstände, die anscheinend darauf abzielten, dem jugendlichen Polenkönig Wladislaw III. die Krone zu übertragen; sogar Sigmunds zweite Gemahlin Barbara von Cilli[10], die für sich selber die Regentschaft beanspruchte, war an der Intrige beteiligt, so daß der Kaiser sie verhaften ließ. Kurz darauf ist er, ohne sein letztes Ziel erreicht zu haben, in Znaim am 9. XII. 1437 gestorben; er liegt auf ungarischem Boden in Großwardein begraben.

Seine Regierung, die mehr an Wollen als an Vollbringen reich gewesen war, hinterließ Deutschland in einem Zustand innerer Gärung und Unruhe. Die allgemein empfundenen Mängel des öffentlichen Lebens in Staat und Kirche, das Scheitern aller bisherigen Versuche, sie zu beheben, die Ausstrahlung der sozialrevolutionären Tendenzen des Taboritentums, die wirtschaftlichen Umwälzungen, die die Begleiterscheinung des damals in Süddeutschland allerdings noch ganz in den Anfängen stehenden Frühkapitalismus bildeten, das alles hatte ein starkes Gefühl von Mißbehagen und Unzufriedenheit erzeugt, das immer lauter nach Abhilfe verlangte. Diese Stimmung spricht mit besonderer Deutlichkeit aus einer in der Folge weit verbreiteten Flugschrift, der ›*Reformation Kaiser Sigmunds*‹[11], die aber erst 1439 verfaßt oder vollendet ist; Beziehungen zu der Person Sigmunds weist sie höchstens insofern auf, als ihre Vorschläge sich an einigen Stellen mit einer etwas älteren Denkschrift über die Reform der Kirche berühren, die von einem kaiserlichen Vertrauensmann, dem Bischof Johann Schele von Lübeck[12], herstammt. Der unbekannte Verfasser[13] der ›Reformation‹ betrachtet die Dinge nicht von einer so hohen philosophischen Warte wie etwa der Cusanus, aber dafür steht er in seiner Schilderung der vorhandenen Mißstände und seinen Besserungsvorschlägen dem täglichen Leben mit allen seinen Schäden und Nöten viel näher als dieser[14]. Die Ursache alles Übels sieht er in der Durchbrechung der gottgewollten, auf dem wohlausgewogenen Gleichgewicht ihrer Stände und ihrer Aufgaben und Funktionen beruhenden alten Gesellschaftsordnung; aber diese konservative[15], weitgehend an Thomas von Aquin orientierte Grundanschauung verknüpft sich in eigentümlicher Weise mit selbständig aus der Beobachtung der Gegenwart geschöpften Überlegungen und mystisch-eschatologischen Spekulationen. So sind die *praktischen*

Sigmund und das Zeitalter der Konzilien

Heilmittel, die er empfiehlt, dem Anschein nach retrospektiv, tragen aber in Wirklichkeit zum Teil einen stark revolutionären, weit in die Zukunft weisenden, zum Teil auch utopischen Charakter. Der Gedanke einer klaren Unterscheidung der kirchlichen und weltlichen Sphäre führt zur Forderung eines Verzichts der Kirche auf alle äußere Zwangs- und Befehlsgewalt und einer weitgehenden Säkularisation des Kirchenguts und der damit verbundenen Einkünfte und Rechte. Im staatlichen Bereich sollte der alte Adel, soweit er seine durch die göttlichen Ordnungen bestimmten Pflichten versäumt oder verletzt, seine Adelschaft verlieren und durch einen neuen, auf Verdienste um Reich und Kirche gegründeten ersetzt werden. Das besondere Interesse des Verfassers aber gilt überall den »*Kleinen*«, den einfachen Priestern, denen sogar die Ehe freigestellt, wie auch dem gemeinen Mann, dessen »Nahrung« durch einen »gerechten Preis« der Waren und durch Maßnahmen gegen Ausnutzung besonderer Konjunkturen gesichert werden soll. Selbst die ständische Unfreiheit soll beseitigt werden, da sie dem Gebot Gottes und den christlichen Lehren widerspricht. Diesen »Kleinen« weist die Schrift daher auch eine besondere Rolle bei der Durchführung der Reform zu. Da die Häupter versagen, soll das Bürgertum und der niedere Adel an ihre Stelle treten und die gerechten Forderungen notfalls auch mit Gewalt durchsetzen, bis dann aus der Tiefe des Volkes ein »*kleiner Geweihter*« aufstehen wird, um das Werk zu vollenden. So erscheint hier zuletzt wieder der alte Gedanke des Endkaisers, in charakteristisch umgebildeter Form, aber zugleich doch auch als Widerspiegelung des erneuerten Ansehens, das Sigmunds Persönlichkeit der Idee des Kaisertums gewonnen hatte.

---

[1] E. MOLITOR, Die Reichsreformbestrebungen des 15. Jh. bis z. Tode Fr. III. (1921); E. HÜHNS, Theorie u. Praxis in d. Reichsreformbewegung des 15. Jh., Wiss. Zs. d. Humboldt-Univ. Berlin 1 (1951/52); F. HARTUNG, Dt. Verf.gesch. vom 15. Jh. bis zur Gegenwart (⁵1950); H. ANGERMEIER, Begriff u. Inhalt der Reichsreform, ZRG GA 75 (1958).

[2] O. BRUNNER, Land u. Herrschaft (⁴1959); dazu H. MITTEIS, HZ 163 (1941).

[3] O. FRANKLIN, Das kgl. Kammergericht vor d. J. 1495 (1871); J. LECHNER,

Reichshofgericht u. kgl. Kammergericht im 15. Jh., MIÖG Erg.Bd. 7 (1907).

[4] TH. LINDNER, Die Feme (1888); A. K. HÖMBERG, Die Entstehung der westfäl. Freigrafschaften, Westfäl. Zs. 101/2 (1953); ders., Die Veme in ihrer zeitl. u. räuml. Entwicklung, in: Der Raum Westfalen, hg. v. H. AUBIN u. F. PETRI, 2, 1 (1955); L. VEIT, Nürnberg u. d. Feme (1953); vgl. DW⁹ 8464/66.

[5] Avisamentum pro reformatione sacri imperii, bei FINKE, Acta Conc. Const. 3 n. 264.

[6] S. o. Kap. 18, Anm. 4 u. 5; G. KAL-

19. Anfänge der Reichsreformbestrebungen

LEN, N. v. C. als polit. Erzieher (1937), nicht frei von zeitbedingter Tendenz; dort S. 29 weitere Literatur; ders., Neue Heidelberger Jbb. 1940 u. HZ 165 (1942).

[7] Vgl. M. HONECKER, Ramon Lull's Wahlvorschlag Grundlage des Kaiserwahlplans bei N. v. C.?, HJb 57 (1937).

[8] Vgl. F. HEER, Zur Kontinuität des Reichsgedankens im SpätMA, MIÖG 58 (1950).

[9] Über Reformschriften des Magdeburger Domherrn Heinrich Toke s. P. CLAUSEN (Diss. Jena 1939) u. H. LOEBEL (Diss. Ms. Göttingen 1949; hier Text der Schrift: Concepta pro reformatione status ecclesiastici in Alamania). Vgl. auch P. LEHMANN, Erforschung des MA 4 (1961), S. 187 ff.

[10] H. CHILIAN, Barbara v. Cilli (Diss. Leipzig 1908); vgl. auch H. PIRCHEGGER, Die Gfn. v. Cilli, Ostdt. Wissenschaft. Jb. d. Ostdt. Kulturrates 2 (1955).

[11] Maßgebend ist jetzt die Ausgabe in den MG Staatsschriften d. späteren MA 6, hg. v. H. KOLLER (1964). Die frühere, zu ihrer Zeit wertvolle Ausgabe von K. BEER, RTA Beiheft (1933), ist dadurch überholt, da Koller der seinen eine von ihm neu gefundene Hs. (N, Weimarer Landesbibliothek) zugrunde legen konnte, die sich als der Urfassung am nächsten stehend erwies, und danach auch das Verhältnis der übrigen Hss. und Recensionen zu klären vermochte; vgl. KOLLERS vorbereitende Studien MIÖG 60 (1952) u. DA 13 (1957), 15 (1959), zu-

letzt: Bericht über den 7. österr. Historikertag in Eisenstadt (1963).

[12] Concilium Basiliense 8 (1936), S. 109 ff.; dazu J. HALLER, Die Kirchenreform auf d. Konzil von Basel, Korr.Bl. d. Ges.Ver. d. dt. Gesch.Ver. 58 (1910); ders., Festg. K. Müller (1922); H. AMMON, Joh. Schele (Diss. Erlangen 1931).

[13] Von den bisher vorgetragenen Hypothesen – Friedrich Winterlinger aus Rottweil, BEER, MIÖG 51 (1937) u. 59 (1951); Heinrich v. Beinheim, F. M. BARTOŠ, Anzeiger d. tschech. Akad. d. Wiss. 52 (1943), u. Communio viatorum (1965), dazu H. KOLLER, DA 22 (1966), S. 290; Friedrich v. Landscron, TH. BUYKEN, in: Aus MA u. Neuzeit. Festschr. G. KALLEN (1957) – haben sich sämtlich als unhaltbar oder jedenfalls unbeweisbar erwiesen; die Frage dürfte mit H. KOLLER vorerst als unlösbar zu betrachten sein.

[14] Für die sehr reichhaltige Literatur zur inhaltlichen Würdigung der R. S. kann jetzt auf die vortreffliche Bibliographie bei DOHNA (s. Anm. 15) verwiesen werden. Wertvoll vor allem A. DOREN, Zur Ref. Sig., HV 21 (1924).

[15] Einseitig übersteigert ist dies Moment in dem anregenden, aber zuletzt doch nicht überzeugenden Buch von L. Gf. zu DOHNA, Ref. Sig. (1961), das die Schrift als »wesenhaft konservative Konzeption« und »spirituales Anliegen eines konservativen Reformators« verstanden wissen will; vgl. dazu H. GRUNDMANN, DA 17 (1961), S. 592 f.

C. Das Ende der Konzilsperiode und die Begründung der Habsburger Monarchie

Quellen: RTA 13–17 u. 19; Das Reichsregister Kg. Albrechts II., bearb. von H. KOLLER, Mitt. d. Österr. Staatsarchivs Erg.Bd. 4 (1955); J. CHMEL, Regesta chronologico-diplom. Friderici III. Rom. imp. (1840); ders., Beitr. z. Gesch. Kg. Fr.s IV. (2 Bde. 1837/40); ders., Briefe u. Aktenstücke z. Gesch. von Kg. Ladislaus Posthumus, Erzhg. Albrecht VI. u. Hg. Sigmund 1443–1473, FRA 2. Abt. 2 (1850); A. BACHMANN, Urk. u. Aktenstücke z. österr. Gesch. im Zeitalter K. Fr.s III. u. Kg. Georgs v. Böhmen 1440–1471, FRA 2. Abt. 42 (1879); ders., Briefe u. Akten zur österr. Gesch. im Z. K. Fr.s III. 1448–1471, ebd. 44 (1885); ders., Urkundliche Nachträge zur österr.-dt. Gesch. i. Z. K. Fr.s III. 1458–1482, ebd. 46 (1892); dazu Einzelnes DW⁹ 7896. Chronisten: Aeneas Silvius de Piccolominibus, Historia Austrialis (sog. Hist. Friderici III. imp.), bei Adam KOLLÁR, Analecta mon. Vindobonensia 2 (1762), brauchbare Übersetzung v. TH. ILGEN, GdV (1889); vgl. dazu H. KRAMER, Untersuch. z. Österr. Gesch. d. Aen. S., MÖIG 45 (1931); Aen. S. de Picc., Commentarii rerum memorabilium, hg. v. FR. BANDINI de' Piccolomini (1614), ein 13. Buch bei G. VOIGT (s. u. Kap. 21, Anm. 12), Bd. 2, dazu H. KRAMER, MÖIG 48 (1934); M. BIRCK, E. S. de P. als Geschichtsschreiber d. Basler Konzils, Theol. Quartalschr. 76 (1894); Der Briefwechsel des E. S. P. (bis 1454), hg. v. R. WOLKAN, FRA 2. Abt. 61, 62, 67 u. 68 (1909/18), dazu H. A. GENZSCH, MÖIG 46 (1932); s. auch DW⁹ 7798/9; Fragment e. unbeachteten Chron. Österreichs z. Z. Fr.s III., bei A. LHOTSKY, Mitt. d. Österr. Staatsarchivs Erg.Bd. 2, 1 (1949); Josef Grünpeck, Hist. Friderici III. et Max. I., hg. v. J. CHMEL (1838); sog. Österr. Chronik von den 95 Herrschaften, hg. v. J. SEEMÜLLER, MG Dt. Chron. 6 (1909), s. K. J. HEILIG, Leopold Stainreuter von Wien, der Vf. d. sog. Chron. usw., MÖIG 47 (1933). Allgemein zu vergleichen ist die ausgezeichnete Übersicht bei A. LHOTSKY, Quellenkunde zur mal. Gesch. Österreichs, MIÖG Erg.Bd. 19 (1963). – Monumenta conciliorum generalium saec. XV. Concilium Basiliense, Scriptorum T. 1, 2, 3, 1–4 (1857, 73–86, 93, 96); Concilium Basiliense, Studien u. Quellen z. Gesch. des Konzils von Basel, hg. v. J. HALLER u. A. (8 Bde. 1896–1936); vgl. dazu DW⁹ 7892/5.

Literatur: E. M. Fürst v. LICHNOWSKY, Gesch. d. Hauses Habsburg (8 Tle. 1836 bis 1844, mit Regg. v. E. BIRK); V. v. KRAUS u. K. KASER, Dt. Gesch. im Ausgang d. MA (2 Bde. 1905/12); K. u. M. UHLIRZ, Hdb. d. Gesch. Österr.-Ungarns 1, bis 1526 (²1963), mit reichen Literaturangaben; J. CHMEL, Gesch. Kg. Fr.s IV. u. s. Sohnes Maximilian bis 1452 (1840/42); A. BACHMANN, Dt. Reichsgesch. im Zeitalter Fr.s III. u. Max. I., umfassend die Zeit v. 1461–86 (2 Bde. 1884/94); dazu DW⁹ 7982. – L. LENFANT, Hist. de la guerre des Hussites et du concile de Basle (1731); Supplém. par J. de BEAUSOBRE (1745); R. WACKERNAGEL, Gesch. d. Stadt Basel 1 (1906), sowie die Einleitungen zu den betr. Bänden der RTA; P. ROTH, Das Basler Konzil 1431–1448 (1931). Populär: TH. v. D. MÜHLL, Vorspiel zur Zeitenwende. Das Basler Konzil (1959).

Kapitel 20

Albrecht II.

Während der Jahrzehnte, in denen sie durch Ludwig den Bayern und die Luxemburger vom Thron des Reiches ferngehalten wurden, haben die *Habsburger* eine zielbewußte und trotz mancher Rückschläge im ganzen auch erfolgreiche *Hausmachtpolitik* verfolgt. Träger ihrer territorialen Ausdehnungsbestrebungen war vornehmlich die leopoldinische Linie. Während Herzog Albrecht III. sich seit der Neuberger Teilung[1] im wesentlichen dem inneren Ausbau seiner österreichischen Lande widmete, setzte Leopold III. seine nach Westen und Süden gerichtete Erwerbspolitik, die ihm schon vorher bedeutende Gewinne in Vorarlberg und im Oberrheingebiet, so vor allem die Stadt Feldkirch (1375) sowie Freiburg im Breisgau und die dortige Landgrafschaft (1368) eingebracht hatte, nachdrücklich fort. Von besonderer Bedeutung war es, daß sich ihm 1382 die von Venedig bedrängte Stadt Triest freiwillig unterwarf; damit hatten die Habsburger sich für die Dauer einen freien Zugang zur Adria gesichert. Dagegen gelang es ihnen nicht, die Niederlagen bei Sempach und Näfels[2] wieder auszugleichen, zumal die Eidgenossen kurz danach im »Sempacher Brief« (1393) ihre Einung auch auf das Gebiet der Wehrverfassung ausdehnten, um künftig jeder Bedrohung geschlossen entgegentreten zu können. In der Folge dauerte der *Kriegszustand zwischen der Eidgenossenschaft und Habsburg*[3] weiter fort, unterbrochen nur von zeitweisen Waffenstillständen, bei denen beide Teile sich ihre Rechtsansprüche vorbehielten. Geschwächt wurde die Kraft des Hauses durch heftige *Familienstreitigkeiten*, die gegen Ende des 14. Jh. ausbrachen. Sie gipfelten in einer Besitzteilung zwischen den beiden leopoldinischen Brüdern Ernst dem Eisernen (1377–1424) und Friedrich IV. (1382–1439), bei der dem älteren Ernst die sogenannten »innerösterreichischen« Lande, Steiermark, Kärnten und Krain bis zur Adria hin zufielen, während Friedrich Tirol und die Vorderen Lande erhielt (5. VI. 1411). Die letzteren hatten in den vorausgehenden Jahren noch manche Erweiterungen erfahren, doch führte Friedrichs Konflikt mit Sigmund auf dem Konstanzer Konzil[4] eine schwere Krise herbei. So mußten die Habsburger jetzt Glarus, Luzern und Zug als unabhängige Glieder der Eidgenossenschaft anerkennen (1415); auch der Aargau, ihr eigentliches Stammland, ging ihnen verloren (1418). Da Sigmund Tirol unmittelbar ans Reich nehmen

Ende der Konzilsperiode – Begründung der Habsburger Monarchie

wollte, sah sich Friedrich zeitweise mit dem völligen Verlust seiner Lande bedroht, doch wurde diese Gefahr schließlich durch eine Verständigung mit dem König (12. V. 1418) abgewendet. So blieb die *Aufspaltung des Gesamthauses in drei Äste* bestehen.

Obwohl damit der Gedanke eines gemeinsamen habsburgischen Familienbesitzes nicht gänzlich fallengelassen war, beschränkte sich also der unmittelbare Machtbereich Herzog Albrechts V.[5], den Sigmund als Gemahl seiner einzigen Tochter Elisabeth zum Nachfolger im Reich ausersehen hatte, auf die österreichischen Lande ob und nieder der Enns mit dem Salzkammergut, jedoch ohne das Gebiet von Pitten und Wiener Neustadt. Dafür konnte Albrecht seine Erbansprüche auf Ungarn und Böhmen in die Waagschale werfen. Auch seine energische und rechtschaffene, wenn auch der besonderen Anziehungskraft Sigmunds gänzlich entbehrende Persönlichkeit mußte ihn als den gegebenen Herrscher des Reiches erscheinen lassen, zumal außenpolitisch die Ostfragen durchaus als das drängendste Problem der Reichspolitik empfunden wurden. Die einzige *Gegenkandidatur*, die *Friedrich I. von Brandenburg* für sich selber oder einen seiner Söhne aufstellte, wurde von dem alternden Fürsten (gest. 1440) offenbar nicht mit größerem Nachdruck vertreten. Schwierigkeiten bereitete nur der Anspruch des lauenburgischen Zweiges des askanischen Hauses auf die *sächsische Kurwürde*, der sich aber gegenüber dem durch die Übertragung Sachsen-Wittenbergs an die Wettiner begründeten Rechtszustand nicht durchzusetzen vermochte. So wurde die *Wahl Albrechts am 18. III. 1438 in Frankfurt* einstimmig vollzogen; nur die Stimme Böhmens fehlte, da dort die Nachfolgefrage noch nicht endgültig geklärt war (RTA 13 n. 32). Papst Eugen IV., der in seinem Streit mit dem Baseler Konzil ganz auf die Hilfe des künftigen Königs angewiesen war, verzichtete auf jeden Approbationsanspruch. Nur Albrecht selbst scheint, möglicherweise unter ungarischem Druck, eine Zeitlang ernsthaft gezögert zu haben, erklärte sich aber schließlich am 29. IV. zur Annahme der Wahl bereit.

Neben der Wahlfrage hatte die Kurfürsten auf dem Frankfurter Tage auch das *Problem der Reichsreform* neuerdings beschäftigt (s. Kap. 19). Das hier erörterte Programm läßt deutlich die Tendenz erkennen, die monarchische Gewalt durch eine kurfürstliche Mitregierung einzuschränken. Zugleich begannen die *Gegensätze zwischen Fürsten und Städten* jetzt wieder

102

20. Albrecht II.

schärfer hervorzutreten, wobei die fürstlichen Bestrebungen letzten Endes auf eine Mediatisierung der Städte hinausliefen. Daher wurde dem König die Forderung unterbreitet, daß er die Bestätigung der vom Reiche verliehenen Privilegien nur mit Rat und Zustimmung der Kurfürsten vornehmen solle; auch sollte der als städtefreundlich bekannte Kanzler Kaspar Schlick[6], ein Laie böhmischer Abkunft, den Albrecht von seinem Vorgänger übernommen hatte, durch einen Prälaten deutscher Herkunft ersetzt werden. Albrecht ging auf diese Forderungen, die freilich keine Wahlkapitulation im eigentlichen Sinne darstellten, nicht ein, sondern verwies die Frage auf einen Reichstag, den er für Juli 1438 nach Nürnberg einberief. Hier legten die *Kurfürsten* einen neuen *Entwurf einer Reichsfriedensordnung* vor, der zum erstenmal ein vollständiges Fehdeverbot ins Auge faßte. Weitere Vorschläge betrafen die Verbesserung des Hofgerichts und die Beseitigung der Mißstände bei den »heimlichen Gerichten« der Veme. Daneben griff der Entwurf auch den alten Gedanken einer Einteilung des Reiches in vier Kreise wieder auf, wobei jedoch die habsburgischen Erblande nicht einbezogen werden sollten. An die Spitze jedes dieser Kreise sollte ein durch das Gesetz zu bestimmender Hauptmann fürstlichen Standes mit weitgehenden Vollmachten zur Wahrung des Friedens treten. In diesem Punkte wich ein königlicher Entwurf, der sich sonst dem kurfürstlichen weitgehend anschloß, insofern von ihm ab, als er für die Bestellung der Hauptleute eine Wahl durch die kreiseingesessenen Stände vorsah, bei der nur die Berufung und Leitung der Wahlversammlung einem der angesehensten Fürsten des Kreises zustehen solle; bei Uneinigkeit der Wähler sollte der König entscheiden, dem gewählten Hauptmann sollten aber zehn ebenfalls von den Ständen zu wählende Ratgeber beigegeben werden. Mit dieser Regelung waren jedoch weder die Fürsten noch die Städte einverstanden, und die letzteren lehnten die ganze Kreisorganisation aus Furcht vor der Macht etwaiger fürstlicher Hauptleute überhaupt ab (RTA 13 n. 223/5). So brachte der Reichstag ebenso wie ein zweiter, der im Oktober des gleichen Jahres wiederum in Nürnberg stattfand, keinerlei praktischen Erfolg. Und damit war das Schicksal der Reichsreform auf längere Zeit hinaus besiegelt.

Das Bemerkenswerteste an dieser neuen Phase der Reichsreformversuche war die Tatsache, daß dabei die *Initiative vom Königtum auf die Kurfürsten übergegangen* war. Albrecht II. konnte nicht daran denken, gegenüber den streitenden Parteien eine selbständige Haltung einzunehmen und seiner Hinneigung zu den Städten offenen Ausdruck zu geben, zumal diese durch weitgehende Uneinigkeit ihre eigene Stellung schwächten. Was den König in erster Linie beschäftigte, war die *Durchsetzung seiner Herrschaftsrechte in Ungarn und Böhmen,* die er nicht nur aus dem Erbanspruch seiner Gemahlin Elisabeth, sondern auch aus der unter Karl IV. abgeschlossenen und 1402 von Sigmund erneuerten luxemburgisch-habsburgischen Erbeinigung ableitete. Demgemäß scheint er sich sogar bei der Annahme seiner Wahl zum römischen König eine Frist von zwei Jahren für die Aachener Krönung ausbedungen zu haben (RTA 13 n. 90); tatsächlich ist er während seiner ganzen Regierung über die Grenzen seiner Erblande nicht hinausgekommen.

Verhältnismäßig reibungslos verliefen die Dinge in *Ungarn.* Hier wurde er schon am 18. XII. 1437 zum König gewählt und am 1. I. 1438 in Stuhlweißenburg mit der Stephanskrone gekrönt. Die in seiner Wahlkapitulation enthaltene Verpflichtung, dauernd in Ungarn residieren zu wollen, läßt allerdings erkennen, daß die Großen des Landes auf Grund der Erfahrungen, die sie unter Sigmund gemacht hatten, dem Gedanken einer neuen Verbindung Ungarns mit dem Reich nicht günstig gesinnt waren; überhaupt trat hier in dieser Zeit eine starke antideutsche Stimmung immer deutlicher zutage. Zunächst aber bereitete die *böhmische Frage* sehr viel größere Schwierigkeiten. Zwar wurde Albrecht am 27. XII. 1437 in Prag von der großen Mehrheit der Stände unter Umgehung des Erbanspruches zum König gewählt, aber sehr bald machten sich von seiten der tschechisch-hussitischen Partei, die Albrecht schon deshalb mißtraute, weil er streng katholisch gesinnt war, lebhafte Widerstände geltend. Ihre Führer, unter denen auch der spätere König Georg Podiebrad jetzt zum erstenmal hervortritt, nahmen den *Gedanken einer Verbindung Böhmens und Polens* wieder auf und boten dem polnischen König die böhmische Krone für seinen jüngeren Bruder Kasimir an; Albrecht sollte Verzicht leisten und seine Tochter Elisabeth mit Kasimir vermählen. Da der Versuch eines friedlichen Vergleiches scheiterte, mußte Albrecht, der am 29. VI. 1438 im Prager Veitsdom gekrönt wurde, nachdem die Nationalpartei schon am 29. V. die Wahl Kasimirs vollzogen hatte, seinen Anspruch mit den Waffen verteidigen. Es gelang ihm, ein polnisches Heer, das sich in Tabor verschanzt hatte, nach einer Art längeren Stellungs-

21. Das Baseler Konzil und sein Ausgang

krieges zum Abzug zu zwingen; auch ein Einfall der Polen nach Schlesien brachte ihnen keinen dauernden Erfolg. In Deutschland empfand man den Kampf um Böhmen durchaus als Sache des Reiches, doch hielt sich bei den fortbestehenden Mängeln der Wehrverfassung die dem König tatsächlich gewährte militärische Hilfe in sehr engen Grenzen. Immerhin konnte Albrecht, nachdem die Polen Schlesien wieder geräumt hatten, in Breslau die Huldigung der Stadt (25. XI.) sowie der meisten schlesischen Fürsten (3. XII.) entgegennehmen. Jedoch war eine endgültige Entscheidung noch keineswegs erreicht, als ihn im April 1439 ein *Einfall der Türken* in das südliche Siebenbürgen nach Ungarn zurückrief. Die dortigen Stände aber machten ihre Hilfe von einer Anzahl Bedingungen abhängig, die auf Einschränkung der königlichen Gewalt gerichtet waren und besonders auf Kosten des im Lande ansässigen deutschen Elements gingen. Mit dem schwachen ungarischen Heer, das Albrecht danach noch zur Verfügung stand, konnte er den Fall der wichtigen Donaufestung Semendria, der den Türken fast ganz Serbien in die Hände lieferte, nicht verhindern. Während er dann in der Gegend von Szegedin auf neuen Zuzug wartete, wurde er von einer durch das sumpfige Klima der Theißniederung ausgelösten Ruhrepidemie ergriffen und starb im Alter von nur 42 Jahren am 27. X. 1439 auf dem Rückwege nach Wien.

[1] S. o. S. 19.
[2] S. o. S. 23 f.
[3] Vgl. Bd. 5, Kap. 26 und die dort am Ende angegebene Literatur. Dazu O. VASELLA, Vom Wesen der Eidgenossenschaft im 15. u. 16.Jh., HJb 71 (1952), u. K. MOMMSEN, Eidgenossen, Kaiser u. Reich (1958), S. 166 ff.

[4] S. o. S. 68 f.
[5] W. WOSTRY, Kg. Albrecht II. (1906/1907); R. MANNS, Kg. Albrecht II. u. d. Kirchenpolitik d. röm. Reiches 1438 u. 1439 (Diss. Marburg 1911); dazu die Einleitungen zu RTA 13 u. 14. Vgl. auch DW[9] 8003/4.
[6] Vgl. Kap. 21, Anm. 11.

Kapitel 21
Das Baseler Konzil und sein Ausgang

Während Albrecht II. seine besten Kräfte im Kampf um seine böhmischen und ungarischen Erblande verbrauchte, war die große kirchliche Bewegung des Zeitalters in ein neues, entscheidendes Stadium eingetreten (s. Kap. 18). Sowenig aber Albrecht in der Frage der Reichsreform einen selbständigen

Ende der Konzilsperiode – Begründung der Habsburger Monarchie

Kurs zu steuern vermochte, sowenig zeigte er sich auch imstande, dieser schwerwiegenden Entwicklung gegenüber die Autorität seines Königtums zur Geltung zu bringen. Schon Sigmund hatte in Basel trotz aller Bemühungen nicht mehr den gleichen dominierenden Einfluß ausüben können wie in Konstanz. Vollends seine beiden Nachfolger versagten gänzlich vor der ihnen hier gestellten Aufgabe, und die Tatsache, daß es seit dem Tode des Kaisers überhaupt an einer überragenden Persönlichkeit fehlte, die den Lauf der Dinge nachhaltig hätte bestimmen können, hat in nicht geringem Grade zum Scheitern der konziliaren Bewegung beigetragen.

Ähnlich wie die Konstanzer konnte auch die *Baseler Versammlung* mit gutem Grund den Anspruch erheben, eine Repräsentation der allgemeinen abendländischen Kirche darzustellen[1]. Wenn auch die Teilnehmer zunächst nur langsam eintrafen, wuchs ihre Zahl mit der Zeit doch sehr beträchtlich an. Bis zum Frühjahr 1433 hatten sich sieben Kardinäle, fünf Erzbischöfe und 43 Bischöfe eingefunden; auch die weltlichen Mächte waren in überwiegendem Maße wiederum vertreten. Neben den Prälaten stand, sie an Zahl weit übertreffend, die Menge der übrigen Kleriker, von den Dignitaren und sonstigen Mitgliedern von Dom- und Chorherrenkapiteln, den Vertretern der Orden und den Graduierten der Universitäten hinab bis zu der großen Schar der Priester und Mönche niederen Grades. In seiner Organisation wich das Konzil von dem Konstanzer Vorbild insofern grundsätzlich ab, als es sich durch seine *Geschäftsordnung* vom 26. IX. 1432 nicht in Nationen, sondern in vier sachlich abgegrenzte Deputationen gliederte, auf die die gesamte Masse der Konzilsteilnehmer ohne Rücksicht auf ihre nationale Herkunft aufgeteilt wurde: die »deputatio dogmatica« für Glaubensfragen, die »deputatio reformatoria« für die Reform der Kirche, die »deputatio pacis« für die Sicherung des Friedens unter den weltlichen Mächten und die »deputatio pro communibus« für allgemeine Angelegenheiten. In diesen Deputationen wurde nach Köpfen mit einfacher Mehrheit abgestimmt, was vor allem zur Folge hatte, daß die zahlenmäßig stärker vertretenen Deutschen und Franzosen sich leichter gegenüber den anderen Nationen durchzusetzen vermochten. Dazu kam, daß der Kreis der Stimmberechtigten wesentlich weiter gespannt war als in Konstanz; in der späteren Phase des Konzils wurde er sogar auf die niederen Kleriker ausgedehnt, die damit einen nicht unwesentlichen Einfluß auf

21. Das Baseler Konzil und sein Ausgang

seine Entscheidungen erlangten. Die Endabstimmung in der Generalversammlung erfolgte dann nach Deputationen, von denen mindestens drei miteinander übereinstimmen mußten, um einen gültigen Konzilsbeschluß herbeizuführen.

Auf der andern Seite war durch diese stark von demokratischen Gedankengängen bestimmte Regelung die Wirksamkeit des nationalen Moments keineswegs ausgeschaltet. Ohne dadurch eine rechtlich anerkannte Stellung auf dem Konzil zu erlangen, schlossen sich die Angehörigen der einzelnen *Nationen* doch in mehr oder minder strengen Formen zu eigenen Organisationen zusammen, um über gemeinsame Angelegenheiten zu beraten und eine einheitliche Stellungnahme innerhalb der Deputation festzulegen. Nationen in diesem Sinne gab es in Basel vier: die »natio Germanica«, die auch die Vertreter der skandinavischen Länder sowie Polens und Ungarns umfaßte, sodann die französische, die italienische und die spanische Nation. Eine grundsätzliche Rückkehr zu dem Konstanzer System der Abstimmung nach Nationen erstrebten die Engländer, die dann als fünfte den vier genannten an die Seite treten wollten. Jedoch vermochten sie diesen Plan nicht durchzusetzen, da vor allem die Franzosen lebhaften Widerspruch erhoben.

In welchem Maße die Verschiedenheit der nationalen Sonderinteressen auch sachlich den Gang der Verhandlungen beeinflußte, zeigt sich sehr deutlich an der Geschichte der *Reformbestrebungen des Konzils*[2]. Die Baseler Väter haben in dieser Hinsicht, so sehr sie die Frage der kirchlichen Superiorität und der daraus erwachsende Konflikt mit dem Papsttum beschäftigte, eine sehr reichhaltige und fruchtbare Tätigkeit entfaltet, die unmittelbar an Konstanz anknüpfte und den Vergleich mit den dortigen Ergebnissen in keiner Weise zu scheuen brauchte. In der Zeit vom 13. VI. 1433 bis zum 24. I. 1438 hat das Konzil nicht weniger als 16 Reformdekrete erlassen, die durchweg auf sehr eingehenden und gründlichen Vorarbeiten und Verhandlungen beruhten. An führenden Köpfen, die sich mit großem Nachdruck und hohem sittlichem Ernst für eine durchgreifende Reform der Kirche an Haupt und Gliedern einsetzten, fehlte es dabei in keiner der Nationen; aber die eigentlich treibenden Kräfte gingen doch von den Deutschen und den Franzosen aus. Dieser *Unterschied* war in der verschiedenartigen kirchenpolitischen Situation *der einzelnen Länder* begründet. In England hatte sich schon in der zweiten Hälfte des 14. Jh. eine Art von

Ende der Konzilsperiode – Begründung der Habsburger Monarchie

Staatskirche herausgebildet, in der die jetzt vom Konzil erhobenen Forderungen bereits weitgehend verwirklicht waren. Auch die größeren italienischen Stadtstaaten wie Florenz, Mailand und Venedig waren an der Reform nicht übermäßig interessiert, da hier die staatlichen Gewalten meist in stillschweigendem Einvernehmen mit dem Papsttum einen beherrschenden Einfluß auf die Gestaltung der kirchlichen Dinge ausübten. Vollends Aragon, dem unter den spanischen Königreichen allein ein größeres Schwergewicht zukam, betrachtete die ganze Frage lediglich als politisches Druckmittel, um für seine Herrschaft im Königreich Neapel die päpstliche Anerkennung zu erzwingen. Demgegenüber war den Franzosen aufs stärkste daran gelegen, für die von ihnen beanspruchten und schon zweimal (1408 und 1418) proklamierten »Gallikanischen Freiheiten« den Rückhalt einer unanfechtbaren kirchlichen Autorität zu gewinnen, zumal sie unter dem Druck Papst Martins V. (Konkordat von Genazzano, August 1426) sich dem päpstlichen Stellenbesetzungsrecht weitgehend wieder hatten unterwerfen müssen. Am schwierigsten war die *Lage der deutschen Kirche*. Denn diese hatte inzwischen auch die geringen im Konstanzer Konkordat erzielten Erleichterungen wieder eingebüßt, da dieses von vornherein nur auf fünf Jahre befristet gewesen war. In Deutschland sind daher auch die gesamten zur Erörterung stehenden Fragen noch vor Beginn der Konzilsverhandlungen am gründlichsten durchberaten worden. Auf Veranlassung der Erzbischöfe von Mainz und Köln wurden im Herbst mehrere Provinzialsynoden abgehalten, die sich eingehend mit den aufzustellenden Reformforderungen beschäftigten; sie sollten in einer *deutschen Nationalsynode* gipfeln, wo man zu einer einheitlichen Ausrichtung der von der gesamten deutschen Kirche einzunehmenden Haltung zu gelangen hoffte[3]. Eine solche Nationalsynode hat freilich nicht stattgefunden, aber der Erfolg dieser vorbereitenden Bemühungen wurde doch darin sichtbar, daß die deutsche Nation als erste in der Lage war, dem Generalkonzil ein ausgearbeitetes *Reformprogramm* vorzulegen (28. II. 1433, Conc. Bas. 1, 195).

Im Mittelpunkt aller Reformbestrebungen stand in Basel ebenso wie schon in Konstanz das *Problem des kirchlichen Stellenbesetzungsrechts*. Nur hatte man inzwischen erkannt, daß dieser ganze Fragenkomplex zu vielschichtig war, als daß er in seiner Gesamtheit einheitlich hätte erfaßt und erledigt werden können. Daher löste man ihn in die einzelnen sich ergebenden Teil-

21. Das Baseler Konzil und sein Ausgang

fragen auf: Aufhebung der Reservationen von Wahlpfründen sowie von solchen, die durch anderweitige Kollation zu vergeben waren, Beseitigung der Exspektanzen, Neuordnung der Verleihung von Benefizien und Anteil der Graduierten an den verfügbaren Stellen. Als weitere Verhandlungsgegenstände traten sodann die Frage der Annaten und sonstigen kirchlichen Abgaben, eine Neuordnung des Prozeßwesens und die Reform des Papsttums und der Kurie hinzu. Der gesonderten Behandlung dieser Teilprobleme entsprach auch jeweils eine gesonderte Regelung, die durch eine ganze Anzahl von Einzeldekreten erfolgte.

Ihre Spitze richtete die Gesetzgebung des Konzils also ganz eindeutig gegen das Papsttum. Zwar wurde auch die *Reform der Glieder* neben der des Hauptes nicht gänzlich vernachlässigt. So forderte das Konzil mit großem Nachdruck die regelmäßige Abhaltung von Diözesan- und Provinzialsynoden, deren besondere Aufgabe es sein sollte, die Disziplin im Klerus zu überwachen und zu bessern. Überhaupt suchte man das sittliche Niveau der Geistlichkeit zu heben; mit strengen Strafen wurde vor allem das weitverbreitete Konkubinat bedroht. Auch für die Ordnung des Gottesdienstes und für die Handhabung der kirchlichen Wahlen wurden neue Bestimmungen erlassen. Dagegen kam man in andern brennenden Fragen, so z. B. der seit langem geforderten Reform des Ordenswesens und der Einhaltung der Residenzpflicht des Klerus, über fruchtlose Debatten nicht hinaus, und an Bedeutung trat dieser ganze Problemkreis doch in den Schatten der beherrschenden Tendenz, die auf eine *Emanzipation der Landeskirchen von der päpstlichen Zentralgewalt* hinauslief. Zwar gingen die Baseler bei ihrem Bestreben, den Einfluß des Papsttums sowohl bei der Besetzung der kirchlichen Stellen wie auch auf dem Gebiet der Gerichtsbarkeit und des Abgabenwesens zu begrenzen, zunächst durchaus vorsichtig und maßvoll zu Werke. So ist es bezeichnend, daß man in dem Dekret über die Besetzung der Wahlpfründen die im Corpus iuris, also im Dekret Gratians und den Dekretalen festgelegten Reservationen nicht anfocht, sondern nur diejenigen beseitigte, die durch Extravaganten oder Kanzleiregeln eingeführt waren. Auch stieß ein Antrag, dem Dekret eine Klausel einzufügen, wonach jede ihm zuwiderlaufende Handlung des Papstes von vornherein als ungültig zu betrachten sei, auf so starken Widerstand, daß er schließlich fallengelassen werden mußte. Es sei, so erklärte vor allem Cesarini, gegen die

109

Natur der kirchlichen wie der weltlichen Monarchie, den Fürsten so weitgehend an ein positives Gesetz zu binden, daß dadurch seine »Epikie« aufgehoben werde. Dementsprechend billigte man dem Papste an mehr als einer Stelle ausdrücklich zu, daß er aus zwingenden Gründen sich über die bestehenden Vorschriften hinwegsetzen könne. Denn überhaupt waren die *Absichten der Konzilsväter* ursprünglich durchaus *nicht revolutionärer Natur*, sondern zielten lediglich darauf ab, einen älteren Zustand wiederherzustellen, der ihrer ehrlichen Überzeugung nach dem Wohl der Kirche dienlicher gewesen war als der gegenwärtige.

Wenn demgegenüber mit der Zeit sich in Basel *radikalere Strömungen* durchsetzten, so lag das zum Teil an der starrsinnigen Haltung Eugens IV., der jedes Eingehen auf die Wünsche des Konzils ablehnte, obwohl seine Stellung auch dadurch geschwächt war, daß er im Juni 1434 durch eine revolutionäre Erhebung aus Rom vertrieben wurde und nach Florenz fliehen mußte. Auf der andern Seite gingen die Baseler nun zu sehr viel rücksichtsloseren Beschlüssen über, die für das Papsttum in der Tat unannehmbar waren. Dies gilt vor allem von dem *Dekret über die Annaten* (9. VI. 1435, Mansi 29, 104), das mit einem Federstrich alle bisher bei der Verleihung von Benefizien, Konfirmationen oder Ordinationen geleisteten Zahlungen verbot, ohne dafür, wie es ursprünglich in Aussicht genommen war, irgendeine Entschädigung festzusetzen. In einer ähnlichen Richtung bewegten sich die *Dekrete über die Reform der Kurie* vom 22. III. 1436 (Mon. Conc. 2, 847 ff.), die u. a. das herkömmliche, vom Papst unmittelbar nach seiner Wahl zu leistende Glaubensbekenntnis durch eine eidliche Verpflichtung erweiterten, gemäß dem schon früher von den Baselern neuerdings und endgültig festgelegten Grundsatz der Periodizität (27. IV. 1433, Mon. Conc. 2, 352 ff.), Generalkonzilien abzuhalten und die nach den Bestimmungen des Dekrets über die Wahlpfründen vollzogenen Wahlen zu bestätigen. Mit dieser Forderung nach einer Vereidigung des Papstes auf die in Basel geschaffene neue Verfassung der Kirche münden die anfänglich getrennt nebeneinander laufenden Linien des Superioritätsstreites[4] und der Reformbewegung ineinander ein. Zugleich war die Kluft zwischen Papsttum und Konzil so unüberbrückbar geworden, daß die Frage des Tagungsortes für das Unionskonzil (s. Kap. 18) nur noch den letzten Anlaß bildete, der den *offenen Konflikt* auslöste.

21. Das Baseler Konzil und sein Ausgang

In dem nun ausbrechenden Kampf zwischen den beiden höchsten kirchlichen Gewalten mußte ein erheblicher Einfluß auf die Entscheidung den staatlichen Mächten zufallen. Dabei konnte das Konzil, nachdem es am 24. I. 1438 die *Suspension Eugens* ausgesprochen hatte, auf England und den größten Teil Italiens nicht mehr rechnen und blieb auf die Hilfe Frankreichs und Deutschlands angewiesen. Die französische Politik aber wußte die günstige Gelegenheit, die sich ihr bot, sogleich zu nutzen. Im Sommer des gleichen Jahres wurden die Baseler Dekrete über die Superiorität und Periodizität der Generalkonzilien wie auch diejenigen über die Kirchenreform von einer Nationalsynode in Bourges anerkannt und für die französische Kirche übernommen, allerdings mit dem Unterschied, daß an die Stelle des päpstlichen Stellenbesetzungsrechtes nicht, wie es die Baseler beabsichtigten, das Prinzip der freien Wahl, sondern ein weitgehender königlicher Einfluß treten sollte. Der Beschluß der Synode wurde sodann durch ein königliches Gesetz, die *Pragmatische Sanktion von Bourges* (7. VII. 1438), bestätigt; damit hatte Frankreich sein altes Ziel der »Gallikanischen Freiheiten« erreicht. Demgegenüber war Sigmund in seiner letzten Lebenszeit bestrebt gewesen, sich eine Stellung über den Parteien zu sichern, um den Streit durch eine schiedsrichterliche Entscheidung zu schlichten. Diese Linie wurde nach seinem Tode von den *Kurfürsten* fortgesetzt, die bei ihren Verhandlungen über die Wahl Albrechts sowohl dem Papst wie dem Konzil den Gehorsam aufkündigten und sich beiden gegenüber für neutral erklärten (17. III. 1438, RTA 13 n. 130). Diese *Neutralitätserklärung*, der in der Folge auch König Albrecht II. und eine Anzahl von deutschen Reichsständen beitraten, war ursprünglich nur für sechs Monate gedacht, hat dann aber nahezu acht Jahre lang die offizielle Richtschnur der deutschen Kirchenpolitik gebildet[5]. Obwohl sie – wie es scheint, von dem stark romfeindlich eingestellten Publizisten Gregor Heimburg[6] verfaßt – reichspatriotische Töne anklingen ließ, war sie, im Gegensatz zu den Beschlüssen von Bourges, nicht von staats- oder nationalkirchlichen Absichten getragen. Was die Kurfürsten erstrebten, war vielmehr nach wie vor eine Vermittlung zwischen den streitenden Parteien, die notfalls auf einem dritten, statt Basel und Ferrara einzuberufenden Konzil erfolgen sollte. Selbst die »*Mainzer Akzeptation*« vom 26. III. 1439 (RTA 14 n. 56), durch die der König, die Mehrzahl der Kurfürsten und die meisten andern deutschen Metropoliten nun auch ihrerseits eine große Anzahl der Baseler Dekrete anerkannten, war in erster Linie dazu bestimmt, das Konzil durch diese Zugeständnisse dem Vermittlungsplan geneigt zu machen. Von der Pragmatischen Sanktion aber, deren Vorbild sie scheinbar folgte, unterschied sie sich nicht nur dadurch, daß sie zwar das Decretum Frequens, nicht aber das Baseler Superioritätsdekret übernahm, sondern entscheidend war, daß sie Gesetzeskraft erst erlangen sollte, wenn das Konzil zugestimmt habe. Tatsächlich ist sie niemals Reichsgesetz geworden.

Trotzdem glaubten die Baseler nun den nötigen Rückhalt gewonnen zu haben, um den letzten Schlag gegen Eugen IV. zu führen. Inzwischen hatte das Konzil sein Gesicht stark verändert, da sich die gemäßigteren Elemente in zunehmendem Maße von ihm lossagten; so hatten sowohl Cesarini wie Nikolaus von Cues[7] im Laufe des Jahres 1437 Basel den Rücken gekehrt, um sich zu dem von Eugen nach Ferrara berufenen Unionskonzil zu begeben. Dadurch gewannen die radikaleren Tendenzen die Oberhand. Am 16. V. 1439 wurde die *Theorie der konziliaren Superiorität zum Dogma* erhoben und dementsprechend am 25. VI. der *Papst* als »hartnäckiger Häretiker und Ketzer« *für abgesetzt erklärt.* Ohne Rücksicht darauf, daß Eugens Ansehen kurz danach durch den Abschluß der *Union mit den Griechen* auf seinem von Ferrara nach Florenz[8] verlegten Konzil (5. VII. 1439) eine wesentliche Steigerung erfuhr, ließen die Baseler – es waren immerhin noch 39 Prälaten und gegen 300 sonstige Kleriker anwesend – durch einen aus ihrer Mitte gebildeten Ausschuß am 5. XI. die Neuwahl vollziehen.

Felix V., der letzte Gegenpapst[9], zuvor Amadeus VIII., Graf und seit 1416 Herzog von Savoyen, auf den die Wahl fiel, war eine durchaus achtenswerte Persönlichkeit. Nach einem langen, dem erfolgreichen Ausbau seiner Hausmacht gewidmeten Leben hatte er sich als Witwer mit einigen Genossen in die Einsiedelei Ripaille am Genfer See zurückgezogen, wo er ein mönchisches Leben in strenger Askese führte. Mit dem Baseler Konzil, dem er große Sympathien entgegenbrachte, stand er seit langem in engen Beziehungen. Aber die historische Stunde eines Gegenpapsttums war vorüber. Frankreich, England, Kastilien und der größte Teil Italiens hielten an Eugen fest, nur eine Anzahl deutscher Fürsten erklärte sich für Felix. Auch sein Verhältnis zum Konzil trübte sich bald, und so kehrte er gegen Ende 1442 Basel den Rücken und ließ sich in Lausanne nieder.

21. Das Baseler Konzil und sein Ausgang

In den dann folgenden Jahren hat nur die *schwankende Haltung Deutschlands*[10] dem Konzil und seinem Papst noch eine Gnadenfrist gewährt. Aber allmählich bahnte sich auch hier der Umschwung an, zumal Eugen IV. 1443 endlich nach Rom zurückzukehren vermochte, während die Verhandlungen der Baseler immer mehr an Bedeutung verloren. Zuerst gelang es dem Papst, den neuen Herrscher Friedrich III. zu sich herüberzuziehen. Dabei spielte neben dem königlichen Kanzler Kaspar Schlick[11], den Eugen für sich gewonnen hatte, vor allem der italienische Humanist Aeneas Silvius de Piccolominibus eine entscheidende Rolle, der spätere Papst Pius II.[12], der zunächst Schreiber des Konzils und später sogar Sekretär von Felix V. gewesen war, 1442 aber in die Dienste des Königs übertrat. Wesentlich durch seine Vermittlung kam im September 1445 eine *Verständigung zwischen Friedrich III. und Eugen* zustande. Friedrich erklärte sich zur Anerkennung des Papstes bereit, während dieser ihm dafür das lebenslängliche Nominationsrecht in sechs österreichischen Bistümern, die Verfügung über hundert Benefizien und eine Anzahl weiterer kirchlicher Vorrechte in seinen Erblanden zugestand. Friedrich handelte hier also in seiner Eigenschaft als Landesherr, nicht als deutscher König, doch war von vornherein eine spätere Ausdehnung der Obödienzleistung auf das Reich und alle seine Fürsten in Aussicht genommen, wofür ihm der Papst die Kaiserkrönung und eine erhebliche Beisteuer zu den Kosten der Romfahrt zusagte. Allein die Kurfürsten waren für diese neue Politik nicht so leicht zu gewinnen, und als Eugen IV. den unzeitgemäßen Versuch machte, ihre Opposition dadurch zu brechen, daß er am 24. I. 1446 über die beiden Hauptanhänger der Baseler, die Erzbischöfe Dietrich von Köln und Jakob von Trier, Absetzung und Bann verhängte, bildete sich ein neuer *Kurverein* (21. III.–23. IV. 1446), der dem Papst mit der Forderung entgegentrat, seine Maßnahmen zurückzunehmen, die Konstanzer und Baseler Beschlüsse im wesentlichen anzuerkennen und sich zur Berufung eines neuen Konzils zu verpflichten, das den kirchlichen Zwist entscheiden sollte. Jedoch gelang es der skrupellosen Taktik der päpstlichen Unterhändler, den Bund wieder zu sprengen, und so konnte schließlich die *Einigung auf einer mittleren Linie* vollzogen werden: Eugen nahm die deutschen Forderungen mit starken, besonders die Frage der Periodizität und Superiorität der Konzilien betreffenden Abschwächungen an (sogenannte *Fürstenkonkordate*, 5. u. 7. II.

Ende der Konzilsperiode – Begründung der Habsburger Monarchie

1447)[13]; dafür leistete ihm Friedrich III. für Österreich und Böhmen, Mainz, Brandenburg, Sachsen und eine Anzahl weiterer deutscher Stände am 7. II. die Obödienz. Da Eugen jedoch kurz vor seinem Tode (23. II. 1447) die Gültigkeit seiner Erklärungen wieder in Frage stellte, wurde der endgültige Abschluß erst unter seinem Nachfolger Nikolaus V.[14] (6. III. 1447–24. III. 1455) erreicht. Auf Grund der Beschlüsse eines *Aschaffenburger Fürstentages* (Juli 1447) vereinbarte Friedrich als Reichsoberhaupt für die »Deutsche Nation« mit dem Papst das *Wiener Konkordat*[15], das am 17. II. 1448 von ihm besiegelt, sodann aber am 19. III. als einseitiges päpstliches Privileg von Nikolaus verkündet wurde. Es erhielt die Reservationen in stark erweitertem Umfang aufrecht, ließ bei der Wahl von Erzbischöfen, Bischöfen und exemten Äbten die Möglichkeit einer Verwerfung durch den Papst mit nachfolgender Provision bestehen und gestand ihm in den sogenannten »päpstlichen (ungeraden) Monaten« die Besetzung eines bestimmten Teils der niederen Pfründen zu. Indem aber das Konkordat an die Stelle der Baseler Dekrete trat, wurden diese zum größten Teil aufgehoben, und die deutsche Kirche sah sich auf die Stufe des Konstanzer Konkordats zurückgeworfen, ohne daß diesmal eine zeitliche Begrenzung vorgesehen war. Allerdings ist das Wiener Konkordat niemals als Reichsgesetz verkündigt worden. Vielmehr blieb es den einzelnen Ständen überlassen, Sonderabmachungen innerhalb seines Rahmens mit der Kurie zu treffen. In diesen Verhandlungen, die sich noch bis 1476 hinzogen, haben manche von ihnen noch ansehnliche Zugeständnisse an landeskirchlichen Vorrechten nach dem Muster der von Friedrich III. 1445/46 für seine Erblande getroffenen Abmachung für sich erzielt.

Inzwischen hatte auch die Stunde des Konzils geschlagen. Von Friedrich aus *Basel* vertrieben, siedelten seine letzten Teilnehmer am 7. VII. 1448 *nach Lausanne* über, wo dann unter dem Druck Karls VII. von Frankreich die *Verständigung mit dem Papsttum* erfolgte. Am 7. IV. 1449 erklärte Felix V. in einer Sitzung des Konzils seinen Rücktritt, am 19. erkannte dieses in der fiktiven Form einer Neuwahl Nikolaus V. als rechtmäßigen Papst an und beschloß am 25. selbst seine *Auflösung*. Damit hatte die Epoche der Konzilien ihr Ende erreicht. Die *Bulle Execrabilis* vom 18. I. 1460, in der *Papst Pius II.* (19. VIII. 1458 bis 14. VIII. 1464) jede Appellation vom Papst an ein künftiges Konzil für nichtig erklärte und mit den schwersten Kirchen-

21. Das Baseler Konzil und sein Ausgang

strafen bedrohte[16], setzte nur noch den Schlußpunkt unter die gesamte Entwicklung.

Allein dieser Sieg des Papsttums war im Grunde doch nur ein halber Erfolg, da er nicht aus eigenen Kräften errungen war. Den Ausschlag hatten zum guten Teil die *weltlichen Mächte* gegeben, an deren Hilfe beide Teile appelliert hatten. Vor die Alternative gestellt, auf welche Seite sie treten sollten, hatten sie sich, so sehr sie ursprünglich die konziliare Bewegung gefördert und sich ihrer zu bedienen gewußt hatten, schließlich doch für das Papsttum entschieden. Denn auf die Dauer konnten sie sich der Einsicht nicht verschließen, daß die Ideale der Konzilsväter mit ihren eignen Interessen schwer zu vereinbaren waren. Bei dem bestehenden System der Kirchenregierung gab es für sie immer noch die Möglichkeit, durch Verhandlungen mit der Kurie ihre Wünsche bei der Stellenbesetzung geltend zu machen oder sich einen Anteil an den kirchlichen Steuern und Abgaben, dem Zehnten oder selbst den Ablaßgeldern zu sichern. Dagegen bot eine der römischen Autorität weitgehend entzogene, auf sich selber gestellte und auf dem Grundsatz der freien Wahl beruhende Kirchenverfassung solchen Einwirkungen sehr viel weniger Spielraum. Daher bewegten sich die Zugeständnisse, mit denen das Papsttum den Preis für die ihm gewährte Unterstützung bezahlen mußte, weiter in der gleichen Richtung. Im Unterschied zu den großen westlichen Monarchien aber konnten diese in Deutschland nicht mehr dem Reichsganzen, sondern nur den aufstrebenden Territorien zugute kommen. Die kirchenhoheitlichen Befugnisse, wie sie Fürsten und Städte in mannigfacher Abstufung durch die *Einzelkonkordate* erwarben, die Verfügungsgewalt über die Besetzung von Landesbistümern und der Anteil an der Vergebung sonstiger Pfründen, Aufsichtsrechte gegenüber den Klöstern, Beschränkungen der geistlichen Gerichtsbarkeit und ähnliches mehr, bildeten den Grundstock eines *landesherrlichen Kirchenregiments*[17], dessen Herausbildung ein wesentliches Moment in der allgemeinen Entstehungsgeschichte der Territorien darstellt.

Es kommt hinzu, daß sich gleichzeitig in den herrschenden Zeitströmungen ein starker Wandel vollzog. Zweifellos hat in weiten Kreisen des Volkes das Scheitern der Reformbestrebungen die tiefste Enttäuschung ausgelöst. Allein der *genossenschaftliche Gedanke*, der das geistige Fundament der konziliaren Bewegung gewesen war, hatte in der langen Zeit erfolgloser

Ende der Konzilsperiode – Begründung der Habsburger Monarchie

Kämpfe einen großen Teil seiner *Kraft verloren*. Statt dessen war das *herrschaftliche Prinzip*[18] wieder stärker hervorgetreten, sowohl im Bereich der Kirche wie in dem des Staates. Gegenüber dem gemäßigten Konstitutionalismus des Cusanus formulierte der Dominikaner Juan Torquemada die Doktrin des Papalismus in ihrer schärfsten Form. Und hatte schon Cesarini vor einer allzu starken Bindung der Fürsten an das positive Recht gewarnt, so proklamierte Aeneas Silvius in dem Traktat ›De ortu et auctoritate imperii Romani‹, den er als Sekretär in der Kanzlei Friedrichs III. verfaßte (1446), die unbeschränkte Allgewalt des Kaisers[19]. Auf romanischem Boden erwachsen, wirkten diese absolutistischen Gedankengänge auch nach Deutschland hinüber und haben, wenn auch in abgeschwächter Form, die kommende Entwicklung beeinflußt. Das Zeitalter der Konzilien wurde abgelöst durch das Zeitalter der Fürsten.

[1] Quellen u. allg. Literatur s. o. S. 100. Dazu P. Lazarus, Das Baseler Konzil, seine Berufung u. Leitung, seine Gliederung u. Behördenorganisation (1912); J. Dephoff, Zum Urk.- u. Kanzleiwesen des Konzils v. Basel (1930); W. Sieberg, Studien zur Diplomatie d. Basl. Konzils (Diss. Ms. Heidelberg 1951). Dazu DW⁹ 7974.

[2] Vgl. J. Haller, s. o. Kap. 19, Anm. 12; E. Bursche, Die Reformarbeiten d. Basl. Konzils (Diss. Basel 1921); R. Zwölfer, Die Reform der Kirchenverfassung auf d. Konzil v. Basel, Basler Zs. f. Gesch.wiss. 28/29 (1929/30).

[3] K. Beer, Der Plan eines dt. Nationalkonzils von 1431, MÖIG Erg.Bd. 11 (1929).

[4] Vgl. dazu R. Bäumler, Die Stellungnahme Eugens IV. zum Konstanzer Superioritätsdekret in der Bulle ›Etsi non dubitemus‹, in: Das Konzil v. Konstanz, s. o. S. 51, wichtig auch für die heutige Beurteilung der Frage nach der Verbindlichkeit der Konstanzer Dekrete; vgl. o. Kap. 14, Anm. 6.

[5] A. Bachmann, Die dt. Kge. u. d. kurfürstl. Neutralität 1438–1447, AÖG 75 (1889); Gertrud Weber, Die selbständ. Vermittlungspolitik der Kurfürsten 1437/38 (1915).

[6] P. Joachimsohn, Gregor Heimburg (1891); ders., HJb 17 (1896).

[7] Vgl. o. Kap. 18, Anm. 4 u. 5 und Kap. 19, Anm. 6. Für die spätere Lebenszeit Cusanus-Texte 4: Briefwechsel des N. v. C., 1. Sammlung, hg. v. J. Koch, SB Akad. Heidelberg (1944), dazu ders., N. v. C. u. seine Umwelt, ebd. 1944/48; Texte 4, 2: Das Brixener Briefbuch des N. v. C., hg. v. F. Hausmann, ebd. 1952; Texte 4, 3: Vermächtnis u. Brief an Nikolaus Albergati, hg. v. G. v. Bredow, ebd. 1955; Texte 4, 4: E. Maschke, N. v. K. u. d. Dt. Orden, ebd. 1956; M. Birck, N. v. C. auf d. Konzil von Basel, HJb 13 (1892); St. Ehses, Der Reformentwurf d. Kardinals N. C., HJb 32 (1911); E. Meuthen, Die letzten Jahre des N. v. K. (1958). Weitere umfangreiche Einzelliteratur DW⁹ 8779 u. bei Seppelt-Schwaiger, Gesch. d. Päpste (oben S. 11), 4, S. 488 ff.

[8] Vgl. J. Gill, The Council of Florence (1959).

[9] H. Manger, Die Wahl Amadeos v. Savoyen zum Papst (Diss. Marburg 1901); J. Stutz, Felix V., Zs. f. schweiz. KiG 24 (1930); F. Cognasso, Amadeo VIII. (2 Bde. 1930).

[10] Vgl. A. Werminghoff, Nationalkirchliche Bestrebungen im dt. MA (1910).

[11] O. Hufnagel, Kaspar Schlick als Kanzler Fr.s III., MIÖG Erg.Bd. 8

(1911); A. Zechel, Studien über K. Schlick (1939).

[12] Quellen s. o. S. 100; Literatur: G. Voigt, E. S. de P. als Papst Pius II. u. sein Zeitalter (3 Bde. 1856/63); A. Weiss, Aeneas S. P. als P. Pius II. Sein Leben und Einfluß auf die literarische Kultur Deutschlands (1897); Th. Buyken, E. S. P. Sein Leben u. Wirken bis z. Episcopat (1931); G. Bürck, Selbstdarstellung u. Personenbildnis bei E. S. P. (1956); B. Widmer, E. S. P. in d. sittlichen u. politischen Entscheidung (1963); L. M. Veit, Pensiero e vita religiosa di E.S.P. prima della sua consecrazione episcopale (1964); A. Lhotsky, Aeneas Silvius u. Österreich (1965); vgl. auch ders., Quellenkunde, S. 392 ff.

[13] A. Mercati, Raccolta di concordati (s. Kap. 14, Anm. 14) 1, S. 168 ff.

[14] Vgl. K. Pleyer, Die Politik Nikolaus' V. (1927).

[15] A. Mercati, Raccolta 1, S. 177 ff.; K. Zeumer, Quellensammlung zur Gesch. d. dt. Reichsverfassung ([2]1913) n. 168.

[16] C. Mirbt, Quellen zur Gesch. des Papsttums ([4]1924) n. 406.

[17] J. Hashagen, Staat u. Kirche vor d. Reformation (1931); W. Dersch, Korr.Bl. d. Ges.Vereins d. dt. Gesch.-Ver. 80 (1932, gute Übersicht über die Probleme u. Einzelliteratur). Vgl. auch DW[9] 8000a.

[18] K. Eckermann, Studien z. Gesch. d. monarch. Gedankens im 15.Jh.(1933).

[19] Druck bei S. Schardius, De iurisdictione, auct. et praeeminentia imperiali (1566), und bei G. Kallen, Aeneas Silvius Picc. als Publizist in d. Epistola de ortu usw. (1939).

Kapitel 22
Friedrich III. und das Reich

Albrechts II. Nachfolger Friedrich III. (als Herzog von Steiermark Friedrich V.) war der älteste Sohn Herzog Ernsts des Eisernen von Österreich und trotz seiner 24 Jahre seit dem Tode König Albrechts II. *Haupt des Habsburgischen Hauses*. Neben ihm standen nur sein jüngerer Bruder Albrecht VI. (1418–1463) und sein unmündiger Vetter Sigmund (1427–1496), Sohn Herzog Friedrichs IV. von Tirol, über den er die Vormundschaft ausübte. Auch Albrecht II. hatte ihn, falls das von seiner Witwe Elisabeth bei seinem Tode erwartete Kind männlichen Geschlechts sein würde, für diesen Erben seiner Länder Österreich, Böhmen und Ungarn zum Vormund bestimmt. Obwohl er somit nur über einen Teil des habsburgischen Hausbesitzes unmittelbar verfügte und seine Stellung im übrigen mit manchen Schwierigkeiten und Unsicherheitsfaktoren belastet war, erschien er den geistlichen Kurfürsten doch als der *einzig mögliche Anwärter auf den Thron*, zumal durch die Stimmen seines Schwagers Friedrich II. von Sachsen sowie Pfalzgraf Ludwigs IV. die nötige Mehrheit für ihn von vornherein gesichert war. Dieser Mehrheit traten auch Branden-

Ende der Konzilsperiode – Begründung der Habsburger Monarchie

burg und Böhmen, die zunächst für Landgraf Ludwig von Hessen gestimmt hatten, nachträglich bei und stellten so die Einstimmigkeit her (2. II. 1440, RTA 15 n. 92ff.). Am 6. IV. 1440 nahm Friedrich die Wahl an[1].

Ähnlich wie Sigmund sah sich der neue Herrscher vor eine *Fülle schwer zu bewältigender Aufgaben* gestellt. Das Reich war von Westen und Osten her bedroht. Seitdem der hundertjährige Englisch-Französische Krieg seinem Ende zuneigte und *Frankreich* durch den Frieden mit Burgund (Arras 1435) und durch einen Waffenstillstand mit England (1444–1449) freiere Hand bekam, begann es, in seine alte, gegen den Rhein gerichtete Ausdehnungspolitik wieder einzulenken. Gleichzeitig machte sich im Osten der *slavische Druck* in wachsendem Maße fühlbar und rückte die *Türkengefahr* immer näher heran. Im Innern verlangten nicht nur die kirchliche Frage (s. Kap. 21), sondern auch das *Problem der Reichsreform* dringend nach einer Lösung. Und überall durchdrangen sich auch jetzt die *Hausmachtinteressen* des Herrschers mit denen des Reiches zu einem schwer zu entwirrenden Ganzen. Im vollen Unterschied aber zu Kaiser Sigmund war Friedrich III. eine schwunglose und zur Passivität neigende, wenn auch bedachtsam rechnende und zäh an ihren Plänen festhaltende Natur[2]. Dabei standen Größe und Macht seines Hauses für ihn im Brennpunkt aller seiner Bestrebungen, und es ist schwer zu sagen, ob sich dahinter eine größere, das Ganze des Reiches umfassende Konzeption verbarg. Zwar hat er seine Gedanken frühzeitig auf den Erwerb der Kaiserkrone gerichtet. Ohne Heer, aber mit einem würdigen Gefolge zog er im Frühjahr 1452 durch Italien und wurde von Papst Nikolaus V., der ihn auch selber mit der portugiesischen, mütterlicherseits aus dem aragonesischen Königshaus stammenden Prinzessin Eleonore[3] vermählte, am 19. III. 1452 gekrönt – es ist die letzte *Kaiserkrönung,* die von einem Papst in Rom vollzogen wurde![4] Aber für die Verpflichtungen, die ihm diese Würde auferlegte, hat er wenig Verständnis gezeigt, und daß seine berühmte *Devise AEIOV* wirklich den ihr in der Regel unterlegten Sinn gehabt hat: »Austriae est imperare orbi universo« oder »Alles Erdreich ist Österreich untertan«, ist nach neueren Forschungen sehr zweifelhaft geworden[5]. Auch darüber gehen die Meinungen auseinander, ob er die großen Gewinne, die er in seiner Hauspolitik erzielte, mehr seiner unerschütterlichen Beharrlichkeit und den Künsten seiner Diplomatie zu danken hatte oder aber einem günstigen Ge-

22. Friedrich III. und das Reich

schick, das sie ihm endlich in den Schoß warf. Entscheidend bleibt jedenfalls die Tatsache, daß diese Erfolge nicht nur den Grund für die *Entstehung der habsburgischen Monarchie* gelegt, sondern auch die Voraussetzungen für einen *neuen Aufstieg des Reiches* geschaffen haben.

Im Jahre 1442 war Friedrich, nachdem ihn bis dahin innere Schwierigkeiten in seinen Hausländern festgehalten hatten, zum erstenmal in den Westen des Reiches gekommen – am 17. VI. hatte er in Aachen die Krone des römischen Königs empfangen (RTA 16 n. 100/12)[6]. Doch beschäftigte ihn auch damals in erster Linie eine Frage seiner *Hauspolitik*. Ein Zwist, der zwischen der mächtigen Stadt Zürich und dem überwiegenden Teil der *Schweizer Eidgenossenschaft* ausgebrochen war, schien ihm nämlich die erwünschte Gelegenheit zu bieten, die alten, nie verschmerzten Verluste seines Hauses in diesen Landen wieder einzubringen und vor allem das habsburgische Stammland, den Aargau, zurückzugewinnen. Gestützt auf Zürich und die den Habsburgern noch verbliebenen südwestdeutschen Besitzungen, suchte er den Eidgenossen einen die Nordschweiz, Vorarlberg und Schwaben umfassenden Gegenbund gegenüberzustellen, wobei er besonders den ständischen Gegensatz des Adels gegen die Schweizer Bauern ausnutzen wollte. Und schließlich trug er, da die Kämpfe für Zürich unglücklich verliefen, sogar kein Bedenken, sich der Hilfe der sogenannten *Armagnaken*[7] zu bedienen, der berüchtigten franfranzösischen Söldnerscharen, mit denen Karl VII. von Frankreich den Krieg gegen Burgund und England geführt hatte und deren er sich nun nach Möglichkeit zu entledigen strebte. Schon unter Albrecht II. hatten sie das Elsaß mit einem entsetzlichen Raubzug heimgesucht und sich nur durch ein hohes Lösegeld zum Abzug bewegen lassen (1439). Jetzt eröffnete das Anerbieten des Habsburgers der französischen Politik die erwünschte Aussicht, ihre alte Expansionspolitik auf Kosten des Reiches[8] ein Stück weiter vorzutreiben. Sowohl der Dauphin, der ein Armagnakenheer durch den Sundgau gegen Basel heranführte, wie auch der König selbst, der gleichzeitig einen Vorstoß gegen die lothringischen Reichsbistümer Metz, Toul und Verdun unternahm, erklärten ganz offen, daß sie bei dieser Gelegenheit etliche angeblich Frankreich gehörige und ihm widerrechtlich entfremdete Gebiete zurückerobern wollten. Die Bedrohung verstärkte sich, als die Truppen des Dauphins, dem die Tapferkeit der Eidgenossen trotz seines blutigen Sieges bei *St. Jakob*

Ende der Konzilsperiode – Begründung der Habsburger Monarchie

an der Birs (26. VIII. 1444) den Mut zum weiteren Vordringen
benommen hatte, ins Elsaß zurückkehrten. Wenn dann die von
Friedrich leichtfertig heraufbeschworene Gefahr noch einmal
vorüberging, so war das allein das Verdienst der unmittelbar
betroffenen, militärisch ganz auf sich allein gestellten Landschaften *Elsaß und Lothringen* selber, die ihre Treue zum Reich
mit schweren Opfern an Leib und Gut zu bezahlen hatten, aber
durch ihren hartnäckigen Widerstand die Franzosen schließlich
zum Abzug bestimmten (1445), den sie sich freilich auch dieses
Mal teuer entgelten ließen. In der Schweiz aber gewannen die
Eidgenossen wieder gänzlich die Oberhand, so daß Zürich sich
gezwungen sah, unter Verzicht auf das habsburgische Bündnis
in ihre Reihen zurückzutreten (1450). Damit waren Friedrichs
Pläne vollkommen gescheitert.

Nicht glücklicher war der König auf dem Felde der *inneren
Reichspolitik.* Die sogenannte *Reformation Friedrichs III.*, ein
Reformgesetz, das er am 14. VIII. 1442 auf einem Frankfurter
Reichstag erließ (RTA 16 n. 209), brachte gegenüber dem
bestehenden Zustand keinen nennenswerten Fortschritt, da es
die entscheidenden Fragen der Gerichtsordnung und der
Kreiseinteilung überhaupt nicht berührte und die Bestimmungen zur Einschränkung der Fehde, die es enthielt, wirkungslos
bleiben mußten, solange es an den nötigen Mitteln fehlte, ihnen
Nachdruck zu verleihen[9]. Auch ein Nürnberger Reichstag von
1444 erbrachte keine besseren Ergebnisse, und von nun an trat
der Gedanke der Reichsreform auf längere Zeit ganz in den
Hintergrund. Friedrich kehrte in seine Erblande zurück, um
erst nach 27 Jahren wieder im Westen des Reiches zu erscheinen[10].

In den folgenden Jahrzehnten kann man von einer einheitlichen Reichsgeschichte nicht mehr sprechen. Das historische
Geschehen löst sich auf in eine Reihe von Einzelabläufen, die
höchstens noch durch lockere Fäden miteinander verbunden
sind. In Nordwestdeutschland führte der Versuch des Kölner
Erzbischofs Dietrich von Mörs, die Machtstellung seines
Hauses über ganz Westfalen auszudehnen, zu einem kriegerischen Zusammenstoß mit Herzog Adolf von Cleve, der sogenannten *Soester Fehde*[11], die nach fünf Jahren durch den
Schiedsspruch eines päpstlichen Legaten (April 1449) beendet
wurde, dann aber in der langdauernden *Münsterischen Stiftsfehde*
zwischen Dietrich und den von Cleve unterstützten Grafen von
Hoya (1450/57) ihre Fortsetzung fand. Das Ergebnis, wieder-

22. Friedrich III. und das Reich

um entscheidend durch päpstlichen Einfluß bestimmt, bestand darin, daß Dietrich auf seine hochfliegenden Pläne verzichten mußte, während Cleve gestärkt aus dem Kampf hervorging. In Süddeutschland fand gleichzeitig der fortdauernde Gegensatz zwischen Fürsten und Städten seinen Ausdruck im *Entstehen neuer Einungen*. Einem großen, 31 Mitglieder umfassenden Städtebund (1446), an dessen Spitze Nürnberg, Ulm, Augsburg und Esslingen standen, trat ein von dem Markgrafen *Albrecht Achilles von Zollern* geführter Fürstenbund gegenüber. Albrecht, ein jüngerer Bruder Markgraf Friedrichs II. von Brandenburg, verfolgte das Ziel, die fränkischen Besitzungen seines Hauses zu einem geschlossenen Territorium auszubauen, die Bistümer Würzburg, Bamberg und Eichstätt seinem Einfluß zu unterwerfen und auf diese Weise ein neues »Herzogtum Franken« zu errichten. Dabei stieß er vor allem auf den Widerstand der Reichsstadt Nürnberg, die in einem sich durch fünf Jahre (1448–1453) hinziehenden Städtekrieg ihre Stellung ungeschmälert behauptete[12]. Im ganzen aber zeigte sich auch bei dieser Gelegenheit der mangelnde Zusammenhalt unter den Städten, und allmählich trat überhaupt ihre Unterlegenheit den Fürsten gegenüber immer deutlicher hervor. Die Zeit ihrer Einungen war vorüber, die Gefahr der Mediatisierung durch das Landesfürstentum zog wieder herauf, und 1462 gelang es dem Kurfürsten Adolf II. von Mainz tatsächlich, den Sitz seines Erzbistums von sich abhängig zu machen und damit die Reichsstadt zur Landstadt herabzudrücken.

Auf der andern Seite lösten Albrechts fränkische Pläne aber auch einen schweren *Konflikt* mit seinen dadurch am stärksten betroffenen fürstlichen Nachbarn, den *Wittelsbachern*, aus, der auf einen großen Teil Süddeutschlands übergriff. Während die Herzöge Ludwig IX. der Reiche von Landshut (1450–79)[13] und Albrecht IV. von München (1465–1508) sich mit Pfalzgraf Friedrich dem Siegreichen (1451–76), einem der erfolgreichsten Territorialpolitiker des Zeitalters, zusammenschlossen, stand Albrecht Achilles im Bunde mit Württemberg, Baden und Mainz. Rückhalt suchte er auch beim Kaiser, der ihm jedoch keinerlei wirksame Hilfe gewährte. Ausschlaggebend war demgegenüber die Tatsache, daß der *Böhmenkönig Georg Podiebrad* (s. Kap. 23) der bayrischen Partei beitrat. So nahm der Krieg für den Markgrafen einen unglücklichen Verlauf. Am 19. VII. 1462 wurde er von Ludwig dem Reichen bei Giengen geschlagen; wenige Wochen zuvor, am 30. VI., hatte der Pfalzgraf bei

Ende der Konzilsperiode – Begründung der Habsburger Monarchie

Seckenheim über seine Gegner gesiegt. Podiebrad war es denn auch, der im August 1463 den *Frieden von Prag* vermittelte. Albrecht behauptete seine bisherigen Besitzungen, aber mit dem Gedanken einer geschlossenen fränkischen Territorialbildung war es zu Ende. Franken blieb auch weiterhin einer der buntscheckigsten Flecken auf der Karte des Reiches.

Das Verhalten des Kaisers ist um so bezeichnender, weil die *Wittelsbacher* zugleich das *Haupt der reichsständischen Opposition* bildeten, während Albrecht als Führer der kaiserlichen Partei auftrat, wenigstens soweit er seinen eignen Vorteil damit vereinen konnte. Aber Friedrichs Politik dem Reich gegenüber scheint von dem Gedanken bestimmt gewesen zu sein, dem Prozeß der Territorienbildung, der sich damals in Deutschland vollzog, seinen eignen Lauf zu lassen, solange die Interessen seines Hauses davon nicht unmittelbar berührt wurden (Schmeidler). Diese Passivität hatte schon seit längerem die Unzufriedenheit der Kurfürsten erregt und den *Gedanken* wachgerufen, Friedrich einen *Reichsstatthalter* an die Seite zu stellen. Seit seiner Kaiserkrönung schien zudem die Möglichkeit gegeben, zu diesem Zweck einen *römischen König zu wählen.* Als Anwärter auf diese Würde erscheint in den Jahren 1459/61 Georg Podiebrad, und der Anhang, den er fand, war so stark, daß selbst sein erbitterter Feind Albrecht Achilles der Gefahr nur dadurch begegnen zu können glaubte, daß er vorschlug, die Statthalterschaft rechts und links des Rheines dem Böhmenkönig und dem Herzog von Burgund, also einem Tschechen und einem Franzosen, zu übertragen. In den Jahren 1467 und 1469 betrieb Podiebrad die Wahl Karls des Kühnen zum römischen König. Mit diesen Projekten, von denen freilich keines zur Ausführung kam, verknüpften sich zugleich langdauernde *Verhandlungen über die Frage der Reichsreform* (s. Kap. 25), die jetzt von den Fürsten neuerdings aufgegriffen wurde. Dem Kaiser gegenüber verfügten sie jetzt über ein neues Druckmittel, da er dringend ihrer Unterstützung gegen die nach der Eroberung Konstantinopels (1453) unaufhaltsam bis in die habsburgischen Erblande hinein vordringenden Türken bedurfte. Aber Friedrich verzichtete lieber auf diese Hilfe, als daß er seine Zustimmung zu wirklich durchgreifenden Maßnahmen gegeben hätte. Den fürstlichen Forderungen suchte er sich durch Halbheiten und scheinbare Zugeständnisse zu entziehen und kam selbst über Ansätze nicht hinaus. Das von ihm im Jahre 1467[14] erlassene Landfriedensgesetz erbrachte zwar

22. Friedrich III. und das Reich

in Einzelbestimmungen einige Verbesserungen, aber zu nennenswerter praktischer Geltung ist es nicht gelangt.

Diese Lage veränderte sich auch nicht wesentlich, als Friedrich im Jahre 1471 der *Türkennot* wegen zum erstenmal wieder im Reich erschien. Zwar erließ er auf einem Regensburger Reichstag des gleichen Jahres wiederum ein neues Reichslandfriedensgesetz, das insofern einen gewissen grundsätzlichen Fortschritt bedeutete, als es einen jeden auf dem Wege der Fehde verfolgten Anspruch ohne weiteres für nichtig erklärte; eine wirkliche Wendung zum Besseren aber konnte es schon seiner zeitlichen Begrenzung wegen ebenfalls nicht erbringen. In den nächsten Jahren zeigte sich dann immer deutlicher, daß Friedrich auch jetzt nicht gewillt war, von seinen Hoheitsrechten irgend etwas Wesentliches preiszugeben, während andrerseits die Stände die vom Kaiser begehrte *Reichshilfe* entweder gänzlich verweigerten oder so eng wie möglich beschränkten. Nur der Einfall Karls des Kühnen ins Reich (s. Kap. 24) rüttelte beide Teile für eine kurze Frist aus ihrer Gelassenheit auf; aber der starke Aufschwung reichspatriotischer Begeisterung, den der Neußer Krieg auslöste, blieb ungenutzt, da der Kaiser sogleich in die Bahnen seiner Hausmachtpolitik zurücklenkte.

In das letzte Jahrzehnt seiner Regierung fallen dann zwei für die Reichsgeschichte höchst bedeutsame Ereignisse, bei denen die zaudernde, in ihren Motiven schwer zu durchschauende Art des Kaisers noch einmal sehr anschaulich zutage tritt. Am 16. II. 1486 wurde sein Sohn *Maximilian* von den Kurfürsten in Frankfurt *zum römischen König gewählt* und damit zum erstenmal seit Karl IV. wieder die Sohnesfolge im Reich gesichert. Es ist aber sehr zweifelhaft[15], ob diese Wahl, die für Friedrich die Krönung seiner Lebensarbeit darstellen mußte, wirklich von ihm selbst angestrebt und herbeigeführt worden ist oder ob nicht vielmehr Maximilian und die Kurfürsten sie ihm geradezu aufdrängten, um endlich auf diese Weise eine Art von Reichsstatthalterschaft ins Leben zu rufen. Friedrich war jedenfalls auch jetzt ängstlich darauf bedacht, sich jeder Einschränkung seiner Machtvollkommenheit zu entziehen, und ließ sich von seinem Sohn die eidliche Zusage geben, daß er sich ohne Einwilligung des Vaters nicht in die Regierungsgeschäfte einmischen werde. Deutlicher erkennbar ist seine Rolle in der Gründungsgeschichte des *Schwäbischen Bundes*[16]. Trotz ihrer offiziellen Bezeichnung als »Kaiserlicher Bund in Schwaben« verdankte diese neue Verkörperung, die der Einungsgedanke

Ende der Konzilsperiode – Begründung der Habsburger Monarchie

sozusagen auf seinem klassischen Boden erlebte, ihre Entstehung keineswegs einer Initiative von seiten Friedrichs, sondern entsprang vielmehr unmittelbar aus den besonderen politischen Bedingungen des schwäbischen Raumes. Da die weitgehende Zersplitterung des alten Stammesgebietes, innerhalb dessen als bedeutenderes Territorium allein die Grafschaft Württemberg erwachsen war, immer wieder die Ausdehnungsgelüste der mächtigeren Nachbarn herausforderte, hatte sich allmählich die Erkenntnis der Notwendigkeit einer Überwindung der eingewurzelten ständischen Gegensätze Bahn gebrochen. So schlossen sich Adel und Städte Schwabens am 14. II. 1488 in Esslingen zu einer Einung zusammen, der bald auch Graf Eberhard im Bart von Württemberg (1450–96)[17] und Herzog Sigmund von Tirol beitraten. Seine Spitze richtete der Bund vor allem gegen die bayrischen Herzöge, die damals in starkem Vordringen nach Westen begriffen waren. Insofern berührten sich seine Interessen mit denen des Kaisers, der ebenfalls in scharfem Gegensatz zu den Bayern stand. So hat Friedrich den Bund durch seine kaiserliche Gewalt autorisiert, ihn mannigfach gefördert und sich seiner auch in den bayrischen Händeln bedient. Seiner weiteren Ausdehnung nach Mitteldeutschland hinein aber stand er sehr mißtrauisch gegenüber, und einen Versuch, das starke Machtinstrument, das der Bund durch seine straffe Organisation und seine militärische Schlagkraft darstellte, im Sinne der Pläne Sigmunds (s. Kap. 25) für eine umfassende Neuordnung des Reiches zu verwenden, hat er nicht unternommen.

Das Bild der Reichspolitik Friedrichs III. bleibt somit zusammenhanglos und ohne klare Konturen. Um so stärker hebt sich davon die innere Folgerichtigkeit seiner *Hauspolitik* ab, die ihre wohl von Anfang an klar erkannten Ziele trotz aller Verzögerungen und Rückschläge zuletzt doch so gut wie vollständig erreicht hat.

---

[1] Seine entsprechende Erklärung veröffentlicht A. Lhotsky, DA 15 (1959).

[2] Vgl. die Charakteristik bei L. v. Ranke, Deutsche Gesch. im Zeitalter d. Reformation, hg. v. P. Joachimsen, Bd. 1 (1925), S. 66 f. Die sonst. Urteile der neueren Forschung sind zusammengestellt bei F. Tremel, Studien z. Wirtschaftspolitik Fr.s III. 1435–1453, Carinthia I, Bd. 146 (1956), S. 549 ff. Vgl. auch

Brigitte Haller, Fr. III. im Urteil d. Zeitgenossen (Diss. Wien 1965).

[3] F. v. Krones, Leonor v. P., Mitt. Hist. Ver. Steiermark 49 (1902).

[4] J. Martens, Die letzte Kaiserkrönung in Rom 1452 (Diss. Leipzig 1900); dazu auch H. Quirin, Fr. III. in Siena, in: Aus Reichstagen des 15. u. 16.Jh. (1958), s. o. S. 607; A. Strnad, Joh. Hinderbachs Obedienz-Ansprache vor

Papst Pius II., Röm. hist. Mitteil. 10 (1966/67).

[5] A. LHOTSKY, AEIOV, Die »Devise« K. Fr.s III. u. sein Notizbuch, MIÖG 60 (1952).

[6] J. SEEMÜLLER, Fr.s III. Aachener Krönungsreise, MIÖG 17 (1896).

[7] Quellen jetzt RTA 17, 2; dazu H. GERBER, Frankfurt/M. u. d. Reichskrieg gegen d. Armagnaken, Archiv f. Frankfurts Gesch. u. Kunst, 4. Folge 4 (1933).

[8] Vgl. P. MAROT, L'expédition de Charles VII à Metz, BECh 102 (1941); P. E. HÜBINGER, Die Anfänge der franzős. Rheinpolitik, HZ 171 (1951).

[9] Positiver beurteilt das Gesetz H. ANGERMEIER (s. o. Kap. 3, Anm. 4), S. 397 ff.

[10] Eine bezeichnende Episode, die vergeblichen Bemühungen, Friedrich zum Besuch des Regensburger Reichstags vom April 1454 zu bestimmen, schildert H. WEIGEL, Kaiser, Kurfürst (Eb. Jakob v. Trier) und Jurist (Joh. v. Lysura), in: Aus Reichstagen des 15. u. 16. Jh., s. o.

[11] J. HANSEN, Westfalen und Rheinland im 15. Jh., 1: Die Soester Fehde (1888), 2: Die münster. Stiftsfehde (1890, Publ. Preuß. StA.); A. KORN, Beitr. z. Gesch. der Soester Fehde, Zs. d. Ver. f. Gesch. Soest 62 (1949), sowie Bd. 13, Kap. 10. Über die bereits damals einsetzende burgundische Ausdehnungs-

politik in NW-Dtld. vgl. F. PETRI, Westfäl. Forsch. 7 (1953/54); A. GALL, in: Aus MA u. NZ, Festschr. G. KALLEN (1957) betr. Jülich sowie unten Kap. 24.

[12] Vgl. E. W. KANTER, Mgf. Albrecht Achilles 1 (1911), nicht voll ausreichend, vgl. P. JOACHIMSEN, HZ 112 (1914); O. FRANKLIN, Albr. Ach. u. die Nürnberger 1449–1453 (1866); A. F. RIEDEL, Der Krieg des Mgf. Albr. A. m. d. Stadt Nürnberg, Zs. f. Preuß. Gesch. u. Landeskunde 4 (1867); E. FRANZ, s. Kap. 2, Anm. 4; A. WERMINGHOFF, Ludwig v. Eyb d. Ältere 1417–1502 (1919), mit reichhaltigen Literaturangaben.

[13] A. KLUCKHOHN, Ludwig d. R., Hg. v. Bayern-Landshut (1865); S. RIEZLER, in: Allg. Dt. Biogr. 19 (1884); H. GALLAS, Hg. Ludwig d. R. u. d. Reichsreformbewegung 1459–1467 (Diss. München 1937).

[14] Vgl. I. MOST, Der Reichslandfriede v. 20. 8. 1467, in: Syntagma Friburgense (1956).

[15] Für die Kontroverse zwischen H. ULMANN u. A. BACHMANN (DW⁹ 7990) vgl. die letzten Äußerungen der beiden Autoren HV 4 (1901) u. 5 (1902).

[16] E. BOCK, Der schwäb. Bund u. seine Verfassungen (1927); F. ERNST, Reichs- u. Landespolitik im Süden Dtlds. am Ende des MA, HV 30 (1935).

[17] F. ERNST, Eberhard im Bart (1933).

Kapitel 23
Die östlichen Erbländer Habsburgs

Als Elisabeth, die Witwe König Albrechts II., am 22. II. 1440 einem Sohn, *Ladislaus* mit dem Beinamen Postumus, das Leben schenkte, schien die habsburgische Thronfolge in den von seinem Vater beherrschten Ländern Österreich, Böhmen und Ungarn wenigstens für eine weitere Generation gesichert. Allein wenn schon Albrechts Regiment in Böhmen und Ungarn auf mancherlei Widerstände gestoßen war, so mußten diese Schwierigkeiten sich naturgemäß noch vermehren, wenn nun ein Kind das Zepter führen sollte. In der Tat wurde das Erb-

Ende der Konzilsperiode – Begründung der Habsburger Monarchie

recht des Ladislaus unumwunden nur in *Österreich* anerkannt, und auch hier suchten die Stände die Gelegenheit auszunutzen, um sich einen stärkeren Einfluß auf die Regierung des Landes zu sichern. In *Ungarn* gelang es der Königinwitwe durch rasches Handeln die Krönung ihres Sohnes mit der Stephanskrone zu Stuhlweißenburg vollziehen zu lassen (15. V. 1440). Allein ein großer Teil des Adels, der schon unter Albrecht II. seine deutschfeindliche Gesinnung gezeigt hatte, erkannte den jungen König nicht an, sondern rief statt seiner den *polnischen König Wladislaw III.* herbei; am 17. VII. wurde er, ebenfalls in Stuhlweißenburg, zum König von Ungarn gekrönt. Aber dieser Versuch einer Wiederherstellung der alten *ungarisch-polnischen Union* war nur von kurzer Dauer. Zwar konnte Wladislaw das Land zum größten Teil in seine Hand bringen und widmete sich auch sogleich mit allem Nachdruck der dringendsten seinem Königtum gestellten Aufgabe, der Abwehr der Türken[1], die unter ihrem bedeutenden Sultan Murad II. immer weiter auf dem Balkan vordrangen und die ungarischen Grenzen ernsthaft bedrohten. Allein dieser Türkenfeldzug endete nach anfänglichen Erfolgen mit der furchtbaren *Niederlage bei Warna* (10. XI. 1444), die auch Wladislaw selbst das Leben kostete[2]. Nun wurde Ladislaus von den Ungarn als König anerkannt, zugleich aber in der Person des Edlen Johann Hunyadi, der sich in den Türkenkämpfen vielfach ausgezeichnet hatte, ein Reichsverweser bestellt.

Am verwickeltsten lagen die Dinge in *Böhmen*, wo die religiösen Gegensätze noch immer die politische Gruppierung bestimmten. Gegenüber dem katholischen, zunächst noch zu Habsburg neigenden Adel gewann allmählich die utraquistisch-nationaltschechische Partei die Oberhand, zu deren anerkanntem Führer sich in diesen Jahren der schon als Gegner Albrechts II. hervorgetretene *Georg Podiebrad* aus dem Hause der Herren von Kunstadt[3] emporschwang. Er stand in enger Verbindung mit dem 1435 zum Erzbischof von Prag erwählten, aber vom Papst nicht bestätigten *Magister Johann Rokyzana*, den die Utraquisten als ihr geistiges Haupt betrachteten. Nachdem Podiebrad sich der Hauptstadt Prag bemächtigt (1448) und mit Hilfe Rokyzanas die noch unter den Utraquisten bestehenden Spannungen überwunden hatte, setzte er sich gegenüber allen im Lande bestehenden Widerständen soweit durch, daß er im Frühjahr 1452 auf einem Prager Landtag auf zwei Jahre zum Verweser des Königreiches gewählt wurde. Von nun an er-

23. Die östlichen Erbländer Habsburgs

scheint er, zumal es ihm im folgenden Jahr noch gelang, die letzten Reste der Taboriten zu beseitigen, als der tatsächliche Herrscher Böhmens.

All dem gegenüber tat Friedrich III., der auch der Erhebung Podiebrads ausdrücklich zugestimmt hatte, nur wenig, um die Rechte seines Mündels Ladislaus zu wahren. Ihm lag nur daran, sich der Person des jungen Königs zu versichern, indem er ihn dauernd an seinem Hofe behielt. Im übrigen verharrte er in der ihm eigentümlichen Passivität, so daß nun auch in *Österreich* eine *ständische Gegenbewegung* einsetzte, an deren Spitze Graf Ulrich von Cilli, ein Neffe der zweiten Gemahlin Sigmunds, und Ulrich Eizing, ein unter König Albrecht II. zu Einfluß und Reichtum gelangter Adliger bayrisch-österreichischer Herkunft standen. Sie verbündeten sich mit Johann Hunyadi und den ungarischen Ständen sowie den böhmischen Gegnern Podiebrads, belagerten den eben von seiner Romfahrt zurückgekehrten Kaiser in seiner Residenz Wiener Neustadt und zwangen ihn, auf die Vormundschaft zu verzichten und *Ladislaus* freizugeben (4. IX. 1452). Damit konnte dieser dem Namen nach selbständig die *Regierung im Herzogtum Österreich sowie Ungarn* antreten. Nach längeren Verhandlungen erklärte sich schließlich auch Georg Podiebrad bereit, *Ladislaus als König von Böhmen* anzuerkennen, jedoch unter der Bedingung, daß er sein Kronrecht nicht aus dem Prinzip der Erblichkeit, sondern aus einer von den böhmischen Ständen vorzunehmenden Wahl ableite. Nachdem Ladislaus sich eidlich am 19. X. 1453 auf diese Forderung verpflichtet hatte, wurde er am 28. X. in Prag gekrönt. Zuvor jedoch hatte er die Statthalterschaft Podiebrads um weitere sechs Jahre verlängert; in Wirklichkeit behielt dieser nach wie vor die Zügel der Regierung in der Hand. Ebensowenig vermochte Ladislaus sich in Ungarn gegen die Söhne des Hunyadi, die seinen Oheim Ulrich von Cilli ermordet hatten, oder in Österreich gegen die von Eizing geführten Stände durchzusetzen, bis ihn am 23. XI. 1457 im Alter von noch nicht achtzehn Jahren *die Pest hinwegraffte*. Mit ihm erlosch im Mannesstamm die albertinische Linie des habsburgischen Hauses.

Der frühzeitige, erbenlose Tod des jungen Königs schuf eine gänzlich veränderte Lage. Unbestreitbar war die habsburgische Nachfolge nur im Herzogtum *Österreich*, aber neben Friedrich III. forderten auch die beiden andern noch überlebenden Mitglieder seines Hauses, sein Bruder Albrecht VI. und sein Vetter Sigmund von Tirol, einen Anteil an der Erbschaft. Zwar kam es im

127

Juni 1458 zu einer Einigung, nach der Friedrich Niederösterreich mit Wien und Albrecht Oberösterreich erhielt, während Sigmund mit einer Beteiligung an den finanziellen Erträgnissen der beiden Länder abgefunden wurde. Aber die Zwistigkeiten hörten damit nicht auf, und in diesen Familienhändeln verbrauchte Friedrich, der auch mit starken inneren Widerständen in seinen Kronlanden zu kämpfen hatte, die ihm zur Verfügung stehenden Kräfte so weitgehend, daß er der gleichzeitigen Entwicklung in Böhmen und Ungarn im wesentlichen ihren Lauf lassen mußte.

Denn hier setzte sich nun die nationale Bewegung auf Kosten des habsburgischen Erbrechts vollends durch. In *Böhmen* hätte nach dem geltenden, von Karl IV. in der Goldenen Bulle noch einmal bekräftigten Thronfolgerecht die Krone sich in der weiblichen Linie forterben und somit an einen der Schwiegersöhne Albrechts II. übergehen müssen. Allein die *Stände*, die schon gegenüber Albrecht und seinem Sohn Ladislaus die *Anerkennung ihres Wahlrechts* durchgesetzt hatten, hielten an diesem Standpunkt auch jetzt fest. So behauptete gegen alle andern Bewerber *Georg Podiebrad* das Feld; am 2. III. 1458 wurde er zum *König von Böhmen* gewählt. Seine Wahl bedeutete einen neuen Schritt innerhalb der großen *slavischen Reaktionsbewegung*, die sich damals im gesamten östlichen Vorfeld des Reiches auf Kosten des Deutschtums vollzog; ein Jahr zuvor hatten die tschechischen Söldner des Deutschen Ordens die Marienburg dem polnischen König überliefert (s. Bd. 5, Kap. 62b); jetzt bestieg zum erstenmal seit dem Aussterben der Przemysliden wieder ein Tscheche den böhmischen Thron! Friedrich aber blieb nichts übrig, als das Geschehene anzuerkennen und sich mit Podiebrad zu verständigen. Nicht viel günstiger verliefen die Dinge in *Ungarn*. Schon am 24. I. 1458 wurde hier der jüngere Sohn des mittlerweile nach einem letzten ruhmvollen Türkensieg verstorbenen Johann Hunyadi, *Matthias* mit dem Beinamen *Corvinus*[4], zum König gewählt. Erst im folgenden Jahr (1459) vereinigte ein kleiner Teil der Magnaten in einer neuen Wahl seine Stimmen auf Friedrich III., ohne daß dieser jedoch imstande gewesen wäre, die ihm dadurch gebotene Chance zu nutzen. Nachdem ein Versuch, sich bei diesen Streitigkeiten der Hilfe Podiebrads zu bedienen, infolge der in Böhmen um diese Zeit neu ausbrechenden religiösen Kämpfe gescheitert war, mußte *Friedrich* sich dazu verstehen, das *Königtum des Corvinus anzuerkennen* (Juli 1463). Doch schloß er gleichzeitig

23. Die östlichen Erbländer Habsburgs

eine *Erbeinung* mit ihm ab, um so dem habsburgischen Hause wenigstens einen Wechsel auf die Zukunft zu wahren; auch den aus der Wahl von 1459 hergeleiteten Titel eines Königs von Ungarn behielt Friedrich bei.

Fürs erste jedoch hatte die habsburgische Sache einen schweren Rückschlag erlitten, und vor allem war es der Böhmenkönig, dessen aufsteigendes Gestirn die Geltung des Kaisers in den südöstlichen Ländern und selbst im weiteren Reichsgebiet binnen kurzem zu überstrahlen begann. Unter der *Regierung Podiebrads* gewann Böhmen, indem es die Wunden der Hussitenkriege allmählich überwand, seine alte Bedeutung als eines der stärksten Territorien des Reiches wieder zurück. So erklärt sich die bedeutende Rolle, die Podiebrad in den Jahren vor und nach 1460 in der Reichspolitik spielte (s. Kap. 22). Auch in die fortdauernden *Kämpfe der habsburgischen Brüder* griff er entscheidend ein. Als Albrecht VI. dem Kaiser im Juni 1461 offen den Krieg erklärte und ihn gemeinsam mit den aufständischen Bürgern Wiens in seiner Residenz, der Hofburg, belagerte, war es Podiebrad, der Friedrich rettete und ein neues Abkommen vermittelte (Dezember 1462), das freilich dem Kaiser so schwere Opfer auferlegte, daß ein Wiederausbruch des Streites nur durch den plötzlichen erbenlosen *Tod Herzog Albrechts VI.* (2. XII. 1463) verhindert wurde. Über Österreich und das Reich hinaus erstreckten sich die Beziehungen Podiebrads auch in den Raum der allgemeinen europäischen Politik, bis nach Polen und Frankreich. Es schien, als ob die Tage Karls IV. noch einmal wiederkehren sollten, nur daß es jetzt nicht mehr die Zentralgewalt war, die über die Machtmittel Böhmens verfügte.

Bei alledem krankte *Podiebrads Königtum* von vornherein an einer *inneren Schwäche*, die in seiner *Stellung zu den religiösen Fragen* begründet lag. Er war emporgekommen als Vertreter und *Vorkämpfer der Utraquisten*; bei seiner Krönung hatte er sich in feierlicher Weise zur Aufrechterhaltung der Landesprivilegien verpflichtet, in denen auch die Kompaktaten, das Palladium der böhmischen Religionsfreiheit, einbegriffen waren. Gleichzeitig aber hatte er, in dem Bestreben, die zweifelhaften Grundlagen seiner Herrschaft durch eine Anerkennung von seiten des Papsttums zu verstärken, im geheimen einen *Eid* geleistet, in dem er versprach, sein Volk in Kultus und Ritus *zur völligen Einheit mit der katholischen Kirche zurückzuführen.* Aus diesem Widerspruch vermochte er sich in der Folge nicht mehr

129

Ende der Konzilsperiode – Begründung der Habsburger Monarchie

zu befreien, zumal das Papsttum mittlerweile wieder genügend erstarkt war, um auf der Einlösung seines Scheines beharren zu können. Als sich Podiebrad unter dem Druck der von Rokyzana geführten, jedem Kompromiß abgeneigten utraquistischen Partei neuerdings zu den Kompaktaten bekannte, erklärte Pius II. diese, die ohnehin niemals eine päpstliche Bestätigung gefunden hatten, am 31. III. 1462 in feierlicher Form für nichtig und aufgehoben und eröffnete nach einigem Zögern gegen den König den *Ketzerprozeß*, der am 23. XII. 1466 in seiner Absetzung gipfelte. Die Vollstreckung des Urteils aber übernahm *Matthias Corvinus*, der auf diese Weise die *Vereinigung von Böhmen und Ungarn*, wie sie unter Sigmund und Albrecht bestanden hatte, wiederherzustellen hoffte. Er verständigte sich mit der innerböhmischen Opposition, insbesondere den schlesischen Ständen, die sowohl ihr katholisches Bekenntnis wie auch die Sorge um ihr durch den tschechischen Nationalismus bedrohtes Deutschtum auf seine Seite führte. Dagegen suchte *Podiebrad Anlehnung bei dem polnischen König Kasimir II.*, der in der Zeit Albrechts II. schon selbst der Gegenkandidat der utraquistisch-nationalistischen Partei gewesen war (s. Kap. 20), und bestimmte dessen Sohn *Wladislaw* zu seinem Nachfolger. Obgleich die Kurie gegen ihn das Kreuz predigen ließ[5], vermochte er sich so gegenüber allen seinen Feinden zu behaupten; erst sein plötzlicher Tod am 22. III. 1471[6] führte einen wirklichen Umschwung herbei. Denn Wladislaw konnte sich nur im *eigentlichen Böhmen* Anerkennung verschaffen, und so einigte er sich nach einigen Jahren mit Corvinus auf der Grundlage des beiderseitigen Besitzstandes, wobei dem letzteren die gesamten *Nebenlande Mähren, Schlesien und die Lausitzen* zufielen. Jeder der beiden Herrscher sollte den Titel eines Königs von Böhmen innehaben, nach dem Tode eines von ihnen sollte die Wiedervereinigung aller Länder der böhmischen Krone stattfinden.

Obgleich *Corvinus* auf diese Weise nur einen Teil der Hinterlassenschaft Podiebrads in seine Hände gebracht hatte, erscheint er von nun an als der eigentliche Erbe jener beherrschenden Stellung, die vor ihm der Böhmenkönig eingenommen hatte. Selbst eine bedeutende, vielseitig veranlagte Persönlichkeit, als Staatsmann und Feldherr ausgezeichnet, wie sein Vater ein ruhmvoller Vorkämpfer der Christenheit gegen die Türken, auch den Künsten und Wissenschaften, zumal dem Humanismus geneigt, konnte er den Plan verfolgen, sich im

23. Die östlichen Erbländer Habsburgs

Südosten Europas die absolute Vormacht zu sichern. So mußte es schließlich auch zum *Konflikt mit dem Kaiser* kommen, zumal dieser in der Abwehr der Türken gänzlich versagte und nicht einmal ihr Eindringen in seine Erblande verhindern konnte. Zu Beginn der achtziger Jahre eröffnete Matthias den Angriff und *eroberte* in kurzer Zeit den *größten Teil von Österreich, Kärnten und Steiermark*[7]; die *Wiener Burg* wurde seine dauernde Residenz. Allein so gut wie bei Podiebrad hing auch in diesem Fall der gesamte Aufschwung allein an der Person des Herrschers. Als Corvinus am 6. IV. 1490 starb, konnte der aus den Niederlanden herbeigeeilte Maximilian die verlorenen Hausbesitzungen rasch zurückgewinnen, in Ungarn selber eindringen und auch hier die alten habsburgischen Ansprüche erneuern. Jedoch hatten die *ungarischen Stände*, die eine Wiederkehr des straffen, von Matthias geführten Regiments befürchteten, inzwischen den schwachen *Wladislaw von Böhmen* zum König *gewählt* (15. VII. 1490), und Maximilian blieb nichts übrig, als diese *Vereinigung Böhmens und Ungarns* in der Hand der *Nebenlinie* des *jagiellonischen Hauses* zunächst anzuerkennen. Jedoch vermochte er sich im Frieden von Preßburg (7. XI. 1491), auf die zwischen Friedrich III. und Matthias Corvinus 1463 geschlossene Erbeinung zurückgreifend, doch wenigstens für den Fall von Wladislaws erbenlosem Tode das Nachfolgerecht in Böhmen und Ungarn zu sichern: Der alte Gedanke einer habsburgischen Herrschaft in den drei Ländergruppen des Südostens blieb somit auch für die Zukunft lebendig.

---

[1] N. JORGA, Gesch. des osman. Reiches 2 (1909); F. BABINGER, Mehmed II. der Eroberer u. s. Zeit (1953).

[2] O. HALECKI, The Crusade of Varna (1943).

[3] Maßgebend jetzt F. G. HEYMANN, George of Bohemia, King of Heretics (1965); O. ODLOŽILÍK, The Hussite King. Bohemia in European Affairs 1440–1471 (1965); vgl. auch I. MATISON, Der »Hussitenkönig« Georg von Podebrad in seiner Zeit, in: Veröffentlichungen des Collegium Carolinum 16 (1964), sowie zuletzt F. SEIBT im Hdb. d. Gesch. d. böhm. Länder 1 (1967), § 101 f.

[4] FRAKNÓI, Matthias Corvinus (dt. Übersetzung 1891); B. HÓMAN, Mathias Hunyadi, Ung. Jbb. 20 (1940); dazu H.

SCHÖNEBAUM, Das Zeitalter d. Hunyadi in polit. u. kulturgesch. Hinsicht (1915), m. ält. Lit.

[5] Vgl. K. A. FINK, Der Kreuzzugsablaß gegen G. Pod. in Süd- u. Westdtld., QFItA 24 (1932/33).

[6] Ob damals an der Kurie schwebende Verhandlungen noch vorher zu einem Kompromiß geführt hatten, wie O. E. SCHMIDT, Des Böhmenkönigs G. v. P. Lösung vom Kirchenbann und sein Tod, NA f. sächs. Gesch. 59 (1938), annimmt, bleibt zweifelhaft.

[7] E. SCHAFFRAN, Beitr. zum 2. u. 3. Einfall der Ungarn in NÖsterreich 1477 u. 1481/90, Jb. d. Ver. f. Landeskunde von NÖ (1932).

Kapitel 24
Der Westen: Die Schweiz und Burgund

Seitdem das deutsche Königtum seinen Sitz nach dem Osten
verlegt hatte, standen die *westdeutschen Grenzlande* auf der
Schattenseite der Reichspolitik. Sie waren wie von jeher Stätten
blühenden wirtschaftlichen und kulturellen Lebens, aber die
Zeit, als sie den Kerngebieten des Reiches zugezählt werden
konnten, war lange vorüber. Bei ihrer starken räumlichen
Zersplitterung, ihrer noch unausgereiften staatlichen Organisation und der mangelnden Entwicklung ihrer Wehrkraft
mußten sie ein verlockendes Objekt für die Ausdehnungsbestrebungen annexionslüsterner Nachbarn darstellen. Gegenüber dieser Gefahr fanden sie weder bei den mächtigeren in
ihrer Nähe gesessenen deutschen Fürsten noch bei der Reichsgewalt Schutz und nachhaltige Unterstützung. Zwar wurden
die deutschen Herrscher der Zeit besonders von den rheinischen Kurfürsten in den Wahlkapitulationen und bei anderen
Gelegenheiten häufig genug auf die ihnen hier erwachsenden
Pflichten hingewiesen, aber über wirkungslose Ansätze, diese
Aufgabe zu lösen, sind sie niemals hinausgekommen. So voll-
zieht sich im Laufe des 15. Jh. an dieser Stelle ein unaufhalt-
samer *Auflösungsprozeß*, der die Gestalt des Reiches an seiner
Westflanke einschneidend verändern sollte.

Dabei war der Hauptgegner, von dem die ständige Bedrohung der westdeutschen Reichslande ausging, in dieser Zeit
nicht mehr das durch den Hundertjährigen Krieg geschwächte
Frankreich, das nur gelegentlich, so vor allem im Armagnaken-
krieg (s. Kap. 22), seine alten Ansprüche wieder anmeldete.
Als eigentlicher Träger des *französischen Expansionsgedankens*
erscheint vielmehr jetzt die *neuburgundische Macht*, die unter der
Herrschaft einer Nebenlinie des Hauses Valois seit ihrer Begründung im Jahre 1363 (s. Kap. 4) einen raschen Aufschwung
genommen hatte[1]. Ihre Ausdehnungsbestrebungen richteten
sich an erster Stelle gegen die nördliche Zone des deutsch-
französischen Grenzraumes, die in zahlreiche Einzelterritorien
gegliederten, jeder stärkeren Zusammenfassung entbehrenden
Niederlande. Hatte schon der Begründer des Hauses, Herzog
Philipp der Kühne (1363–1404), durch seine Vermählung mit
der Erbtochter Margarete von *Flandern* diese reiche Grafschaft
erworben, mit der auch das *Artois* und die *Freigrafschaft Burgund* verbunden waren, so war es vor allem sein Enkel Philipp

132

24. Der Westen: Die Schweiz und Burgund

der Gute (1419–65, gest. 1467)[2], der die so gewonnene Stellung systematisch abrundete[3]. So erwarb er käuflich die *Grafschaft Namur* (1429) und brachte auch die Herzogtümer *Brabant* und *Limburg*, die sein Vater Johann ohne Furcht (1404–19) auf Grund einer ebenfalls von Philipp dem Kühnen begründeten dynastischen Anwartschaft im Jahre 1406 gewonnen, dann aber seinem jüngeren Sohn Anton übertragen hatte, nach dem raschen Aussterben dieser Nebenlinie (1430) in seinen unmittelbaren Besitz[4]. Sodann zwang er in langen, wechselvollen Kämpfen die letzte Vertreterin des niederländischen Zweiges der Wittelsbacher, die schöne und ehrgeizige Herzogin Jakobäa von Bayern, ihm die tatsächliche Herrschaft in ihren Erblanden *Hennegau, Holland und Seeland* zu überlassen (1426/28); nach Jakobäas Abdankung (1436) wurden diese endgültig in den burgundischen Staatsverband eingegliedert. In den folgenden Jahren gelang es ihm dann noch, das *Herzogtum Luxemburg* seinem angestammten Herrscherhause zu entziehen (1451)[5] und die *Bistümer Lüttich, Utrecht und Cambrai* seiner Schutzherrschaft zu unterwerfen (1439/57), so daß im gesamten niederländischen Raum allein noch das östliche Friesland und das Herzogtum Geldern ihre Unabhängigkeit behaupteten.

Diese neue, auf einer Vereinigung reicher und bedeutender französischer und deutscher Gebietsteile beruhende Großmachtbildung machte sehr bald ihr Schwergewicht in der allgemeinen europäischen Politik geltend. Die *Pläne Philipps des Guten* griffen weit über seinen unmittelbaren Herrschaftsbereich hinaus. Lange Zeit hindurch beschäftigte ihn der *Gedanke eines Kreuzzugs gegen die Türken*[6]. Nach dem Fall Konstantinopels erschien er auf dem Regensburger Reichstag von 1454, um dem Kaiser ein starkes Hilfsheer anzubieten. In der folgenden Zeit stellte er neben Georg Podiebrad eine der maßgebenden Figuren in der Reichspolitik dar (s. Kap. 22). Auch mit Papst Pius II. stand er wegen der Türkenfrage in Verbindung. Als »*Großherzog des Abendlandes*« und vornehmster Fürst der Christenheit nahm er neben Papst und Kaiser eine nahezu ebenbürtige Stellung ein; letztes Ziel seiner Bestrebungen war ein eigenes Königtum nach dem Vorbilde des alten lotharingischen Zwischenreiches.

Sein Sohn *Karl der Kühne* (le Téméraire, 1465–77)[7] hat diese Politik folgerichtig fortgesetzt und vollendet, aber auch übersteigert und damit der Katastrophe entgegengeführt. Was ihm vorschwebte, war die *Begründung eines großen burgundischen*

133

Ende der Konzilsperiode – Begründung der Habsburger Monarchie

Königreiches, das sich in einem Zuge von der Scheldemündung bis zum Mittelmeer erstrecken sollte. Denn während er die vom Vater ererbte niederrheinische Stellung systematisch ausbaute, war er zugleich bestrebt, im *Süden des Reiches* festen Fuß zu fassen, indem er ein Bündnis mit Mailand schloß, das Herzogtum Savoyen im Wettbewerb mit Frankreich[8]) weitgehend seinem Einfluß unterwarf und Ansprüche auf die Provence erhob. Die wichtigste Aufgabe aber mußte für ihn darin bestehen, die Brücke von seinen niederländisch-luxemburgischen Besitzungen zum Stammland seines Hauses, dem Herzogtum Burgund, sowie zur Freigrafschaft hinüberzuschlagen. Das *Elsaß* sowie das Herzogtum *Lothringen* bildeten notwendigerweise die wichtigsten Zielpunkte seiner Politik.

Für die *Lage am Oberrhein* bestimmend war damals noch immer die alte *Feindschaft zwischen Habsburg und der Eidgenossenschaft*[9]. Diese hatte durch den Sieg über Friedrich III. (s. Kap. 22) einen mächtigen Auftrieb erhalten. Weitere Städte und Landschaften, so Stift und Stadt St. Gallen, Appenzell und Schaffhausen, ja selbst das schwäbische Rottweil, traten dem Bunde bei und schlossen sich unter verschiedenartigen Bedingungen mit den acht alten Orten zusammen. Damit waren die Eidgenossen stark genug geworden, um ihrerseits zur Offensive überzugehen. So entrissen sie den Habsburgern 1460 den *Thurgau*, das letzte bedeutende Stück ihrer Besitzungen auf Schweizer Boden; im fünfzehnjährigen *Konstanzer Frieden von 1461* mußte Herzog Sigmund von Tirol, der Herr der Vorderen Lande, sich mit diesem Verlust abfinden. Es folgten vielfache Reibungen rechts und links des Rheins. Im Jahre 1468 drangen eidgenössische Truppen unter Führung von Bern und Solothurn zum Schutze der vom sundgauischen Adel bedrängten Reichsstadt *Mühlhausen* ins Elsaß ein und bedrohten sogar den *österreichischen Schwarzwald*, bis sich Sigmund, vom Kaiser wie vom Reich im Stich gelassen, auch hier zu einem demütigenden Frieden entschloß (27. VIII. 1468).

Diese ihren früheren Traditionen vollkommen widersprechende *Expansionspolitik der Eidgenossen* ist die *Ursache der Burgunderkriege* geworden. Denn Herzog Sigmund sah in seiner Not keinen andern Ausweg, als sich Karl dem Kühnen in die Arme zu werfen. Am 9. V. 1469, kurz vor Ablauf des ihm von den Schweizern für die Zahlung einer Kriegsentschädigung gesetzten Termins, verpfändete er ihm im *Vertrag von St. Omer* gegen das Versprechen bewaffneter Hilfeleistung seine ober-

134

24. Der Westen: Die Schweiz und Burgund

elsässischen sowie die angrenzenden rechtsrheinischen Besitzungen. Damit fiel das *Elsaß* zum erstenmal in seiner Geschichte einer länger dauernden romanischen Fremdherrschaft anheim. Eine burgundische Verwaltung unter dem Ritter von Hagenbach wurde eingerichtet, die die endgültige Eingliederung des Landes in den Verband des burgundischen Gesamtstaates vorbereiten sollte[10].

Diesem ersten großen Erfolge sollten sich bald noch weitere anschließen. Durch die Verlobung seiner einzigen Tochter Maria mit Nikolaus von Kalabrien, dem damaligen Herzog von *Lothringen* (13. VI. 1472), begann Karl der Kühne seinen Einfluß auch auf das zweite Teilstück der fehlenden Landbrücke auszudehnen. Am Ende des gleichen Jahres ließ er sich sodann unter Ausnutzung von Familienstreitigkeiten im dortigen Herrscherhaus das *Herzogtum Geldern* verpfänden (7. XII. 1472)[11]. Damit hatte er nicht nur die niederländische Territorialbildung seines Vaters zum Abschluß gebracht, sondern er bedrohte auch die anschließenden Territorien Cleve, das Bistum Utrecht und Friesland und schließlich sogar das Erzstift Köln. So trat die Notwendigkeit einer *Regelung der Rechtsverhältnisse zwischen Burgund und dem Reich* immer dringender hervor. Kaiser Sigmund hatte die burgundischen Erwerbungen auf Reichsboden niemals anerkannt, da er dem Reichslehnrecht entsprechend das Prinzip der weiblichen Erbfolge, auf der sie fast durchweg beruhten, nicht gelten lassen wollte. Statt dessen schlug *Friedrich III.* in dieser Frage ganz neue Wege ein. Mit seinem feinen politischen Instinkt witterte er die Möglichkeit, durch eine dynastische Verbindung diesen mächtigen neuen Territorialstaat seinem eigenen Hausbesitz einzugliedern. So hatte er sich Philipp dem Guten gegenüber auf die Forderung beschränkt, daß dieser für seine Erwerbungen die Lehnshoheit des Reiches anerkennen solle. Von 1462 an verfolgte er sodann den *Gedanken*, seinen noch im Kindesalter stehenden Sohn *Maximilian mit der Erbtochter Maria zu vermählen* und ihm auf diese Weise die *Nachfolge Karls des Kühnen* zu sichern. Damit erkannte der Kaiser nicht nur das weibliche Erbfolgerecht für Burgund an, sondern kam auch den burgundischen, auf die Begründung eines einheitlichen *Gesamtstaats* gerichteten Wünschen entgegen. Denn schon Philipp der Gute hatte damit begonnen, eine solche engere Verschmelzung seiner zunächst nur durch das lose Band einer Personalunion verbundenen Erblande in die Wege zu leiten. Die Stiftung des

135

Ende der Konzilsperiode – Begründung der Habsburger Monarchie

Ordens vom Goldenen Vließ (1430), der den niederländischen Adel über die Grenzen der einzelnen Territorien hinweg um die Person des Herrschers zusammenschloß, die Errichtung einer Reihe von Verwaltungsbehörden, die ihre Zuständigkeit über den ganzen niederländischen Bereich oder wie der höchste Gerichtshof des »Großen Rates« in Mecheln sogar über das gesamte burgundische Staatsgebiet erstrecken sollten, endlich die Berufung von Generalständen der Niederlande im Jahre 1463 sind Meilensteine auf diesem Wege. Eine Auseinandersetzung mit diesen weitschauenden Plänen aber war um so unumgänglicher, weil die *burgundische Expansionspolitik* ganz überwiegend *zu Lasten des Reiches* ging. Zwar glaubte Karl der Kühne gleichzeitig auch Frankreich unter Druck setzen zu können, um die dort seit den Tagen der Jungfrau von Orléans sich vollziehende nationale Staatsbildung zu hemmen oder sogar rückgängig zu machen. Er suchte das französische Königtum durch eine *Kette von Bündnissen*[12] zu umspannen, die von Venedig über Spanien bis nach England reichten. Die stärkste Grundlage seiner Macht aber sollte sein eignes burgundisches Königreich bilden, das er, von den französischen Kronlehen abgesehen, auf den Trümmern der westdeutschen Grenzlande aufzubauen gedachte. Auf einer *Zusammenkunft in Trier* (Herbst 1473)[13] suchte der Kaiser zu einer grundsätzlichen Verständigung mit Karl zu gelangen. Soweit die nicht ganz deutliche Überlieferung erkennen läßt, beanspruchte der Herzog als Preis für die Hand Marias zunächst die römische Königswürde, verbunden mit der Anwartschaft auf das Kaisertum nach Friedrichs Tod, ermäßigte sodann aber seine Forderungen dahin, daß seine stark zu erweiternden Besitzungen in einem neu zu errichtenden *Königreich Burgund* (vielleicht auch in zweien, Burgund und Friesland) zusammengefaßt werden sollten; wie weit dabei auch jetzt noch Erinnerungen an das alte lotharingische Zwischenreich mitgespielt haben, läßt sich nicht mit Sicherheit ausmachen[14]. Für dieses oder für die beiden Königreiche war Karl bereit, dem Reich die Gesamthuldigung zu leisten, während die einzelnen Territorien, die es umfaßte, als burgundische Kronlehen dem Reich gegenüber mediatisiert werden sollten. Der Kaiser war im Hinblick auf seine dynastischen Hoffnungen nicht abgeneigt, auf den Plan einzugehen; im Laufe des November wurden im Trierer Dom bereits Vorbereitungen für die Königskrönung des Burgunders getroffen. Doch scheiterte das ganze Projekt schließlich an der Haltung

24. Der Westen: Die Schweiz und Burgund

der Kurfürsten, deren von Karl dem Reichsrecht entsprechend geforderte Zustimmung nicht zu erzielen war, da sie einer weiteren Steigerung der habsburgischen Hausmacht starke Bedenken entgegenbrachten. So bestand das einzige konkrete Ergebnis der Trierer Verhandlungen schließlich darin, daß Karl dem Kaiser für das *Herzogtum Geldern* die Lehnshuldigung leistete und damit wenigstens für eines seiner Territorien die Reichshoheit anerkannte.

Schon das folgende Jahr brachte für Karls Politik einen weiteren schweren Rückschlag. Im *Elsaß* war das burgundische Regiment seit Beginn der siebziger Jahre auf wachsenden Widerstand gestoßen. Ausschlaggebend war dabei nicht so sehr die persönliche Willkür und Gewalttätigkeit des brutalen Landvogts *Peter von Hagenbach*, die später den Hauptanklagepunkt in seinem Prozeß bilden sollte, sondern vielmehr sein konsequentes Bestreben, Karls Herrschaft zu festigen, nach Möglichkeit zu erweitern und die Oberrheinlande in den werdenden burgundischen Gesamtstaat einzugliedern. Denn diesen Sinn hatte es, wenn er für die Gerichte der Pfandlande den Instanzenzug an das Obergericht in Mecheln einführte, ein burgundisches Jagd- und Forstregal zu begründen versuchte und zur Sicherung des Landfriedens ein allgemeines Verbot des Waffentragens erließ. Gegen diese *uniformierende und nivellierende Verwaltungspraxis* des neuen Fürstenstaates setzte sich der alte, auf Privilegien und Sonderrechte gegründete deutsche Freiheitsbegriff zur Wehr und verband sich mit den erwachenden nationalen Regungen, die auch hier der völkische Gegensatz gegen den romanischen Eroberer[15] hervorrief. Als Hagenbach ohne Befragung der Stände durch landesherrliche Verordnung eine neue Steuer, den sogenannten »bösen Pfennig« einführte, kam es zu den ersten, noch blutig unterdrückten Erhebungen. Jedoch warf auch Herzog Sigmund das Steuer seiner Politik jetzt herum. Da er nach dem Scheitern der Trierer Verhandlungen fürchten mußte, daß die Eheschließung zwischen Maximilian und Maria nicht zustande kommen und damit seine verpfändeten Lande dem habsburgischen Hause endgültig verlorengehen würden, verständigte er sich mit den Eidgenossen. In der *Ewigen Richtung von Konstanz* (30. III. 1474)[16] erkannte er ihren territorialen Besitzstand an, verzichtete damit also endgültig auf den Aargau und Thurgau. Kurz danach vereinigten sich die eidgenössischen Städte sowie die sämtlichen oberrheinischen Gegner des burgundischen Herzogs untereinander und mit Sig-

137

Ende der Konzilsperiode – Begründung der Habsburger Monarchie

mund im »*Konstanzer Bunde*« (31. III.–4. IV.) zum Kampf gegen
die Burgunder; die entscheidende Vermittlerrolle spielte dabei
Frankreich, das dann im Oktober des gleichen Jahres seinerseits ein Bündnis mit den Eidgenossen abschloß. Aber schon
der Konstanzer Bund hatte das Signal zum *Aufstand im Elsaß*
gegeben. Zu Ostern 1474 vertrieben die Bürger von Breisach
die burgundische Besatzung und nahmen Peter von Hagenbach
gefangen. Er wurde vor ein Sondergericht des Bundes gestellt
und am 9. V. 1474, dem Jahrestage von St. Omer, enthauptet.
Die Oberrheinlande waren für Burgund verloren.

Karl unternahm keinen ernsthaften Versuch, sich ihrer wieder zu bemächtigen, sondern wandte sich statt dessen gegen
den Norden des Reiches. Ein *Zwist zwischen Erzbischof Ruprecht
von Köln und seinem Kapitel* bot ihm die erwünschte Gelegenheit,
im Bunde mit dem Erzbischof die *Schirmvogtei über das Erzstift*
an sich zu ziehen und in die Stiftslande einzubrechen (Juli
1474). Allein damit löste er eine so starke Abwehrstimmung
aus, daß auch der Kaiser sich zu energischerem Vorgehen genötigt sah. Der Reichskrieg, den er gegen die Burgunder eröffnete, fand über den unmittelbaren Schauplatz hinaus bis zu
den Städten und Territorien des deutschen Nordens und Ostens
einen wirksamen Widerhall. Jedoch begnügte Friedrich sich
damit, die *von Karl belagerte Stadt Neuß zu entsetzen* (Juni 1475)[17]
und ihn dadurch zum Verzicht auf das kölnische Abenteuer zu
zwingen. Darüber hinaus, wie es die nun auch hier aufflammen-
de *patriotische Begeisterung* forderte, die Frage der burgundischen
Usurpation in ihrem ganzen Umfang aufzurollen, war er auch
jetzt nicht bereit. Denn da er nach wie vor an seinen dynastischen Plänen festhielt, konnte ihm an einer Auflösung oder gar
Vernichtung der burgundischen Staatsbildung nicht gelegen
sein.

So erhielt Karl freie Hand, sich nun auf *Lothringen*[18] zu werfen, um auf diese Weise einen Ersatz für die verlorene ober-
rheinische Landbrücke zu gewinnen. Am 30. XI. 1475 konnte
er als Sieger in der Landeshauptstadt Nancy einziehen. Der
Kaiser trat ihm nicht mehr in den Weg, da Karl sich nun endlich in schriftlicher, feierlicher Form auf das Eheprojekt verpflichtete. Dagegen führte im folgenden Jahr ein *Versuch, an
den Schweizern Rache zu nehmen*[19], zur vollkommenen Peripetie.
Nachdem die Eidgenossen bei *Grandson und Murten* (2. III. und
22. VI. 1476) den Herzog geschlagen und zum Rückzug gezwungen hatten, brachten sie ihm zusammen mit den Truppen

24. Der Westen: Die Schweiz und Burgund

Sigmunds, der elsässischen Niederen Vereinigung und des Herzogs von Lothringen am 5. I. 1477 bei *Nancy* die entscheidende Niederlage bei. Karl fand in der Schlacht den Tod.

Damit war nun zugleich die Stunde für die Verwirklichung der Absichten Friedrichs III. gekommen, zumal Karl der Kühne nach seiner ersten Niederlage bei Grandson seine Zusage noch einmal in bindender, urkundlicher Form bestätigt hatte (6. V. 1476). Schon am 21. IV. 1477 wurde die *Ehe zwischen Maximilian und Maria* auf dem Wege der Prokuration geschlossen, am 19. VIII. fand die Vermählung in Brügge statt. Am 19. IV. 1478 belehnte sodann der Kaiser seinen Sohn und seine Schwiegertochter sowie deren künftige Leibeserben mit Burgund, das hier im Sinne der alten Gesamtstaatsidee als ein einheitliches Ganzes erscheint; gesonderte Urkunden für die einzelnen Reichslehen wurden daher nicht ausgestellt. Dagegen erhob sich jedoch in den *Niederlanden* eine starke *Widerstandsbewegung*, die zwar nicht den gesamtstaatlichen Zusammenhang als solchen in Frage stellte, wohl aber die Beseitigung der von den letzten Herzögen geschaffenen zentralen Institutionen erstrebte und darauf gerichtet war, die monarchische Gewalt der Autorität der Generalstände zu unterwerfen. Dieser ständische Partikularismus fand einen mächtigen Verbündeten an *Ludwig XI. von Frankreich*, der auf diese Weise den Habsburgern im Wettbewerb um die burgundische Hinterlassenschaft den Rang ablaufen wollte. In langwierigen, wechselvollen Kämpfen hatte Maximilian[20], dessen Stellung im Lande durch den frühzeitigen Tod der Maria (27. III. 1482) noch beträchtlich erschwert wurde, sich dieses doppelten Gegners zu erwehren. Von seinem Vater und den Fürsten des Reiches nur unzulänglich unterstützt, sah er sich im wesentlichen auf sich selbst gestellt, und erst nach schweren Rückschlägen gewann er durch den ruhmreichen *Sieg bei Salins* (19. I. 1493), den er mit Hilfe der habsburgischen Untertanen aus dem Sundgau und Breisgau, einiger tausend Eidgenossen und eines kleinen Kontingents des Schwäbischen Bundes gegen die französische Übermacht davontrug, schließlich das Übergewicht. Im *Frieden von Senlis* (23. V. 1493) behauptete er die gesamten niederländischen Territorien mit Einschluß Flanderns und des Hauptteils der Grafschaft Artois sowie die Freigrafschaft Burgund, während er allerdings die Picardie und das französische Herzogtum Burgund (die Bourgogne), auf die er wegen ihrer Zugehörigkeit zum Machtbereich Karls des Kühnen ebenfalls Ansprüche

139

Ende der Konzilsperiode – Begründung der Habsburger Monarchie

erhob, den Franzosen überlassen mußte. Da auch im Lande selbst die partikularistischen Widerstände allmählich abebbten, war die Fortdauer der neuburgundischen Staatsbildung unter Führung der Habsburger gesichert.

Schon einige Jahre zuvor hatte Maximilian noch einen weiteren Gewinn erzielt, indem er seinen Vetter *Sigmund von Tirol* dazu bestimmen konnte, abzudanken und ihm die Regierung seiner Erblande zu überlassen (16. III. 1490). So war, als *Kaiser Friedrich III.* nach dreiundfünfzigjähriger Regierung *am 19. VIII. 1493 starb*, nicht nur die habsburgische Hausmacht wieder fest begründet, sondern auch der gesamte Besitz in einer einzigen Hand vereinigt.

[1] Maßgebend neben H. PIRENNE, Histoire de Belgique 2 ([6]1940), jetzt H. DROUOT u. J. CALMETTE, Hist. de Bourgogne (1928), J. CALMETTE, Les Grands Ducs de Bourgogne (1949, dt. Übersetzung 1963) u. Algemene Geschiedenis der Nederlanden 3 (1951, bearb. v. H. v. WERVEKE u. J. BARTIER; ältere Einzellit. DW[9] 8055/9; neue dt. u. ausländ. Arbeiten bei H. HEIMPEL, Burgund – Macht und Kultur, GWU 4 (1953); vgl. besonders J. HUIZINGA, Burgund, eine Krise des german.-roman. Verhältnisses, HZ 148 (1933), auch in: Im Banne der Gesch. (1942), und dessen schöne Darstellung des Lebens- und Geistesformen der französ.-niederländ. Kultur Neuburgunds: Herbst des MA (dt. 1923, [6]1952); zuletzt E. MASCHKE, Burgund u. d. preuß. Ordensstaat, in: Syntagma Friburg., H. Aubin dargebr. (1956).

[2] P. BONENFANT, Philippe le Bon ([3]1955).

[3] Vgl. hierzu u. zum Folgenden H. GRÜNEISEN, Die westl. Reichsstände in der Auseinandersetzung zw. dem Reich, Burgund u. Frankreich bis 1473, Rhein. Vjbl. 26 (1961), mit reichhaltigen Literaturangaben u. Verwertung des bereits für RTA 23, 1 gesammelten archivalischen Materials.

[4] H. LAURENT u. F. QUICKE, Les origines de l'état Bourguignon 1: L'accession de la maison de B. aux duchés de Brabant et de Limbourg 1383–1407 (1939).

[5] Vgl. U. v. DIETZE, Luxemburg zw. Dtld. u. Burgund 1383–1443 (Diss. Ms. Göttingen 1955).

[6] C. MARINESCO, Philippe le Bon, duc de B., et la croisade (1949/51).

[7] J. BARTIER, Charles le Téméraire (1944), u. J. A. NÉRET, Le Tém., Ch. de Bourg. (1952); dazu die Skizze von H. HEIMPEL in Festschr. G. Ritter (1950).

[8] Über die Beziehungen zu Frankreich vgl. jetzt allgemein K. BITTMANN, Ludwig XI. u. Karl d. K. Die Memoiren des Philippe de Commynes als histor. Quelle 1, 1 u. 2 (1964/65).

[9] Vgl. H. GRÜNEISEN, Hg. Sigmund v. Tirol, der Kaiser u. die Ächtung der Eidgenossen 1469, in: Aus Reichstagen des 15. u. 16. Jh. (1958); dort auch die ältere Einzelliteratur.

[10] Über die burg. Herrschaft am Oberrhein, P. v. Hagenbach u. d. Burgunderkriege vgl. H. WITTE, ZGORh 1/2 (1886/87) sowie ebd. 6–8 u. 10 (1891/95); H. HEIMPEL, P. v. H. u. d. Herrschaft Burgunds am Oberrhein, Jb. d. Stadt Freiburg 5 (1942); ders., Burgund am Rhein u. auf dem Schwarzwald, Genius 2 (1948); ders., Das Verfahren gegen P. v. H., ZGORh 55 (1942); H. BRAUER-GRAMM, Der Landvogt P. v. H. (1957).

[11] W. JAPPE ALBERTS, De Staten van Gelre en Zutphen 2 (1956).

[12] E. DÜRR, Karl d. K. u. d. Ursprung des habsb.-span. Imperiums, HZ 113 (1914); ders., Ludwig XI., d. aragon.-kastil. Heirat u. Karl d. K., MIÖG 35

(1914); M. Matzenauer, Die Politik Karls d. K. bis 1474 (1939).

[13] H. E. Moltzer, Fr. III. u. Karl d. K. in Trier 1473 (1891); F. Cusin, Impero, Borgogna e politica italiana, Nuova Rivista Storica 19 (1935); H. Heimpel, Karl d. K. u. Dtld., Elsaß-Lothr. Jb. 21 (1943).

[14] P. Bonenfant, Les projets d'érection des Pays-Bas en royaume (1936).

[15] J. Wagner, Äußerungen dt. Nationalgefühls am Ausgang des MA, DVLG 9 (1931); G. Franz, Die Bedeutung d. Burgunderkriege für d. Entwicklung d. dt. Nationalgefühls, Jb. d. St. Freiburg 5 (1942); H. Fritzsche, Ein dt. Grenzlandkampf im ausgeh. MA (Diss. Heidelberg 1937), brauchbar trotz zeitbedingter Tendenz.

[16] R. Janeschitz-Kriegl, Gesch. d. Ewigen Richtung, ZGORh 105 (1957).

[17] Christ. Wierstrat, Histori des belegs van Nuis, hg. v. K. Meisen (2 Bde. 1925); dazu G. Kallen, Die Belagerung von Neuß durch Karl d. K. (1925); ders., Westdt. Monatshefte 1 (1925); K. Zimmermann, Rheinische Heimatbll. 1927. Zur Gesamtübersicht: F. Steinbach, Die Rheinlande in d. Burgunderzeit, in der Festschr. Neuß, hg. v. G. Kallen (1950).

[18] H. Witte, Lothringen u. Burgund, Jb. d. Ges. f. Lothr. Gesch. 2–4 (1890/1892).

[19] Vgl. R. Feller, Gesch. Berns 1 (1942), S. 352 ff.; dazu auch K. Mommsen (s. Kap. 20, Anm. 3), der zu zeigen sucht, daß die Eidgenossen im Kampf gegen Burgund neben den eigenen Interessen bewußt auch die des Reiches vertreten wollten.

[20] Literatur über Maximilian in Band 8.

Kapitel 25
Die Reichsreform bis zum Jahre 1495

Mit der Entwicklung der habsburgischen Hausmachtpolitik hängt es eng zusammen, daß im letzten Jahrzehnt von Friedrichs Regierung auch die Frage der *Reichsreform*, die lange Zeit hindurch so gut wie völlig geruht hatte, in ein neues Stadium eintrat[1]. Die Bedrohung seiner Erblande durch die Magyaren und die wachsende Türkengefahr zwangen den Kaiser, die Stände des Reiches um Unterstützung durch Truppen und Geldmittel anzugehen, ebenso wie auch Maximilian sich in seinen mannigfachen Kämpfen auf ihre Hilfe angewiesen sah. Auf der andern Seite konnten auch die Stände sich der Einsicht nicht verschließen, daß das Reich in dem Zustand innerer Auflösung, in den es geraten war, dem Andrängen auswärtiger Feinde keinen genügenden Widerstand mehr entgegenzusetzen vermochte. Vielmehr mußten sie sich sagen, daß sie selber bei einem Angriff durch eine fremde Macht vom Reiche wenig Schutz zu erwarten haben würden, und zwar auch dann, wenn sie durch Gewährung einer Reichshilfe in einen ihre eigenen Interessen nicht unmittelbar berührenden Konflikt hinein-

Ende der Konzilsperiode – Begründung der Habsburger Monarchie

gezogen wurden. Daher war es nur die notwendige Folge, daß
sie ihrerseits ihre alte Gegenforderung wieder anmeldeten: eine
durchgreifende innere Reform, die zugleich die Grundlage für
eine bessere Sicherung des Reiches und seiner Glieder nach
außen hin darstellen sollte.

So bilden sich nun immer deutlicher *die Fronten* heraus, deren
gegenseitiges Verhältnis seit der Mitte der achtziger Jahre den
Ablauf des *neuen großen Reformversuches* bestimmen sollte. Die
Politik des Kaisers war ausschließlich darauf gerichtet, die Kräfte
des Reiches in stärkerem Maße für seine dynastischen Pläne und
Interessen auszunutzen; aber zum Entgelt dafür irgendwelche
Zugeständnisse zu machen, die eine Schmälerung seiner mit
größter Zähigkeit festgehaltenen herrscherlichen Rechte im
Reich bedeutet hätten, war er so wenig bereit wie je. Eben deshalb wich er allen grundsätzlichen Abmachungen mit der
Gesamtheit der Stände nach Möglichkeit aus und versuchte
statt dessen, durch gesonderte Verhandlungen mit einzelnen,
ihm nahestehenden Fürsten zu seinem Ziel zu gelangen. Nicht
ganz so ablehnend wie sein Vater stand *Maximilian* dem Reformgedanken gegenüber. Jedoch war das Entgegenkommen,
das er den Ständen zeigte, im Grunde mehr taktischer Natur, da
auch für ihn die Hauspolitik, die sich nun zur Großmachtpoli-
tik erweiterte, den Brennpunkt seiner Interessen bildete. Soweit er daher ernsthafte Reformpläne verfolgte, unterschieden
sich diese grundsätzlich von denen der Stände. Was er erstrebte, war eine Reichsreform, die zu einer Verstärkung der
Machtmittel des Herrschers führen und demgemäß nicht ständischen, sondern monarchischen Charakter tragen sollte. Jedoch lag die *Initiative*, wie schon zur Zeit Albrechts II. (s.
Kap. 20), weiterhin *bei den Ständen* oder besser gesagt bei einer
ständischen *Reformpartei*, die jetzt in dem Mainzer Erzbischof
Berthold von Henneberg (1484–1504) einen bedeutenden Führer
fand[2]. Im Gegensatz zu Maximilian war es sein Ziel, das Reich
als solches zu festigen und ihm das Übergewicht sowohl über
die dynastischen Bestrebungen des Königtums wie über den
partikularen Egoismus der Territorialstaaten zurückzugewinnen. Träger dieser gefestigten Reichsgewalt aber sollten nach
dem Vorbild der Kurvereine in erster Linie die Kurfürsten
sein, wie Berthold überhaupt in seinen Entwürfen weitgehend
an die in der ersten Hälfte des Jahrhunderts entwickelten Reformgedanken anknüpfte. Dabei übersah er jedoch, daß die
großen Wandlungen, die sich inzwischen in den politischen

142

25. Die Reichsreform bis zum Jahre 1495

Verhältnissen des Zeitalters vollzogen hatten, nicht nach einer Restauration des Alten, sondern vielmehr nach einer Herausbildung neuer Herrschaftsformen verlangten. Denn nicht nur die habsburgisch-burgundische Großmacht ließ sich in den Rahmen eines zentralisierten Ständestaates, wie er Berthold vorschwebte, nicht mehr einfügen, sondern auch die Stände selber stellten in dieser Hinsicht keineswegs eine geschlossene Front dar. Die Reformpartei wurzelte vor allem im Westen des Reiches, wo die territoriale Zersplitterung und Schwäche das Bedürfnis des Zusammenschlusses zu einem größeren Ganzen, an dem die einzelnen Glieder einen kräftigen Rückhalt zu finden hofften, mit Notwendigkeit hervorrufen mußte. Dagegen glaubten die stärkeren Territorialherrn des Ostens, die Hohenzollern, Wettiner und Wittelsbacher, einer Unterstützung durch das Reich in solchem Maße nicht zu bedürfen, und sie waren deshalb auch sehr viel weniger bereit, zu einer Verstärkung seiner Gewalt beizutragen, die zum guten Teil auf Kosten ihrer eigenen Selbständigkeit gehen mußte. Das Streben nach *fürstlicher Libertät* wurde somit, wenn auch ohne bewußte Absicht, zum *Bundesgenossen Habsburgs*, und *an diesem doppelten Widerstand ist die Reformbewegung schließlich gescheitert.*

Die *neuen Verhandlungen*, die zum erstenmal auf dem Frankfurter Reichstag von 1486, jedoch erst nach der Wahl Maximilians zum Römischen König (s. Kap. 22), wieder in Fluß kamen, um dann die folgenden Jahre hindurch fast ohne Unterbrechung fortgesetzt zu werden, betrafen die gleichen Gegenstände, die schon seit der Zeit Wenzels und Sigmunds immer wieder zur Debatte gestanden hatten: Landfrieden und Exekutionsordnung, Verbesserung der Gerichtsbarkeit und Umgestaltung des Kammergerichts, Reichswehrverfassung, Reichssteuer und Münze, und schließlich das entscheidende Problem einer stärkeren Beteiligung der Stände am Reichsregiment. Ein greifbarer Erfolg wurde dabei trotz aller Bemühungen, die Entwürfe und Gegenentwürfe aufeinander abzustimmen, nicht erzielt. Zwar erließ der Kaiser am 17. III. 1486 einen *Reichslandfrieden*[3], der dem Vorschlag der Stände entsprechend für zehn Jahre die Fehde bei Strafe der Reichsacht grundsätzlich verbot. Allein zu seiner Durchführung hätte es vor allem einer durchgreifenden *Reform des Kammergerichts*[4] bedurft, und in dieser Frage gingen die Anschauungen der Parteien so weit auseinander, daß an eine Einigung nicht zu denken war. Die Bedeutung des Kammergerichts war zeitweise wesentlich ge-

Ende der Konzilsperiode – Begründung der Habsburger Monarchie

stiegen, da es an die Stelle des um die Mitte des 15. Jh. eingegangenen Hofgerichts getreten und im Jahre 1464 zu einer dauernden Einrichtung geworden war. Als »Hof- und Kammergericht« bezeichnet, war es nach wie vor an die Person des Kaisers gebunden, der jedoch die Leitung in der Regel einem von ihm bestellten ständigen Kammerrichter fürstlichen Standes überließ; neben diesem standen sieben ebenfalls ständige Beisitzer, überwiegend gelehrte Juristen. Jedoch war es nach einer kurzen Periode des Aufschwungs in den siebziger Jahren[5] rasch wieder in Verfall geraten und seit 1480 hatte es so gut wie gänzlich aufgehört zu funktionieren. Demgegenüber war es nun die *Tendenz der Stände*, die regelmäßige Tätigkeit des Gerichtes dadurch zu sichern, daß es von der Person des Kaisers gelöst werden und, solange dieser nicht im Reich residierte, an einem geeigneten Ort einen *festen Sitz* erhalten sollte. Seine Gerichtsbarkeit sollte gegen alle kaiserlichen Eingriffe geschützt werden und in seinen Urteilen, selbst bei der Verhängung der Reichsacht, sollte es volle Unabhängigkeit genießen. Sein Charakter als »Kaiserliches Kammergericht« sollte dadurch allerdings nicht beeinträchtigt werden, da alle Schreiben des Gerichts zugleich im Namen des Kaisers erlassen werden und diesem auch die Bestellung des Kammerrichters weiter vorbehalten bleiben sollte, während die Stände die Ernennung der Beisitzer für sich selber beanspruchten. Auf der andern Seite trug der Entwurf den partikularistischen Interessen der Territorien dadurch Rechnung, daß er die *Zuständigkeit des Kammergerichts* in erster Instanz auf die unmittelbaren Untertanen des Reiches beschränkte, während es den territorialen Gerichten gegenüber nur unter bestimmten Voraussetzungen als Berufungsinstanz fungieren sollte. Diese innere Schwäche der ständischen Position kam naturgemäß dem Kaiser zugute und ermöglichte es ihm, alle wesentlichen Forderungen des Entwurfs abzulehnen. So blieb trotz jahrelanger Verhandlungen bis zu seinem Tode alles beim alten.

All dem gegenüber bestand der einzige wirkliche Fortschritt dieser Jahre in einer durchgreifenden *Verbesserung der Organisation des Reichstags*, die sowohl seine Zusammensetzung betraf wie auch die Formen, in denen seine Beratungen und Beschlüsse künftig erfolgen sollten. Hatte Friedrich zu den einzelnen Tagungen jeweils nur die ihm genehmen Stände berufen, so setzte sich jetzt unter dem vorwaltenden Einfluß Bertholds von Henneberg die Anschauung durch, daß das *Teilnahmerecht allen*

25. Die Reichsreform bis zum Jahre 1495

Ständen ohne weiteres zustehe, ihre Ladung somit nicht von der Willkür des Kaisers abhängig sei. Zweifelhaft blieb dabei nur die Stellung der Städte, die zwar regelmäßig geladen, aber vielfach vom Stimmrecht ausgeschlossen wurden. Von besonderer Bedeutung war die *Frage*, ob ein Reichstagsbeschluß auch für die nicht erschienenen Stände bindende Kraft besitze, die Reichstage also *allgemein verbindliche Gesetze* erlassen könnten; theoretisch wurde sie sowohl vom Kaiser wie von den Ständen bejaht, doch ließ sich dieser positive Entscheid angesichts der immer wieder sich erhebenden Widerstände nicht allgemein durchsetzen. Endgültig geregelt war dagegen seit 1489 die *Verfahrensfrage*. Das Neue war dabei, daß für die seit langem üblichen getrennten Beratungen der drei Kurien über die kaiserlichen Vorlagen die strengste *Geheimhaltung* zur Pflicht gemacht wurde; damit sollte allen Ständen eine rückhaltlose Freiheit der Meinungsäußerung gewährleistet, andrerseits aber der Kaiser verhindert werden, auf einzelne von ihnen durch Sonderverhandlungen einzuwirken oder sie unter Druck zu setzen. Der *Reichstag* gewann somit den Charakter einer in sich geschlossenen *korporativen Vertretung der Reichsstände*, die dem Kaiser als unabhängige Macht gegenübertreten konnte. Und dementsprechend vermochte nun auch die Reformpartei bei den Verhandlungen, die nach dem Thronwechsel erneut einsetzten, ihren Standpunkt mit größerem Nachdruck zur Geltung zu bringen.

Den Anstoß zu diesen neuen Verhandlungen gaben die großen Ereignisse, die sich eben damals auf dem Felde der *auswärtigen Politik* vollzogen. Durch das italienische Unternehmen Karls VIII. von Frankreich (1494) war der weltgeschichtliche *habsburgisch-französische Konflikt*, der sich an dem Streit um die burgundische Erbschaft entzündet hatte, in eine neue entscheidende Phase eingetreten. Mehr als je bedurfte Maximilian jetzt der Hilfe des Reiches und sah sich daher gezwungen, den Forderungen der Reformpartei, die auch bei dieser Gelegenheit wiederum die *Frage der inneren Ordnung* in den Vordergrund stellte, in stärkerem Maße als bisher zu entsprechen. So wurde auf dem *Wormser Reichstag* von 1495[6] zum ersten Male das Stadium der fruchtlosen Erörterungen, der ewigen Entwürfe und Gegenvorschläge überwunden und in vier, vom 7. VIII. datierten Gesetzen ein praktischer Anfang zur Reichsreform gemacht. Der »*Ewige Landfrieden*«[7], der die Glieder des Reiches dazu verpflichtete, ihr Recht in Zukunft nur noch auf fried-

145

Ende der Konzilsperiode – Begründung der Habsburger Monarchie

lichem Wege zu suchen und einander gegen jede Verletzung des Friedens Beistand zu leisten, beseitigte die altüberkommenen Institute der Fehde und der bewaffneten Selbsthilfe und erhob damit das Rechtsleben jedenfalls grundsätzlich auf eine höhere Stufe. Eine neue *Kammergerichtsordnung*[8] verwirklichte einen großen Teil der gegenüber Friedrich III. erhobenen Forderungen. Entscheidend war dabei, daß das Gericht nun tatsächlich für die Dauer einen festen Sitz im Reich erhielt, ganz unabhängig davon, wo der Herrscher sich jeweils aufhielt; auch die Befugnis, selbständig, wenn auch im Namen des Königs, die Acht zu verhängen, wurde ihm zugestanden. Die Bestellung des Kammerrichters verblieb dem König, während für die der Beisitzer der ständische Einfluß maßgebend wurde. In der Zuständigkeitsfrage wurde, der in den Verhandlungen von 1486/87 vorgesehenen Regelung entsprechend, das Kammergericht als Appellationsinstanz für die territorialen Gerichte, bei Rechtsverweigerung sogar als erste Instanz, wenigstens grundsätzlich anerkannt. Trotz aller Mängel, die der Organisation des Kammergerichts auch weiterhin anhafteten, war damit ein *oberstes Reichsgericht* geschaffen, die erste *von der Person des Herrschers gelöste Zentralbehörde des Reiches*, die durch ihren festen Amtssitz und ihre dauernde personale Besetzung die unumgänglichen Voraussetzungen für einen regelmäßigen Geschäftsgang erfüllte. Das Königtum aber hatte damit auf eine eigene und unmittelbare Handhabung der Jurisdiktion in Sachen des öffentlichen Friedens verzichtet und seine überkommene tatsächliche Friedensgewalt aus der Hand gegeben.

Demgegenüber bestand die Gegenleistung der Stände in der Bewilligung des »*Gemeinen Pfennigs*«[9], einer vierjährigen, von allen Reichsuntertanen zu leistenden Steuer, deren Ertrag Maximilian zufließen, gleichzeitig aber zur Deckung der Unkosten des Kammergerichts, soweit diese nicht aus den einlaufenden Gebühren zu bestreiten waren, herangezogen werden sollte. Die rechtliche Grundlage der gesamten Reformgesetzgebung bildete die »*Handhabung Friedens und Rechts*«[10], in der sich beide Teile auf die Wahrung der neuen, gemeinsam geschaffenen Ordnung verpflichteten. Dies geschah in der *Form einer Einung* zwischen Maximilian und der Gesamtheit der Stände, die damit als selbständige Partner des Herrschers erschienen. Hier tritt der *ständische Charakter der Wormser Reform* (so Hartung gegen Smend) deutlich zutage. Allerdings

146

25. Die Reichsreform bis zum Jahre 1495

hatten sich die in diese Richtung weisenden *Pläne Bertholds von Henneberg*, die ursprünglich noch sehr viel weiter gegangen waren, nicht in vollem Umfang verwirklichen lassen. Sie liefen darauf hinaus, der gesamten Reform durch die *Errichtung eines ständigen Reichsregiments*, das zwar von einem königlichen Bevollmächtigten geleitet werden, im übrigen aber ausschließlich aus ständischen Vertretern zusammengesetzt sein sollte, den krönenden Abschluß zu geben. Dieses Reichsregiment sollte, da der König ganz durch die Anforderungen der auswärtigen Politik in Anspruch genommen sei, die gesamte Regierungsgewalt übernehmen und vor allem die Durchführung der Reform überwachen; es würde somit den Ständen nicht nur eine weitgehende Beteiligung an der Führung der Reichsgeschäfte gesichert, sondern ihnen gradezu das *Übergewicht über die Monarchie* verliehen haben. Aber einer mit so weitgehenden Vollmachten ausgestatteten Exekutivbehörde wollten sich weder der König noch die der Reformpartei nicht angehörenden Territorialfürsten unterwerfen. So einigte man sich schließlich in der »*Handhabung*« auf einen *Kompromiß*, wonach die Funktionen des geplanten Reichsregiments dem *alljährlich zu berufenden Reichstag* übertragen wurden. Der Reichstag in seiner neuen Gestalt sollte somit das höchste Organ des Reiches sein, dessen Kontrolle der König ebensogut wie alle anderen Reichsstände unterworfen waren.

Dieser Versuch, die Vereinigung der Stände anstelle des Königs zur höchsten Autorität im Reiche zu erheben, konnte freilich bei den bestehenden Machtverhältnissen nicht zu einem dauernden Erfolge führen. Und auch sonst ist die *Wormser Reform* in vieler Hinsicht *Stückwerk* geblieben, da ihre praktische Durchführung auf vielfache Schwierigkeiten stieß. Das allgemeine Fehdeverbot setzte sich nur langsam durch, das Kammergericht hatte mit vielen Nöten zu kämpfen, das Steuersystem des »Gemeinen Pfennigs«, das von vornherein an seiner zeitlichen Befristung krankte, erbrachte so geringe Erträge, daß man schließlich doch wieder zu dem schwerfälligen und unvollkommenen Verfahren der Matrikularbeiträge zurückkehren mußte. Allein trotzdem darf man die Bedeutung des geschichtlichen Vorgangs in seiner Gesamtheit nicht unterschätzen. Denn mit Recht hat man betont (Hartung), daß der *Ewige Landfrieden* und das *Kammergericht* trotz aller ihrer Mängel *Errungenschaften von bleibendem Wert* darstellten und daß der Gedanke einer auf Recht und Ordnung gegründeten *Einheit des Reiches*,

147

Ende der Konzilsperiode – Begründung der Habsburger Monarchie

wie er vor allem in der »Handhabung« zum Ausdruck gelangt, für die Dauer eine starke Geltung behauptet hat.

[1] Neben der in Kap. 19, Anm. 1 angegebenen Literatur s. F. HARTUNG, Gesch. des. fränkischen Kreises 1 (1910); ders., Die Reichsreform v. 1485–1495, HV 16 (1913); ders., Dt. Verf.-Gesch. vom 15. Jh. bis zur Gegenwart (⁶1954), mit eingehenden Quellen- u. Literatur-angaben; H. WIESFLECKER, Maximilian u. d. Wormser Reichsreform von 1495, Zs. d. hist. Ver. v. Steiermark 2 (1958); ders., Zur Reichsreform K. Maxim. seit 1495, Anzeiger d. Wiener Akad. 103 (1966).

[2] F. HARTUNG, Berthold v. Henneberg, HZ 103 (1909), auch in der Aufsatzsammlung: Volk u. Staat in d. dt. Gesch. (1940); E. ZIEHEN, Mittelrhein u. Reich im Zeitalter d. Reichsreform (2 Bde. 1934/37); dazu H. BARON, Americ. Hist. Rev. 44 (1939); K. S. BADER, Kaiserl. u. ständische Reformge-

danken in d. Reichsreform des endenden 15. Jh., HJb 73 (1953); ders., Ein Staatsmann vom Mittelrhein: Gestalt und Werk des Mainzer Kf. u. Eb. Berthold v. H. (1954).

[3] K. ZEUMER (s. o. Kap. 21, Anm. 15) n. 171.

[4] R. SMEND, Das Reichskammergericht 1 (1911); H. SPANGENBERG, Die Entstehung des Reichskammergerichts u. die Anfänge der Reichsverwaltung, ZRG GA 46 (1926).

[5] ZEUMER n. 170.

[6] Quellen bei J. B. DATT, Volumen rerum Germanicarum novum sive de pace publica (1698).

[7] ZEUMER n. 173.

[8] ZEUMER n. 174.

[9] ZEUMER n. 176.

[10] ZEUMER n. 175.

Namen- und Sachregister

Aachen 42, 47. – Krönungen 47, 53, 57, 59, 104, 119

Aargau 101, 119, 137

Ablaß 63, 67, 83, 115

Acht 146; s. Reichsacht

Adel 18 ff., 41, 76, 78, 95, 98, 124, 136; s. Reichsadel

– böhm. 27, 29 f., 80, 82, 126.

– ungar. 28 f., 126

Adolf I. v. Nassau, B. v. Speyer, Eb. v. Mainz (1379–1390) 14

– II. v. Nassau, Eb. v. Mainz (1461 bis 1475) 121

– I., Hg. v. Cleve (1417–1448) 120

Albertinische Linie d. Habsburger 127

Albrecht II., Kg. (1438–1439) = A. V., Hg. v. Österreich (1404) 54, 96, 100 bis 105, 111, 117,119, 125–128, 130, 142

– IV. der Weise, Hg. v. Bayern-München (1465–1508) 121 f.

– III., Hg. v. Österreich (1365–1395) 19, 23, 45, 101

– IV., Hg. v. Österreich (1395–1404) 45, 54

– VI., Hg. v. Österreich (1446–1463) 100, 117, 127 ff.

– Achilles, Mgf. v. Brandenburg (1414 bis 1486) 121

Alexander V., Papst (1409–1410) 49, 51 f.

Alt-Sohl 15

Angora, Schlacht (1402) 55

Anjou 28, 54

Anna v. Böhmen, Gem. Richards II. v. England († 1397) 15

Annaten 62, 109. – Dekret (1435) 109

Anton, Hg. v. Brabant u. Limburg (1406 bis 1415) 133

Apellation an künftigen Papst u. allgem. Konzil 49, 114

Appenzell 134

Approbation 42, 45, 48, 53, 102

Aragon 71, 88, 108

Aristoteles 34, 89

Armagnaken 119, 125, 132

Armutsbewegung 66

Arras, Friede v. A. (1435) 118

Artois 28, 132, 139

Aschaffenburg, Fürstentag (1447) 114

Askanier 77. – in Lauenburg 79, 102

Augsburg 19, 24, 43, 121

Ausbürger 22

Austi b. Prag 82

Avignon 14, 32, 91. – avignones. Papsttum 15, 35 f., 47, 61 f.

Azincourt, Schlacht (1415) 72

Baden (Land) 121

Bamberg 121

Bann, kirchl. 67, 113. – -Meilenrecht 17; s. Königsbann

Barbara v. Cilli, 2. Gem. K. Sigmunds († 1451) 97

Basel 18, 119. – Bt. (-Augst) 15. – Konzil (1431–1449) 84, 86–91, 100, 102, 105 bis 117

Bauern 78, 119; s. Freibauern, Königsfreie, Rodungsbauern

Bayern, Land, Hgt. 18, 83. – Hge. 19 bis 24, 121, 124, 133.; s. Hge. v. Ober- u. Niederbayern

Beamte 39

Benedikt XIII., Papst (1394–1417, † 1423) 32, 36, 47 f., 59, 71

Beneficium 109 f., 113

Bern (Stadt) 23, 134

Berthold v. Henneberg, Eb. v. Mainz (1484–1504) 142, 144, 147

Bibelübersetzung, engl. 64 f.

Bingen, Kurverein (1424) 78

Bischofs-Wahl 114

Böhmen 15, 25–31, 45, 52, 55 f., 64 f., 69, 71, 77–87, 97, 102–105, 114, 117 f., 125–131. – Kge. 81 f., 87, 100, 104 f., 121 f., 125–131, 133

Bologna 58, 90

Bonifaz IX., Papst (1389–1404) 32, 35 bis 48, 54, 62

Boppard, Kurverein (1399) 40, 78

Bourges, Nationalsynode (1438; Pragmatische Sanktion) 111

Brabant 28, 46, 133

Brandenburg 29, 31, 51, 57, 59, 77, 83, 114, 117 f. – Markgrafen 75, 77, 83, 102, 121

Breisach 138

Breisgau 139

Brenner 43

Brescia 43

Breslau 105

149

Namen- und Sachregister

Brixen 116
Brüder des gemeinsamen Lebens 89
Brügge 139
Bulgarien 55
Bürger, Bürgertum 18, 26, 95, 98
Burgund, Herzogtum 134, 139. – Pfalz-
(= Frei)grafschaft 28, 132, 139. –
Neuburgund 28, 46, 96, 118f., 125,
132–141, 145. – Hge. 28, 122, 134 bis
139
Burgunder Kriege 134
Byzanz 56, 90, 122, 133. – Kaiser 59

Calixtiner (= Utraquisten) 82, 87
Cambrai, Bt. 133
Cesarini, Julian, Kard.-Legat († 1444)
84, 89, 109, 112, 116
China 85
Clemens V., Papst (1305–1314) 16
– (VII.), Papst (1378–1394) 13 ff., 27, 32,
36 f.
Cleve, Hgt. 120, 135; s. Adolf, Hg. v. C.
Cyprian, Kirchenvater, B. v. Karthago
(† 258) 47

Dalmatien 54, 58, 85, 87
Dänen 69
Dekret ›Haec sancta‹ (1415) 70, 88, 90,
116. – Frequens (1417) 73, 88, 111,
116. – über die Annaten (1435) 109
Dekret – Gratian 32
Dekretalen – Gregors IX. 109
Deutsch-Brod, Schlacht (1421) 81
Deutscher Orden 54, 128
Deventer 89
Dietrich II., Gf. v. Mörs, Eb. v. Köln
(1414–1463) 113–121
– v. Nieheim, Publizist († 1418) 63f.
Döffingen, Schlacht (1388) 24
Dominikaner 116

Ebendorfer, Thomas, Chronist (1387 bis
1464) 11
Eberhard, III., Gf. v. Württemberg, d.
Greiner, d. Rauschebart (1344–1392)
20, 24
– IV., Gf. v. Württemberg, d. Milde
(1392–1417) 31
– I. im Bart, Gf. v. Württemberg (1450
bis 1496) 124
Eger 26. – Reichslandfrieden 21, 25 f., 31.
– Reichstag (1437) 96

Ehingen 20
Eichstätt, Bt. 121
Eidgenossen(schaft), Schweizer 23, 101,
119, 134–141
Einungen 18, 20, 25 f., 40, 76–79, 101,
121, 123 f., 146
Eizing, Ulrich, Frhr. v., österr. Stände-
führer († 1460) 127
Eleonore v. Portugal, Gem. K. Fried-
richs III († 1467) 118
Elisabeth von Bosnien, 2. Gem. Kg.
Ludwigs I. v. Ungarn († vor 1387) 28
– v. Luxemburg, Gem. Kg. Albrechts II.
(† 1422) 102, 104, 117, 125
– v. Österreich, Gem. Kasimirs IV. v.
Polen († 1505) 104
Elsaß 18, 119, 134–138
Enea Silvio Piccolomini (Papst Pius II).
100, 113, 116 f.
England 15, 58, 72 f., 86, 107, 111 f.,
118 f., 136. – Könige 15, 40, 48, 51. –
Engländer 64, 69, 107
Erbfolge, -recht 125 f., 135
Erfurt, Universität (1392) 36
Ernst d. Eiserne v. Österreich, Hg. v.
Steiermark, Kärnten, Krain (1406/11
bis 1424) 54, 101, 117
Eßlingen 121. – Einung (1488) 124
Eugen IV., Papst (1431–1447) 86, 90f.,
102, 110–114
Ewige Richtung v. Konstanz (1474) 137
Ewiger Landfrieden (1495) 145, 147
Exemtion 93
Exspectanzen 109

Fehde 18, 79, 93, 96, 120, 123, 143, 146. –
-verbot 95, 103, 147; s. Soester,
Münsterische Stiftsfehde
Feldkirch, Stadt 101
Felix V., Papst (1439–1449, † 1451) 112
Feodosia (Krim) 85
Ferrara, Unionskonzil (1437/39) 91,
111 f.
Feuerwaffen 84
Filippo Maria Visconti, Hg. v. Mailand
(1412–1447) 57 f., 86
Fiskalismus, päpstl. 35
Flandern 28, 132, 139. – Gfen. 28
Florenz, Florentiner 38 f., 43, 47, 57, 86,
108, 110; – Konzil (1055) (1439)
112
Forstregal 137

150

Namen- und Sachregister

Franken, dt. Stamm, Land u. Hgt. 20, 83, 121 f.
Frankfurt 20, 42, 95. – Reichs- u. Hoftage (1379) 13, (1394) 30, (1434) 96, (1442) 119, (1486) 143. – Wahlen (1411) 52, (1438) 102, (1486) 123
Frankreich 15 f., 28, 34 ff., 38 f., 42, 44 bis 49, 59, 70, 72 f., 86, 111 f., 118 f., 129, 132 ff., 136, 138 ff., 145. – Franzosen 28, 69, 91, 106 ff., 122. – Könige 34 ff., 72, 114, 119, 139, 145. – Nationalsynoden (1395 u. 1398) 36. – franz. Konzilsnation 69, 107
Frauenberger, Wilhelm, schwäb. Landvogt (seit 1385) 23
Freiburg i. Br. 71, 101
Friaul 58
Friedrich III., K. (1440–1493) 100, 113 bis 125, 127 ff., 131, 134–140, 146
– III Eb. v. Köln (1370–1414) 43
– IV., Hg. v. Österreich, Gf. v. Tirol (1406–1439) 54, 70, 101 f., 117 f.
– II., Kurf. v. Sachsen, d. Sanftmütige (1428–1464) 117
– Hg. v. Bayern-Landshut (1392–1393) 21, 24
– I., Mgf. v. Brandenburg (1415–1440), Burggf. v. Nürnberg (seit 1398) 41, 52, 57, 75, 77, 84, 102
– II., Mgf. v. Brandenburg (1440–1470, † 1471) 121
– d. Siegreiche, Pfgf. (1451–1476) 121
– d. Streitbare, Mgf. v. Meißen (1381), Kf. v. Sachsen (1423–1428) 66, 77
– d. J. v. Landscron († um 1419) 99
– Winterlinger, kaiserl. Notar (15. Jh.) 99
Friesland 133, 135 f.
Frühkapitalismus 97
Fürstenkonkordate (1447) 113 f.

St. Gallen, Kloster 134
Gallikanische Freiheiten (1407/08) 72, 108, 111
Gegenpäpste 112
Geldern, Gfsch., seit 1338 Hgt. 133, 135, 137. – Hg. 28, 42, 47
Geleitwesen 96
Gemeiner Pfennig 84, 146 f.
Genazzano, Konkordat (1426) 108
Generalstände der Niederlande (1463) 136, 139

Generalvikare 30
Genua 39, 85
Georg Podiebrad, Kg. v. Böhmen (1458 bis 1471) 100, 104, 121 f., 126–131, 133
Georgsgesellschaft, Ritterbund 18, 20
Gerichtsbarkeit 26, 93–96, 109, 115, 143 f.
Geschichtsschreibung 63, 84
Gewerbe 17
Giangaleazzo Visconti, Hg. v. Mailand (1385–1402) 38, 44, 57
Giengen, Schlacht (1462) 121
Glarus 101
Goldene Bulle (1356) 13, 52, 76, 92, 128
Grandson, Schlacht (1476) 138
Gratian, Joh., Gregor IV., Papst
– Dekret (um 1140) 32, 109
Gregor XI., Papst (1370–1378) 45
– XII., Papst (1406–1415, † 1417) 38, 47–53, 59, 65, 71
– Heimburg († 1472) 111
Großwardein 98
Grünpeck, Josef, Geschichtsschreiber († um 1532) 100
Gulden, Rhein 40

Habern b. Kuttenberg, Schlacht (1421) 81
Habsburger 11 f., 19, 21 ff., 43, 45, 54, 70, 100–105, 117, 119, 122, 125–131, 134, 137, 139–145
Hagenbach, Peter v., Landvogt im Elsaß († 1474) 135–139
Handel 17, 19, 24, 85
Handhabung Friedens u. Rechts 146
Hanse 26
Hausgut 19, 23, 70, 117 f.
Hausmacht 13, 39, 77, 92, 112, 118, 137
– -politik 27–31, 101, 122, 141
Heidelberg – Stallung (1384) 22, 24
– Universität (1386) 36 f., 48
Hl. Grab 56
Heimburg, Gregor († 1472) 111
Heimsheim, Schleglerkrieg (1395) 31
Heinrich III., K. (1039–1056) 36
– VII., K. (1308–1313) 16
– IV., Kg. v. England (1399–1413) 48, 51
– V., Kg. v. England (1413–1422) 72 f.
– v. Beinheim, bischöfl. Offizial in Basel († 1460) 99

151

Namen- und Sachregister

- v. Langenstein, Prof. in Wien († 1397) 34f., 37, 48
- Toke, Domherr zu Magdeburg (15. Jh.) 99

Herrenbund 22, 25

Hessen 18

Hieronymus v. Prag († 1416) 72

Hofämter – Hofgericht 93, 103, 144

Holland 133

Hörner, Ritterbund 18

Hoya, Gfen. 120

Humanismus 130 – Humanisten 113

Hundertjähriger Krieg 118, 132

Hunyadi, Joh., ungar. Reichsverweser (1446–1453) 126ff.

Hus, Joh. (1369–1415) 64, 66f., 71f., 80

Hussiten 64, 80–92, 104, 129

Iglau – Kompaktaten (1436) 87

Indien, Inder 85

Innocenz VII., Papst (1404–1406) 38, 47

Insignien 52

Italien passim – Konzilsnation 69, 106f.

Jagdregal 137

Jagiello, Großfürst v. Litauen (1377), Kg. v. Polen (= Wladislaw II., 1386 bis 1434) 54, 81. – Jagiellonen 131

Jakob v. Sirk, Eb. v. Trier (1439–1456) 113

- Unrest, Chronist († 1500) 11

St. Jakob an der Birs, Schlacht (1444) 119f.

Jakobäa, Hgin. v. Bayern, Gfin. v. Hennegau – Holland – Seeland (1417 bis 1433, † 1436) 133

Jobst, Mgf. v. Mähren (1375–1411) 28ff., 42, 45, 49, 51, 57f.

Joffried, Gf. v. Leiningen, Dompropst v. Mainz († 1409) 40f.

Johannes XXIII., Papst (1410–1415, † 1419) 50, 52f., 58, 63, 67–71

- v. Nassau, Eb. v. Mainz (1397–1419) 40, 46, 49
- v. Jenzenstein, Eb. v. Prag (1379 bis 1396, † 1400) 30, 37
- ohne Furcht, Hg. v. Burgund (1404 bis 1419) 133
- Hg. v. Görlitz (1377–1396) 30

- v. Pomuk (Nepomuk) († 1393) 30
- Žižka, v. Tratzenau, Hussitenführer († 1424) 83

Johanna v. Brabant, Gem. Kg. Wenzels v. Böhmen († 1406) 28

St. Jörgenschild, Rittergesellschaft 76, 78

Juden 22, 26

Jülich 125

Juristen 144

Kaffa (Feodosia) a. d. Krim 85

Kaiserkrone und -krönung 42f., 45, 52, 81, 84, 86, 90, 113, 118f., 122. – -prophetie (Endkaiser) 98

Kanonisches Recht, Kanonistik 32, 34

Kanzlei, – Reichs- 53

Kanzler 71, 113

Kardinalskollegium 48, 69, 72, 94

Karl – d. Gr., Kg. (768–814), K. (800) 47

- IV., K. (1346–1378) 12f., 15, 21, 28, 36, 45, 92, 104, 123, 128f.
- VI., Kg. v. Frankreich (1380–1422) 36
- VII., Kg. v. Frankreich (1422–1461) 114, 119
- VIII., Kg. v. Frankreich (1483–1498) 145
- III. v. Durazzo, Kg. v. Neapel (1381 bis 1386) 28f., 54
- d. Kühne, Hg. v. Burgund (1465 bis 1477) 122f., 133–139

Karlstein, Burg 83

Kärnten 101, 131. – Hge. 101

Kasimir IV. (II.), Kg. v. Polen (1445 bis 1492) 104, 130

Käsmark 82

Kastilien 71, 112

Ketzer(ei) 32, 34, 64, 71f., 78, 81, 84, 112, 130

Kirchengut 98

Kirchenreform 35, 48, 60ff., 68, 70–74, 88, 107f., 110

Kirchenstaat 35, 39, 57f., 88

Kladrau, Kloster 30

Köln 40, 42, 51f. – Bistum bzw. Ebt. 135. – Erzbischöfe 22, 43, 49, 55, 59, 108, 113, 120, 138. – Universität (1388) 36

Kompaktaten 129f.

Königsbann(bezirk) -gericht 93

Konkordate 115; s. Wiener, Konstanzer, Genazzano

Namen- und Sachregister

Konrad v. Gelnhausen († 1390) 34f., 48
– v. Soest (um 1400) 48
Konstanz 15, 59, 75. – Friede (1461) 134. – Bund (1385) 23, (1474) 138. – Konzil (1414/18) 50f., 53, 57, 59f., 63, 68–80, 84, 88, 90, 94, 101, 106ff., 113. – Konkordat 74f., 108, 114. – Ewige Richtung (1474) 137
Konzil, allgem. 32–35, 47, 49f., 58–63, 70f., 88–91, 94, 111. – Periodizität 61, 74, 110f., 113. – konziliare Bewegung 60ff., 88, 94, 106, 115. – Theorie 33ff., 89. – Nationen 69–74, 106ff.
Korporationstheorie 33, 47
Korybut, Sigmund († 1440) 81
Krain 101
Kreuzzüge 56, 58, 67, 72, 81, 83f., 133
Krim 85
Kroatien 54
Krönungseid 86, 90
Kunstadt, Herren v. 126
Kurfürsten 13, 17, 22, 39–46, 51f., 58f., 73, 77f., 86, 95f., 102f., 111, 113, 116, 122f., 132, 142. – -Kollegium 47f., 75, 78, 92, 137
Kurvereine 92, 113, 142. – Bingen (1424) 78
Kuttenberg 81

Ladislaus, Kg. v. Neapel (1386–1414) 50, 52, 54, 58, 67
– Postumus, Kg. v. Ungarn (1440 bis 1457) und Böhmen (1453) 100, 125ff.
Laienkelch 72, 80, 87
Landesherren, -herrschaft 17, 19, 41, 115
Landfrieden 21–26, 31, 46, 76f., 93, 95f., 122, 137, 143 ; s. Reichs-L., Ewiger L.
Landvogtei 21, 23
Lausanne, Stadt 112, 114
Lausitz, Lausitzer 82, 130
Lehenrecht 135
Leipzig – Universität 36, 66
Leopold III., Hg. v. Österreich (1358 bis 1386) 14f., 19ff., 23, 101
– IV., Hg. v. Österreich (1371–1411) 43
Leopoldinische Linie d. Habsburger 54, 101
Limburg – Hgt. 28, 133
Lipan b. Prag, Schlacht (1434) 87
Litauen 54. – (Groß-)Fürsten 81

Livorno 47
Lombardei, Lombarden 43, 59, 86
Lotharingien 133f., 136; s. Lothringen
Lothringen – Herzöge 135, 138f.
Löwenbund 18, 20
Ludwig IV., d. Bayer, K. (1314–1347) 101
– XI., Kg. v. Frankreich (1461–1483) 139
– I., Kg. v. Ungarn (1342–1382) u. Polen (1370) 15, 28
– Eb. v. Mainz (1373–1382), Eb. v. Magdeburg (1381) 14
– IX., d. Reiche, Hg. v. Bayern-Landshut (1450–1479) 121
– Hg. v. Orléans (1392–1407) 28
– I., Lgf. v. Hessen (1413–1458) 118
– III. v. d. Pfalz (1410–1436) 42, 73, 79
– IV. v. d. Pfalz (1436–1449) 117
– III., Gf. v. Flandern (1346–1384) 28
Lüttich – Bt. 133
Luxemburg, Hgt. 27f., 133. – Hg. 27
Luxemburger 12, 14, 16, 27–30, 35, 40, 42, 44f., 53, 101, 104
Luzern 23, 101

Magdeburg 99. – Ebt. 14. – Ebfe. 14
Magyaren 141
Mähren 130. – Mgfen. 28ff., 42, 45, 49, 51, 57
Mailand 38f., 43f., 57, 59, 86, 108, 134. – Hge. 39, 57, 86
Mainz 20, 40f., 51f., 59, 114, 121. – Reichs- u. Hoftage (1101) 43. – Bt. bzw. Ebt. 14. – Ebfe. 14, 22, 40f., 46, 49f., 55, 108, 121, 142–146. – Akzeptation (1439) 111
Mannheim 71
Marbacher Bund (1405) 46
Margarete v. Flandern, Gem. 1. Philipps I. v. Burgund, 2. Philipps II. v. Burgund († 1405) 28, 132
Maria, Kgin. v. Ungarn (1382–1392) 28f.
– v. Burgund, Gem. Maximilians I. († 1482) 135–139
Marienburg 128
Marsilius v. Padua († 1342/43) 34
Martin V., Papst (1417–1431) 53, 71, 74, 81, 84, 88ff., 108
Matrikularbeiträge 147

Namen- und Sachregister

Matthäus v. Krakau, B. v. Worms (1405 bis 1410) 63

Matthias Corvinus (1458–1490), Kg. v. Ungarn 128, 130f.

Maximilian I., K. (1493–1519) 123, 131, 135–146

Mecheln 136f.

Meißen – Mgfen. 66, 77f.

Mergentheim 24

Metz – Bt. 119

Mohammed I., Sultan (1413–1421) 80

Mongolen 55

Morgarten, Schlacht (1315) 23

Mühlhausen (Elsaß) 134

München 44

Münster, Stiftsfehde (1450–1457) 120

Münzwesen 96, 143

Murad II., Sultan (1421–1451) 126

Murten, Schlacht (1476) 138

Mystik 61

Näfels, Schlacht (1388) 23, 26, 101

Namur, Gfsch. 133

Nancy 138. – Schlacht (1477) 139

Narbonne, Vertrag (1415) 71

Nassau, Gfen. v. 40

Navarra, Kgr. 71

Neapel – Kgr. 57, 108. – Kge. 28, 50, 52f., 58, 67

Neuberg, Kloster 19, 101

Neuß – Neußer Krieg (1474–1475) 123, 138

Neutralität d. Kurfürsten (1438) 111

Niederlande 18, 131ff., 139. – Generalstände (1463) 136, 139. – Gr. Rat 136

Niederösterreich 128

Niederschwaben, Landvogtei 21

Nikolaus V., Papst (1447–1455) 114, 118

– v. Cues (Cusanus), Kard., B. v. Brixen (1450–1455) 89, 91, 94–97, 112, 116

– v. Kalabrien, Hg. v. Lothringen (15. Jh.) 135

Nikopolis, Schlacht (1396) 30, 55

Nominalismus 34

Nürnberg, Stadt 12f., 19ff., 24, 121. – Reichstage (1379) 13, (1383) 16, (1422) 77, (1431) 78, (1438) 103, (1444) 120. – Burggrafen 41, 52, 57

Oberlahnstein 41

Oberschwaben, Landvogtei 21

Oberwesel – Kf.-Tagung (1380) 14

Ockham, Wilhelm v., Franziskaner († 1349) 34, 60f.

Ofen, Krönung (1387) 29

St. Omer, Vertrag (1469) 134, 138

Oppenheim – Bündnis (1396) 40

Orléans – Jungfrau v. 136

Osmanen 55, 80

Österreich 19, 54, 83, 101f., 114, 117f., 125–128, 131. – Herzöge 14, 19–24, 36, 45, 54, 117, 127f. – Stände 126f.

Ostsiedlung 65

Oxford 65

Padua 44f.

Papstwahl 74

Paris 16, 35, 73. – Universität 34, 36

Patriziat – städt. 18

Pavia – Konzil (P.-Siena 1423/24) 88

Pera 85

Persien, Perser 85

Peter v. Ailli (1352–1420), Kardinal, Kanzler d. Univ. Paris 63

– v. Wormditt, Generalprokurator d. Dt. Ordens a. d. Kurie († 1419) 51

Pfahlbürger 17, 22, 25

Pfalz (Kurpfalz) 40f., 47, 51f., 59

– Pfgfen. 12f., 24f., 30, 40f., 73, 77, 121

Pfeddersheim b. Worms 20

Philipp, d. Kühne, Hg. v. Burgund (1363–1404) 28, 132

– d. Gute, Hg. v. Burgund (1419–1465, † 1467) 132f., 135

Picardie 139

Pileus de Prata, Kard.-Legat († 1401) 15

Pilgrim II., Eb. v. Salzburg (1365 bis 1396) 14, 24, 27

Pisa, Pisaner 51, 53, 58, 65. – Konzil (1409) 45, 47, 49f., 58f., 63, 69

Pitten 102

Pius II., Papst (1458–1464) 113f., 117, 130, 133; s. Enea Sivio Piccolomini

Polen 22, 28, 54, 69, 77f., 80f., 104f., 107, 128. – Hge. u. Kge. 15, 54, 81, 97, 104, 126, 130

Pommerellen 83

Portugal 118

Prag 15, 30, 42, 65, 67f., 80ff., 87, 104, 126f. – Bfe. u. Ebfe. 30, 37, 81, 126f. – Universität 36, 65, 67ff., 80. – Friede (1463) 122 – Landtage (1452) 126. –

154

Namen- und Sachregister

4 Art. (1420) 81, 87. – Kompaktaten (1433) 87, 129 f.

Přemysliden 128

Preßburg – Tag (1402) 45. – Friede (1491) 131

Primat, päpstl. 70, 74

Prokop, Mgf. v. Mähren († 1405) 29, 42

Provence 134

Provisionen, päpstl. 62, 114

Publizistik 34

Radolfzell 71

Rainald IV., Hg. v. Geldern (1402–1423) 47

Recht 33 f., 96, 116. – röm. 32

Reformatio Sigismundi 97 ff. – Friedrichs III. 120

Regensburg 20. – Reichstage (1454) 125, 133, (1471) 123

Reichsacht 70, 143 f.

Reichsadel, Reichsaristokratie 76, 78

Reichsfürsten 139

Reichsgut 55, 86

Reichskammergericht 93, 143–147

Reichskirche, -politik 16, 27

Reichskreise 95, 103, 120

Reichslandfrieden 22, 25 f., 79, 103, 123, 143; s. Landfrieden, Ewiger L.

Reichsrecht(e) 137

Reichsreform 11, 88–99, 102 f., 105, 118, 120, 122, 141–147

Reichssteuer 84, 143

Reichstag 92, 95, 144 f., 147

Reichsvikar(iat) 30, 39, 45

Reims 36

Reliquien(kult) 83

Reservationen, päpstl. 62, 109, 114

Revindikation 55, 86

Rheinischer Bund (1381) 19

Rhens, Wahl 41

Richard, II., Kg. v. England (1377 bis 1399) 15 f., 40

Ripaille, Einsiedelei 112

Ritter(tum) 18 ff., 77

Ritterbünde 17–20, 31, 76 ff.

Rokyzana, Johannes, Eb. v. Prag (1453 bis 1472) 126, 130

Rom 16, 32, 47, 58, 110, 113, 118 – Synoden (1412/13) 58 – Romzüge 16, 36, 39–45, 75, 85 f., 113, 127

Rottweil 99, 134

Rudolf v. Habsburg, Kg. (1273–1291) 19

– IV., Hg. v. Österreich u. Steiermark (1358–1365) 36

– III., Kf. v. Sachsen (1388–1419) 40

Ruprecht, Kg. (1400–1410) 14, 40–51, 86

– Eb. v. Köln (1463–1478, † 1480) 138

– I. v. d. Pfalz (1353–1390) 12 f., 41 f.

– II. v. d. Pfalz (1390–1398) 14, 24, 40 ff.

Sachsen, Land, Hgt. 51 f., 77, 83, 102, 114. – Hge. 22, 40, 51, 77

Sächsischer Städtebund (1382) 20

Säkularisation 98

Salins, Schlacht (1493) 139

Salzburg 14, 24, 27

Salzkammergut 102

Savoyen – Gfsch. – Gfen. u. Hge. 112, 134

Schaffhausen 134

Schele, Johann, B. v. Lübeck (1420 bis 1439) 97

Schisma, Großes S. 11 f., 27, 32–40, 45, 47, 50 f., 55–63, 71, 74, 91

Schlegler, Ritterbund 31

Schlesien 82 f., 105, 130

Schlick, Kaspar, Kanzler († 1449) 103, 113

Schottland – Schotten 69

Schwaben 19, 22 f., 26, 76 f., 119, 123 f.

Schwäbische Städtebünde 18–25, 76, 78, 121, 123 f., 139

Schwarzwald 184

Schweiz 23, 119 f., 132

Seckenheim, Schlacht (1462) 122

Seeland 133

Semendria (Donaufestung) 105

Sempach, Schlacht (1386) 15, 23 f., 26, 101. – Brief (1393) 101

Senlis, Friede (1493) 139

Serbien 54, 105

Sicherheitseid 16

Siebenbürgen 105

Siena 86. – Konzil (1423/24) 88

Sigmund, K. (1410–1437) 15, 28 ff., 45, 50–59, 68–81, 83–87, 90–98, 101–106, 111, 117 f., 124, 127 f., 130, 134 f., 143; s. Reformatio Sigismundi

– Hg. v. Österreich u. Gf. v. Tirol (1439 bis 1496) 100, 117, 124, 127, 134–140

– s. Korybut

Signorien 57

Simonie 35, 63, 82

Namen- und Sachregister

Skandinavien 69, 107
Slaven 66, 117, 129
Soest, – Fehde 120
Söldner 57, 84, 119
Solothurn 23, 134
Sophie v. Bayern, 2. Gem. Kg. Wenzels
  († 1425) 30
Spanien 71, 108, 136. – Konzilsnation 69,
  107
Speyer – Einung (1381) 20. – Bfe. 14
Städte, dt. 17–26, 31, 41f., 46, 76ff., 85,
  94ff., 103, 115, 121, 134, 137f., 145.
  – Chroniken 11
– ital. 38, 43
Städtebünde, dt. 17–20, 22, 25f., 76f. –
  rhein. 20. – sächs. 20. – schwäb. 18 bis
  25, 76, 78, 121, 123f., 139
Stadt, -staaten 17, 38, 108
Stände, – Reichs- 13ff., 30, 46, 49, 59,
  79, 81, 83f., 92, 94ff., 111, 114, 122f.,
  141–147. – böhm. 104f., 127. –
  österr. 128f. – schles. 130. – ungar.
  29, 104, 127, 131
Steiermark 19, 101, 131
Stellenbesetzungsrecht, kirchl. 108, 111
Stephan III., Hg. v. Bayern-Ingolstadt
  (1375–1413) 41
Stephanskrone 104, 126
Steuern 62, 74, 94, 115, 137, 146f.; s.
  Reichssteuer
Straßburg 20. – Bt. 15
Stuhlweißenburg 104, 126
Stuttgart 24
Sundgau 119, 139
Superioritätsdekret (1415 u. 1432) 70,
  88, 90, 110f., 116
Sutri – Synode (1046) 36
Szegedin 105

Tabor 104. – Taboriten 82f., 87, 97, 127
Taus, Schlacht (1431) 84
Terra ferma 54
Territorium, Territorialstaat 17, 92,
  142ff.
Thomas v. Aquino (1225/26–1274) 97
Thurgau 134, 137
Thüringen 18
Tirol 101. – Gfen. 70, 101, 117f., 124,
  127, 134–140
Torquemada, Juan, Dominikaner-Kard.
  († 1468) 116
Toul – Bt. 119

Trient 43
Trier 40, 51f., 136f. – Ebfe. 113
Triest 101
Tschaslau, Landtag (1421) 81f.
Tschechen 37, 65ff., 80, 87f., 104, 122,
  128, 130
Türken 55f., 73, 90, 105, 118, 122f., 126,
  128, 130f., 133, 141

Ulm 19, 121
Ulrich, II., Gf. v. Cilli († 1456) 127
– v. Richental, Chronist († nach 1438)
  51
Ungarn 15, 22, 28f., 45, 53ff., 58, 69, 80,
  85, 102–106, 117, 125–131. – Kge. 15,
  28, 52, 55, 126, 128–131
Union mit d. Griechen 91, 112
Universitäten 34, 36f., 48, 64–67, 80, 106
Unrest, Jakob, Chronist († 1500) 11
Urban VI., Papst (1378–1389) 13–16,
  32, 35ff.
Urbansbund 13f.
Urkunden(wesen) 62
Utraquisten (= Calixtiner) 82, 87, 126
  bis 130
Utrecht – Bt. 133, 135

Valois, Haus 15, 132
Veme 94, 96, 103
Venedig, Venetianer 44, 54, 57f., 85ff.,
  101, 108, 136
Verdun, Bt. 119
Verona 43
Vließ, Goldenes (1430 gestiftet) 136
Volkssouveränität 34, 60, 89
Volkssprache 80
Vorarlberg 101, 119
Vordere Lande, habsburg. 19, 70, 101,
  134

Wahlkapitulationen 41f., 46, 55, 86, 95,
  103f., 132
Waldenser 82
Warna, Schlacht (1444) 126
Wenzel, Kg. (1378–1400, † 1419) 12–31,
  36–43, 46–52, 56, 65, 67, 73, 76f.,
  80f., 86, 143
– Hg. v. Luxemburg (1354–1383) 27
Westfalen 24, 120
Wetterau 18
Wettiner 77f., 102, 143

Namen- und Sachregister

Wien 105, 127ff., 131. – Konkordat (1448) 114. – Universität 36
Wiener Neustadt 102, 127
Wilhelm I., Hg. v. Geldern (1383–1402) 28
– Mgf. v. Meißen (1379–1407) 66
St. Wilhelm, Gesellschaft v. (Ritterbund) 18
Winterlinger, Friedrich, kaiserl. Notar (15. Jh.) 99
Witold, Großfürst v. Litauen (1392 bis 1430) 81
Wittelsbacher 14, 21, 40f., 121f., 133, 143
Wladislaw, V. (III.), Kg. v. Böhmen (1471), Kg. v. Ungarn (1490–1506) 130f.

– III., Kg. v. Polen (1434), Kg. v. Ungarn (1440–1444) 97, 126
Worms 20, 25
– Reichstage 145ff.
Württemberg 121, 124. – Gfen. 19f., 24, 31, 124
Würzburg 36. – Universität (1402)
Wyclyf, John (1320/30–1384) 58, 64–67, 71f.
Wyschehrad, Schlacht (1420) 81

Zara, Stadt 54
Zehnt 115. – Kreuzzugs- 62
Zinsverbot – -wucher 96
Znaim 97
Zollern 41, 56, 121, 143
Zug 23, 101
Zürich 23, 119

Rolf Sprandel

Mentalitäten und Systeme

Neue Zugänge zur mittelalterlichen Geschichte

Dieses Buch möchte eine Einführung in das Studium der Geschichte unter besonderer Berücksichtigung des Mittelalters und in enger Verbindung mit den systematischen Sozialwissenschaften sein. Indem es bestimmte Fragestellungen unter soziologischer oder sozialpsychologischer Betrachtungsweise aufzeigt, ist es als eine Ergänzung zu den neueren deutschen Einführungen und Handbüchern gedacht. Es will damit zugleich einen Standort der Geschichtsforschung fixieren, wo sie in engem Kontakt mit den Sozialwissenschaften arbeitet und von deren Fortschritten im eigenen Selbstverständnis befruchtet wird.

178 Seiten
Paperback DM 24,–

UNION VERLAG STUTTGART

Weitere Werke
zur Geschichte im dtv

Robert Holtzmann:
Geschichte der sächsischen Kaiserzeit
In zwei Bänden, zus. 545 Seiten
(WR 4096, 4097) je DM 6,80

Konrad Fuchs und Heribert Raab:
dtv-Wörterbuch zur Geschichte
In zwei Bänden,
zus. 892 Seiten mit über
4000 Stichwörtern
(3036, 3037) je DM 8,80

Hermann Kinder und Werner Hilgemann:
dtv-Atlas zur Weltgeschichte
Karten und chronologischer
Abriß. In zwei Bänden,
zus. 613 Seiten mit
236 farbigen Kartenseiten
(3001, 3002) je DM 7,80

Georg Iggers:
Deutsche Geschichtswissenschaft
Eine Kritik der traditionellen
Geschichtsauffassung von
Herder bis zur Gegenwart
398 Seiten
(WR 4059) DM 7,80

Arnold J. Toynbee:
Der Gang der Weltgeschichte
I: Aufstieg und Verfall der
Kulturen
Zwei Bände, zus. 757 Seiten

II: Kulturen im Übergang
Zwei Bände, zus. 511 Seiten
(WR 4035–4038) je DM 6,80

Frans van der Ven:
Sozialgeschichte der Arbeit
In drei Bänden,
zus. 765 Seiten
(WR 4082, 4083) je DM 4,80
(WR 4084) DM 5,80

Robert Stupperich:
Die Reformation in Deutschland
Abriß der Geschichte der
Reformation; Quellentexte;
Zeittafeln und biographische
Daten; Kritische Quellen- und
Literaturübersicht
281 Seiten
Mit einer farbigen Perthes-
Geschichtskarte
(gefaltet, Format 71 cm × 69 cm)
(3202) DM 7,80

Walther Wolf:
Das alte Ägypten
Abriß der ägyptischen
Geschichte; Quellentexte;
Chronologie; Kritische Quellen-
und Literaturübersicht
314 Seiten
Mit einer farbigen Perthes-
Geschichtskarte
(gefaltet, Format 32 cm × 40 cm)
(3201) DM 7,80

Deutscher Taschenbuch Verlag

dtv-Atlas zur Biologie

Günter Vogel / Hartmut Angermann:
dtv-Atlas zur Biologie
Tafeln und Texte
Mit 138 Abbildungsseiten
Graphische Gestaltung der
Abbildungen: Inge Szász-Jakobi
und István Szász
Band I und II
dtv-Originalausgabe
3011, 3012

Aus dem Inhalt:
Wissenschaftstheorie / Aufbau der
Zelle / Zellvorgänge / Organe /
Grundtypen der Lebewesen / Fort-
pflanzung / Mikroorganismen-Ent-
wicklung / Metazoen-Entwicklung /
Ökologie / Stoffwechsel / Hormonale
Regulation / Sinnesleistungen /
Nervenpsychologie / Bewegung /
Verhalten / Vererbung / Genom-
Änderung / Evolution / u. a.

dtv-Atlas zur Astronomie

Joachim Herrmann:
dtv-Atlas zur Astronomie
Tafeln und Texte
Mit 132 farbigen Abbildungsseiten
Graphische Gestaltung:
Harald und Ruth Bukor
dtv-Originalausgabe
3006

Inhalt:
Geschichte der Astronomie / Instru-
mente und Forschungsmethoden /
Sphärische Astronomie und
Himmelsmechanik / Der Mond / Die
Planeten / Die Sonne / Kometen,
Meteore und interplanetare Materie /
Der Aufbau der Sterne / Interstellare
Materie / Das Milchstraßensystem /
Die Entstehung und Entwicklung der
Sterne / Kosmologie / Sternatlas /
Bibliographie

dtv-Atlas zur Mathematik

Fritz Reinhardt / Heinrich Soeder:
dtv-Atlas zur Mathematik
Tafeln und Texte
Band I
Grundlagen, Algebra und Geometrie
Mit 118 farbigen Abbildungsseiten
Graphiker: Gerd Falk
dtv-Originalausgabe
3007 / In Vorbereitung

Ein Überblick über die moderne
Mathematik. Der ausführliche Text
gibt Einblick in die Grundlagen und
Methoden.
Inhalt des ersten Bandes:
Mathematische Logik / Mengenlehre /
Aufbau des Zahlensystems /
Algebra/Zahlentheorie / Geometrie/
Analytische Geometrie/Topologie /
Algebraische Topologie /
Graphentheorie / Register